JN265596

肖像画1　池田恒利画像　池田継政画賛　絹本著色　一幅

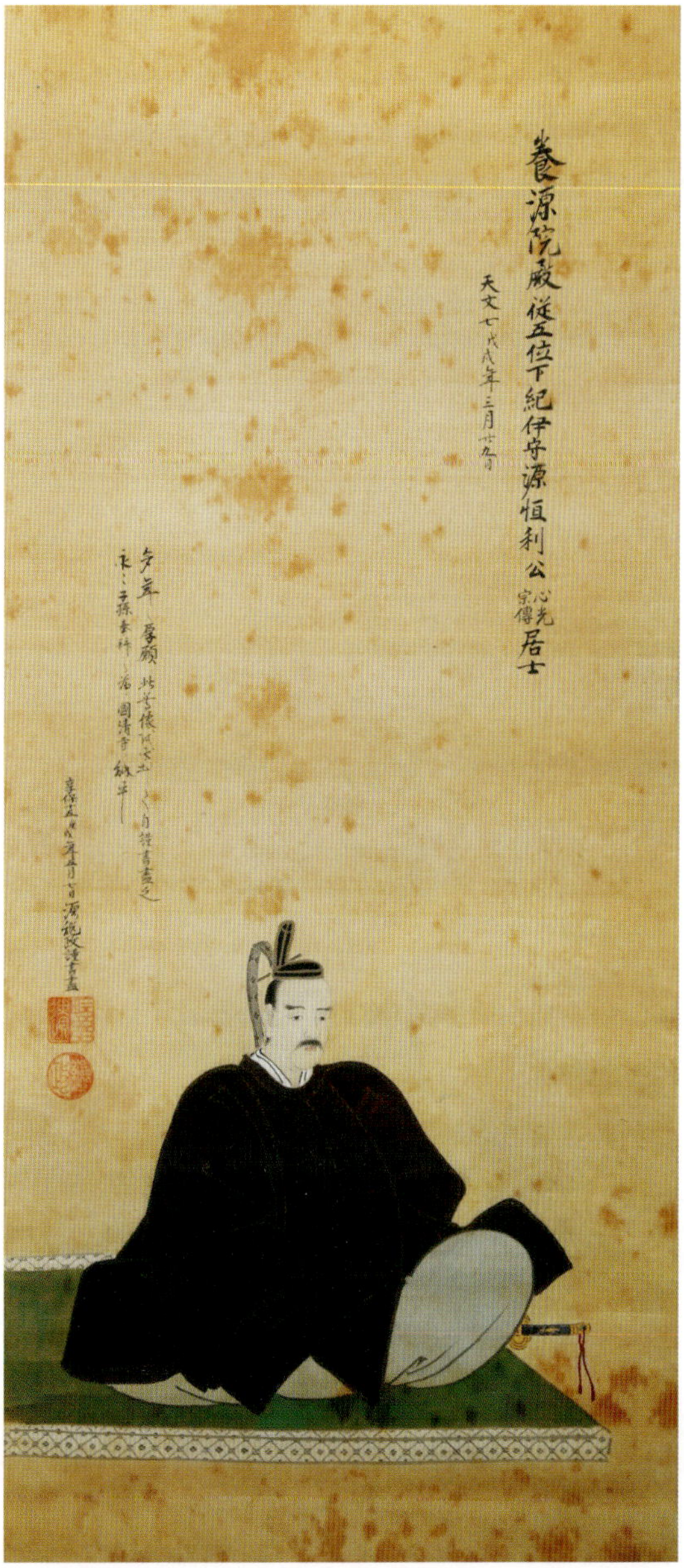

肖像画2　池田恒興画像　池田継政賛　絹本著色　一幅

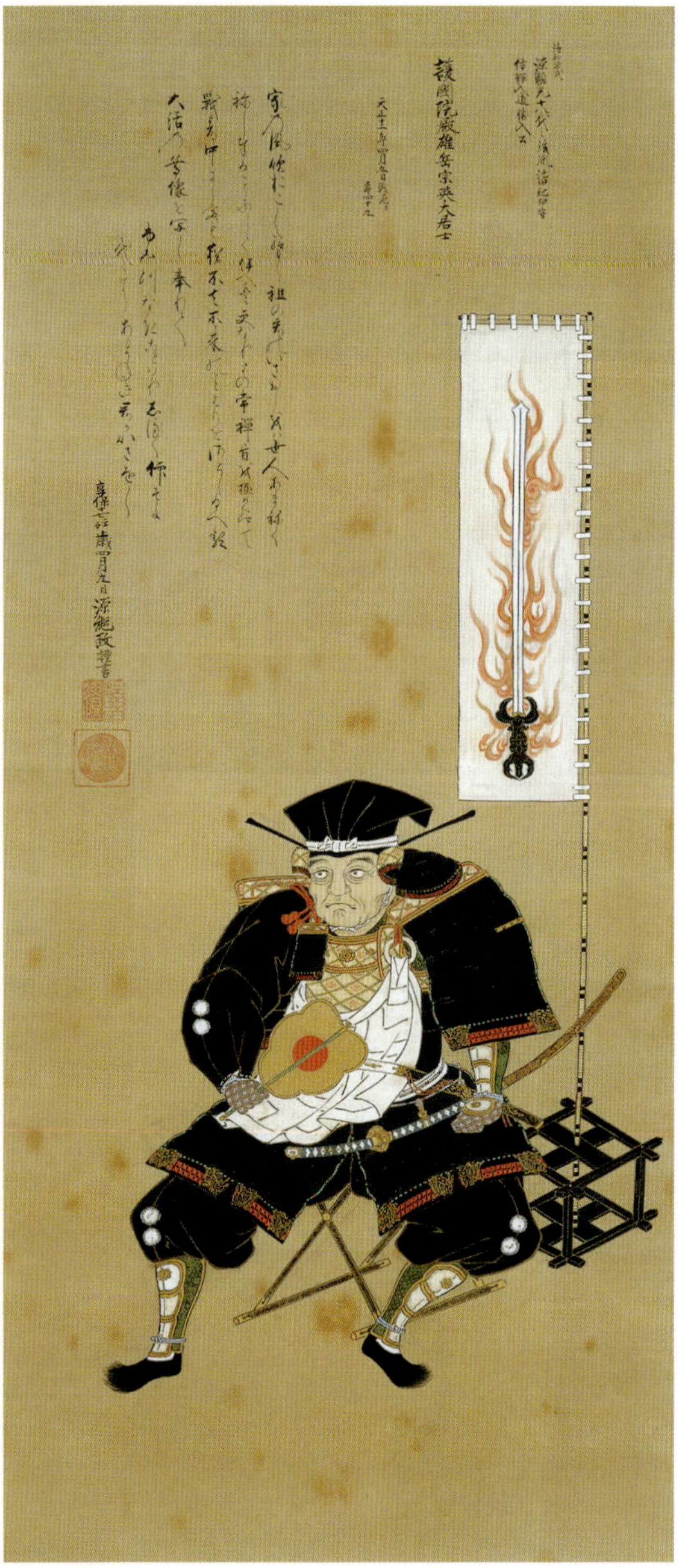

肖像画3　池田輝政・利隆画像　雲居希膺賛　狩野尚信画　絹本著色　二幅

（肖像画1〜3　林原美術館所蔵、131頁参照）

天下人の書状をよむ

岡山藩池田家文書

岡山大学附属図書館
林原美術館　［編］

吉川弘文館

はしがき

岡山藩は西国の雄藩《ゆうはん》として知られる。領地は備前《びぜん》一国および備中国《びっちゅうのくに》のうち六郡（のちに五郡）にわたり、知行高は三一万五二〇〇石であった。岡山の地は、地政学的にみても中国四国・九州地方を含めた西国を押さえる要の位置にある。寛永期以来、この岡山藩の藩主であったのが池田氏である。岡山から因幡《いなば》・伯耆《ほうき》両国三二万石に転じた鳥取藩の池田氏とは、一族であった。

池田氏が浮沈の激しい戦国乱世を乗り切り、大名として成長するにあたっては、織田信長・豊臣秀吉・徳川家康といった天下人《てんかびと》と良好な関係を持つことができたことが大きい。ただし、ときには豊臣氏と徳川氏との間で微妙な立場に置かれることもあった。

そのため池田家では、こうした武将から送られた書状などを大切に保管し、代々伝えてきた。しかし昭和のアジア太平洋戦争後に、池田家の資料や美術品は岡山大学と林原美術館とに分割されることになり、武将書簡も両所に分かれて所蔵されることになった。そのため、それらの書状が一緒に書物に掲載されたり、あわせて検討されることはほとんどなかった。このたび縁があって、両所の資料をひとつにして紹介することができることになった。これにより、池田氏という武家がどのようにして成長していくのかが明らかになるとともに、信長・秀吉・家康といった天下人の言動や人柄についても、興味深いことが明らかになるに違いない。

こうした事情を踏まえて本書では、まずもって武将書簡を写真および釈文と現代語訳、それに簡単な解説を付けて紹介することを目的とする。ただし、それだけでは池田氏の成長の過程がわかりにくいので、書状を中心にその過程を簡潔に叙述しておくことにした。書状そのものを楽しんでいただいてもいいし、池田氏の歴史として読んでいただいてもいい。また、資料や肖像について、所蔵館別に全体的な解説を付した。本文より先に読んでいただいても、後から見ていただいてもかまわない。

資料は、原本と写・案文とを区別し、原本は「史料編」としてまとめ、写・案文は「参考史料編」とした。資料番号は、それぞれ掲載順とした。なお、史料名には、岡山大学附属図書館所蔵池田家文庫のものは〔池〕、林原美術館所蔵のものは〔林〕と付記した。解説の「掲載史料一覧」は所蔵別にすべての史料を編年している。

『天下人の書状をよむ―岡山藩池田家文書―』目次

史料編・参考史料編・肖像画編　細目次

史料1　池田恒興宛織田信長判物　永禄六年(一五六三)一一月……21
史料2　池田恒興宛織田信長判物　永禄六年(一五六三)一二月……22
史料3　養徳院宛織田信長朱印状　元亀四年(一五七三)六月一八日……23
史料4　池田恒興宛織田信長朱印状　天正元年(一五七三)九月七日……25
史料5　養徳院宛織田信雄書状　天正一一年(一五八三)八月一九日……26
史料6　養徳院宛羽柴秀吉書状　〔天正一二年(一五八四)〕四月一一日……27
史料7　池田輝政宛羽柴秀吉書状　〔天正一二年(一五八四)〕四月一一日……30
史料8　養徳院宛羽柴秀吉書状　〔天正一二年(一五八四)五月〕……31
史料9　池田輝政宛羽柴秀吉書状　〔天正一二年(一五八四)〕八月四日……32
史料10　養徳院宛羽柴秀吉書状　〔天正一二年(一五八四)八月ヵ〕一七日……34
史料11　養徳院宛羽柴秀吉書状　〔天正一二年(一五八四)〕……35
史料12　養徳院宛羽柴秀吉書状　〔天正一二年(一五八四)〕……36
史料13　養徳院宛羽柴秀吉判物　天正一二年(一五八四)八月一七日……38
史料14　池田輝政宛豊臣秀吉朱印状　〔年未詳〕九月一四日……39
史料15　養徳院宛豊臣秀吉朱印状　天正一七年(一五八九)一一月二一日……40
史料16　池田輝政宛豊臣秀吉朱印状　〔天正一八年(一五九〇)〕三月二三日……41
史料17　養徳院宛池田輝政書状　天正一八年(一五九〇)一〇月一八日……42
史料18　池田輝政宛豊臣秀次黒印状　天正一九年(一五九一)八月二〇日……43
史料19　豊臣秀吉朱印池田輝政知行目録　天正二〇年(一五九二)正月一一日……44
史料20　池田輝政宛豊臣秀吉朱印状　〔天正二〇年(一五九二)〕五月一三日……45
史料21　池田輝政宛豊臣秀吉朱印状　〔文禄二年(一五九三)〕七月二六日……46

史料22　池田輝政宛豊臣秀吉朱印状　〔年未詳〕九月八日……47
史料23　長束正家宛徳川家康書状　〔文禄三年（一五九四）ヵ〕四月一〇日……48
史料24　池田輝政宛養徳院遺言状　慶長四年（一五九九）一一月一八日……49
史料25　池田輝政他宛徳川家康書状　〔慶長五年（一六〇〇）〕八月一三日……51
史料26　池田輝政宛徳川家康書状　〔慶長五年（一六〇〇）〕八月二六日……52
史料27　池田輝政宛徳川家康書状　〔慶長五年（一六〇〇）〕八月二七日……53
史料28　池田長吉宛徳川家康書状　〔慶長五年（一六〇〇）〕八月二七日……54
史料29　池田輝政他宛徳川家康書状　〔慶長五年（一六〇〇）〕九月朔日……55
史料30　池田輝政宛徳川家康書状　〔慶長五年（一六〇〇）〕九月二日……56
史料31　正木時茂宛徳川秀忠書状　〔慶長五年（一六〇〇）〕九月一一日……57
史料32　養徳院宛徳川家康書状　〔慶長五年（一六〇〇）〕……58
史料33　池田輝政宛徳川秀忠書状　〔年月未詳〕一三日……59
史料34　池田輝政宛徳川秀忠書状　〔年未詳〕七月二三日……60
史料35　池田輝政宛養徳院遺言状　慶長七年（一六〇二）四月二日……61
史料36　池田輝政宛養徳院遺言状　慶長七年（一六〇二）四月二日……63
史料37　池田輝政宛養徳院遺言状　慶長八年（一六〇三）三月一一日……65
史料38　池田利隆宛徳川秀忠御内書　〔年未詳〕正月四日……67
史料39　池田利隆宛徳川秀忠黒印状　〔年未詳〕五月四日……68
史料40　池田利隆宛徳川秀忠黒印状　〔年未詳〕極月二七日……69
史料41　池田長吉宛徳川秀忠御内書　〔年未詳〕一二月一〇日……70
史料42　徳川家康御内書　〔年未詳〕五月三日……71
史料43　池田輝政宛徳川秀忠書状　〔年未詳〕七月二五日……72
史料44　池田利隆宛徳川家康黒印状　〔慶長一二年（一六〇七）〕一〇月四日……73
史料45　池田利隆宛徳川家康黒印状　〔慶長一三年（一六〇八）〕八月一〇日……74

史料46　宙外和尚宛中村主殿助奉書〔年未詳〕一二月九日……75
史料47　小堀政一宛本多正純等連署書状〔慶長一四年（一六〇九）〕三月一三日……76
史料48　池田利隆宛豊臣秀頼黒印状〔年未詳〕九月五日……78
史料49　池田利隆宛豊臣秀頼黒印状〔年未詳〕一二月一七日……79
史料50　池田利隆宛徳川秀忠黒印状〔年未詳〕三月二一日……80
史料51　池田利隆宛池田輝政書状〔年未詳〕七月一三日……81
史料52　池田利隆宛池田輝政黒印状〔年未詳〕五月二一日……82
史料53　池田利隆室鶴子宛池田輝政書状〔慶長一六年（一六一一）〕五月一五日……83
史料54　池田利隆宛徳川秀忠黒印状〔慶長一七年（一六一二）〕三月四日……84
史料55　池田利隆宛徳川秀忠黒印状〔慶長一七年（一六一二）〕三月五日……85
史料56　池田利隆宛徳川秀忠黒印状〔慶長一七年（一六一二）〕三月六日……86
史料57　池田利隆宛徳川秀忠黒印状〔慶長一七年（一六一二）〕三月八日……87
史料58　池田輝政宛徳川秀忠書状〔慶長一七年（一六一二）〕六月二六日……88
史料59　薄田七兵衛宛池田利隆書状〔慶長一九年（一六一四）〕六月七日……89
史料60　京極高広室茶々子宛池田利隆書状〔慶長一九年（一六一四）〕九月八日……91
史料61　池田利隆宛戸川達安書状〔慶長一九年（一六一四）〕一〇月一六日……93
史料62　栄寿尼宛池田利隆書状〔慶長二〇年（一六一五）〕四月二二日……94
史料63　下方覚兵衛宛池田利隆書状〔慶長二〇年（一六一五）〕五月一三日……96
史料64　横井養元宛池田利隆書状〔慶長二〇年（一六一五）〕閏六月九日……99
史料65　池田利隆宛徳川秀忠黒印状〔元和元年（一六一五）〕九月朔日……101
史料66　横井養元宛池田利隆書状〔元和元年（一六一五）〕極月二八日……102
史料67　池田光政宛江戸幕府年寄連署奉書〔元和五年（一六一九）〕九月一六日……104
史料68　池田光政宛徳川秀忠黒印状〔元和六年（一六二〇）ヵ〕四月七日……105
史料69　池田光政宛徳川秀忠黒印状〔元和六年（一六二〇）〕一一月二一日……106

史料70　池田光政宛江戸幕府年寄連署奉書　〔元和六年(一六二〇)〕一一月二一日……107
史料71　池田光政宛徳川秀忠黒印状　〔年未詳〕五月八日……108
史料72　池田光政宛徳川家光御内書　〔年未詳〕五月晦日……109
史料73　池田光政宛徳川家光一字書出状　元和九年(一六二三)八月三日……110
史料74　池田光政自筆池田忠雄追悼歌　寛永九年(一六三二)七月二五日……111
史料75　池田光政宛池田忠雄書状　〔年未詳〕四月九日……113
史料76　天樹院書状　〔年月日未詳〕……115

参考1　池田恒興宛羽柴秀吉書状写　〔天正一二年(一五八四)〕三月二〇日……117
参考2　伊木忠次宛羽柴秀吉書状写　〔天正一二年(一五八四)〕四月一二日……119
参考3　伊木忠次宛羽柴秀吉書状写　〔天正一二年(一五八四)〕四月二三日……120
参考4　養徳院宛羽柴秀吉書状写　〔天正一二年(一五八四)八月ヵ〕……120
参考5　伊木忠次宛羽柴秀吉朱印状写　〔天正一二年(一五八四)〕一一月一三日……121
参考6　伊木忠次宛羽柴秀吉朱印状写　〔天正一三年(一五八五)〕正月一二日……122
参考7　伊木忠次宛羽柴秀吉判物写　天正一三年(一五八五)一一月三日……123
参考8　石田三成・浅野長政連署伊木忠次知行目録写　天正一七年(一五八九)一一月一四日……123
参考9　伊木忠次宛豊臣秀吉朱印状写　天正一七年(一五八九)一一月二一日……124
参考10　一柳直末他宛豊臣秀吉朱印状写　〔年未詳〕正月二八日……124
参考11　伊木忠次宛豊臣秀吉朱印状写　〔年未詳〕七月朔日……125
参考12　伊木忠次宛豊臣秀吉朱印状写　文禄三年(一五九四)八月一〇日……126
参考13　池田輝政他宛徳川家康書状写　〔慶長五年(一六〇〇)〕八月四日……126
参考14　伊木忠次宛小早川秀秋書状写　〔慶長六年(一六〇一)〕二月一七日……126
参考15　伊木忠次宛徳川家康黒印状写　〔年未詳〕五月三日……127
参考16　戸川達安宛池田利隆書状案　〔慶長一九年(一六一四)〕一〇月一七日……127

参考17　栄寿尼宛福照院書状写〔寛永五年（一六二八）二月〕…… 128
肖像画1　池田恒利画像　享保一五年（一七三〇）五月七日…… 131
肖像画2　池田恒興画像　享保一七年（一七三二）四月九日…… 131
肖像画3　池田輝政・利隆画像〔一六四〇年前後ヵ〕…… 132

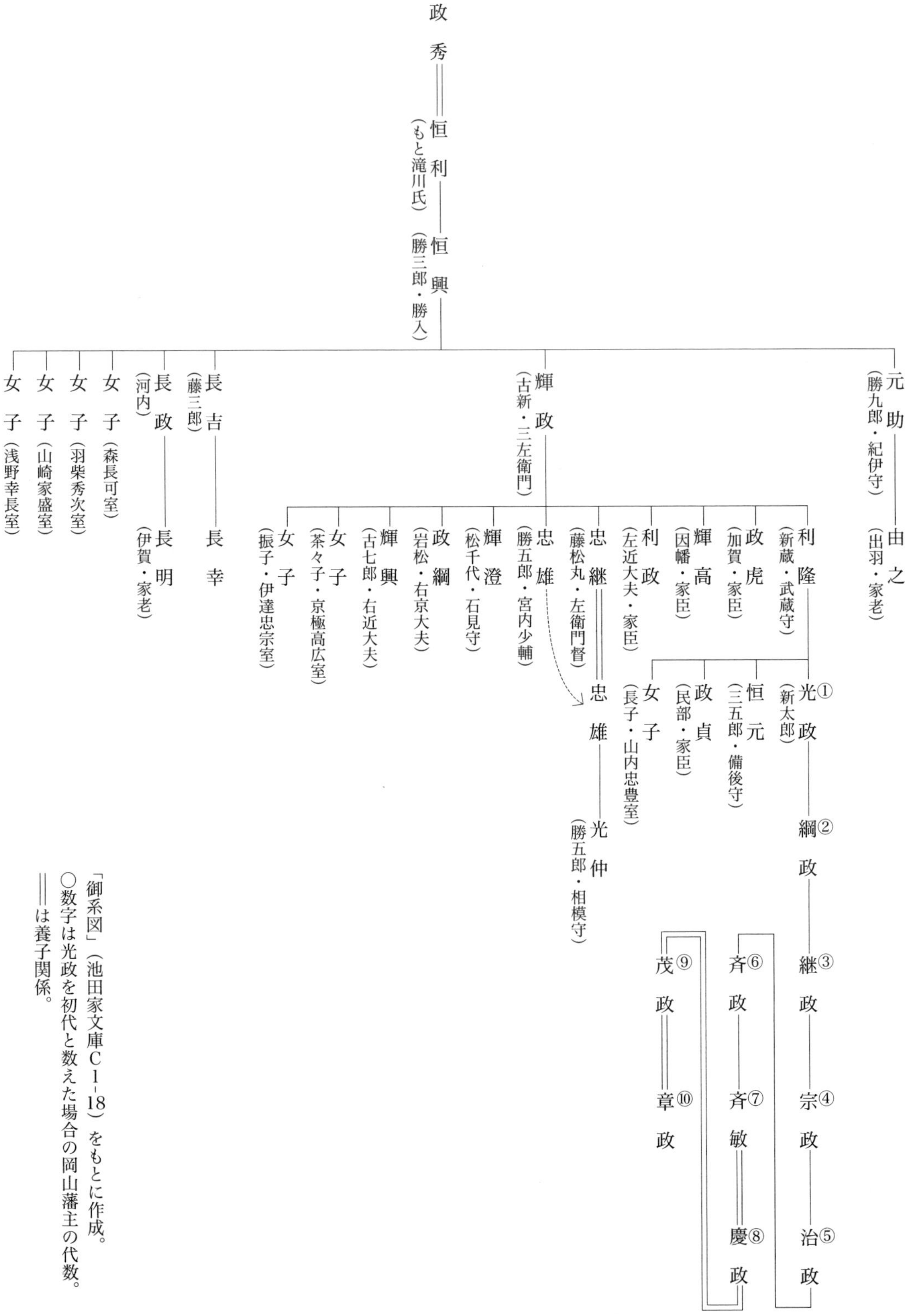

「御系図」（池田家文庫C1-18）をもとに作成。
○数字は光政を初代と数えた場合の岡山藩主の代数。
＝は養子関係。

天下人と池田家

1　信長の乳母養徳院と乳母子恒興

池田氏の出自

『寛永諸家系図伝』にのる「系図」[1]によれば、池田家は、源頼光《みなもとのよりみつ》から五代目にあたる滝口奉政《たきぐちともまさ》が池田右馬允《うめのじょう》と称したことに始まるという。その後、摂津の住人池田九郎教依《のりより》が「楠正行《くすのきまさつら》が遺腹の子」を養子として池田十郎教正《のりまさ》と称した。教正は後に兵庫助と改め、将軍足利義詮《あしかがよしあきら》・義満《よしみつ》のときに武勇の名をあらわし、その子が佐正《すけまさ》、さらにその子が池田六郎といい、それより代々池田を称したという。池田家では、これを「楠胤《なんいん》」説として尊重している。他方、池田家には美濃《みの》国池田郷（現岐阜県揖斐郡池田町）の出身という伝承もあり、同地の龍徳寺は江戸時代を通じて池田家が外護《げご》した。同寺は、慶長期頃から「池田家位牌所」であったという寺伝を持ち、教依以来の位牌が祀られている[2]。

摂津《せっつ》国池田庄（現大阪府池田市）の国人《こくじん》として有名な池田氏も、池田教依を祖とする。教依は建武年間（一三三四～三八）に池田城を築いて勢力を張ったという。貞治年間（一三六二～六八）の親政《ちかまさ》以降、「正（政）」を通字として名乗り、永禄一一年（一五六八）には池田勝正《かつまさ》が織田信長《おだのぶなが》の攻撃を受け、その配下となっている。美濃の池田氏が摂津の池田氏と同族であったかどうかは不明である。摂津国人として知られた池田氏の系譜が美濃国の土豪によって援用されたのだろうか。「池田家系図」は先の由緒を記すだけで、池田六郎から後は名前すら記されない。ようやく事績がわかるのは、戦国末期の恒利《つねとし》からである。

恒利は近江《おうみ》国滝川氏の出身で、生国は摂津だという。初めは足利義晴《あしかがよしはる》に奉公したが、後に尾張《おわり》国に移り、織田信秀《おだのぶひで》に仕えた。信秀は、清洲《きよす》に居した尾張守護代織田家の庶流で三奉行の一人であったが、次第に本家をしのぐ勢力を蓄えていく。織田家の家臣となった恒利は、近江国池田氏の女《むすめ》をめとり池田を称した。義父は池田十郎秀政《ひでまさ》と伝えられる。天文五年（一五三六）二人の間に男子が誕生した。幼名勝三郎、のちに恒興《つねおき》と名乗った。当時信秀には吉法師という三歳になる男子があった。のちの信長である。吉法師は癇性《かんしょう》が強く、乳母《めのと》を付けてもその乳房を噛み破ってしまったという。ところが恒利の妻が乳母になるとその癇性がおさまった（『池田家履歴略記』[3]）。そのため恒利の妻は信秀の信頼を得、のちに「大御《おおお》ち」と呼ばれた。恒利は織田家で厚遇されることになり、子の勝三郎も信長の乳母子《めのとご》として成長した。天文七年恒利《つねとし》が亡くなる。妻は落飾して養徳院《ようとくいん》と名乗った。

恒利が亡くなったとき、恒興はわずか三歳であった。池田家の未来は恒興の成長にかかっていた。養徳院は信長の乳母を勤めながら恒興を育てた。しかし、その苦労の跡をしのぶ資料はない。元亀四年（一五七三）六月一八日付けの「養徳院宛織田信長朱印状」（史料3）が、いまのところ養徳院に与えられた知行の存在を示す最初の史料である。五郎丸村の「与八」分一五〇貫文を扶持《ふち》したもの。恒興はすでに三八歳になり、信長麾下《きか》の武将として活躍していた。

池田恒興

恒興は、天文一四年(一五四五)一〇歳で信秀に児小姓《こごしょう》として召し出され、「信長之遊相手」とされた(『池田家履歴略記』)。このとき恒興は信長の麻の上下《かみしも》を与えられたが、これには織田家の紋である蝶が付けられていた。これを見た信秀が「よく似合う」と褒めたので、以後池田家では蝶を家紋にすることになったという(同前)。のちに信の字を賜って信輝と改めたと言われるが、書状などではのちも恒興と名乗っている。(4) 当時信秀は三河《みかわ》国の支配をめぐって今川義元《いまがわよしもと》と争っており、ついで美濃国の斎藤道三《さいとうどうさん》とも闘った。

信長が信秀の跡を継ぐと、乳母子であった恒興は信長から信任を得、各地の合戦に活躍して頭角を現した。弘治三年(一五五七)信長が弟信行《のぶゆき》を謀殺したときに功があり、信長の命により信行の内室であった荒尾《あらお》美作守善次《よしつぐ》の女(善応院《ぜんおういん》)をめとることとなった。この妻との間に、元助《もとすけ》(5)・輝政《てるまさ》・長吉《ながよし》・長政《ながまさ》という四人の男子と二人の女子が生まれている。

永禄三年(一五六〇)信長は桶狭間《おけはざま》に今川義元を破る。恒興も戦闘に参加した。永禄五年信長は三河の松平元康《まつだいらもとやす》(のち徳川家康《とくがわいえやす》)と同盟を結び、西方への進出を開始する。永禄六年信長は本拠を清洲から小牧山城《こまきやまじょう》に移す。小牧山の城下町遺構では「池田」という小字《こあざ》地に武家屋敷群が発掘されていて、恒興の屋敷地と考えられている。(6) 同年一一月付け「池田恒興宛織田信長判物」(史料1)と一二月付け「池田恒興宛織田信長判物」(史料2)がある。美濃の斎藤氏を攻めたときの戦功に対して所領を与えたものと考えられるが、小牧山への移転に関わるかもしれない。この年、恒興は二八歳になっていた。

その後永禄一〇年に斎藤氏を滅ぼした信長は、本拠を岐阜に移し、この頃から有名な「天下布武」の印を使い始める。そして永禄一一年、将軍足利義昭《あしかがよしあき》を奉じて入京する。恒興は元亀元年(一五七〇)に犬山城《いぬやまじょう》の城代となり、付近に一万貫の知行を与えられた。

天正元年(一五七三)九月七日付けの「池田恒興宛織田信長朱印状」(史料4)がある。「木田小大郎跡職」を恒興の次男である「古新」(輝政)に与えたものである。古新は永禄七年一一月晦日生まれ、この年一〇歳であった。恒興の嫡男である元助は幼名を勝九郎という。永禄二年生まれ。元亀元年信長が越前朝倉義景《あさくらよしかげ》を攻めたときに一二歳で初陣を飾り、以後父とともに戦陣に加わっている(『池田家履歴略記』)。

天正六年、恒興・元助・輝政の父子三人は摂津攻略に出陣。天正八年信長が荒木村重《あらきむらしげ》を討伐した際には、花隈合戦《はなくまかっせん》で戦功をあげた。このとき輝政は一七歳。池田家本の『信長記《しんちょうき》』には、作者である太田牛一《おおたぎゅういち》の直筆で「池田幸新」(古新・輝政)が信長から「感状」をもらったことが書き加えられている。(7) この軍功により恒興は摂津国に約一〇万石を賜った。

その後、輝政は天正一〇年の信長の甲斐《かい》武田攻めにも参加するが、そのことも『信長記』に書き加えさせている。同年、本能寺の変によって信長は自殺する。これを聞いた恒興は剃髪して勝入《しょうにゅう》と号し、羽柴秀吉《はしばひでよし》と結んで山崎に明智光秀《あけちみつひで》軍を打ち破った。その後は、秀吉・柴田勝家《しばたかついえ》・丹《に》羽長秀《わながひで》と並ぶ四人の宿老の一人として戦後処理にあたる。さらに賤ヶ岳《しずがたけ》の戦いでは秀吉に組して勝家と闘い、これに勝利した。ついで美濃国大《おお》垣《がき》城主に転じ、約一三万石を領した。元助は岐阜、輝政は池尻《いけじり》に在城した(『寛永諸家系図伝』十九)。

天正一一年八月一九日付けの「養徳院宛織田信雄書状」(史料5)がある。織田信雄《おだのぶお》が「下すえの郷」の知行を養徳院に安堵したもの。信雄は、山崎の戦い後の清洲会議で後継争いに敗れた。勝入は、秀吉に組して信雄を後継とすることに反対していた。信雄が養徳院に知行を与えたのは信長以来の由緒によるものだろうが、織田家と関係の深い池田家は秀吉との間で微妙な立場にあったに違いない。

翌天正一二年三月、織田信雄は秀吉と対立、徳川家康を頼った。秀吉は勝入を味方に付けようと使者を送る。これに対して池田家臣のなかには織田家との従来の恩義に報いるため信雄に一味すべきだとの意見もあり、勝入は逡巡した。秀吉からは美濃・尾張・三河の三国を与えるとの誓紙も送られたという（『池田家履歴略記』）。結局勝入は秀吉に組することに決した。そして秀吉の命によって三月一三日にまず犬山城を攻め落とした。このことを勝入が報じたのに対する返書と思われる三月二〇日付け「池田恒興宛羽柴秀吉書状写」（参考1）がある。信雄の領地である伊勢国の状況を報じるとともに、犬山周辺の川渡りなどについても細かく指示している。翌二一日、文面通りに秀吉は大坂を立って、美濃に向かう。

三月二七日、秀吉は犬山城に入り、楽田《がくでん》に本陣を構えた。これより先、信雄の清洲城に入った家康は、小牧山に本陣を置いていた。小牧山城は信長が岐阜へ本拠を移した後廃城となっていたが、それを急拠修復して陣を構えたのである。両軍が対峙するなか、勝入は敵軍の背後を突いて家康の本拠の岡崎を襲おうと、四月六日夜半に二万五〇〇〇の兵を率いて進撃を開始した。これを察知した家康は四月八日密かに兵を動かし、九日朝長久手《ながくて》で秀吉方を急襲した。不意を突かれた秀吉方は惨敗。勝入は同行した嫡男元助ともども討ち死にした。勝入の女婿の森長可《もりながよし》も討ち死にしている。輝政は人質として後陣にあったため無事であった。

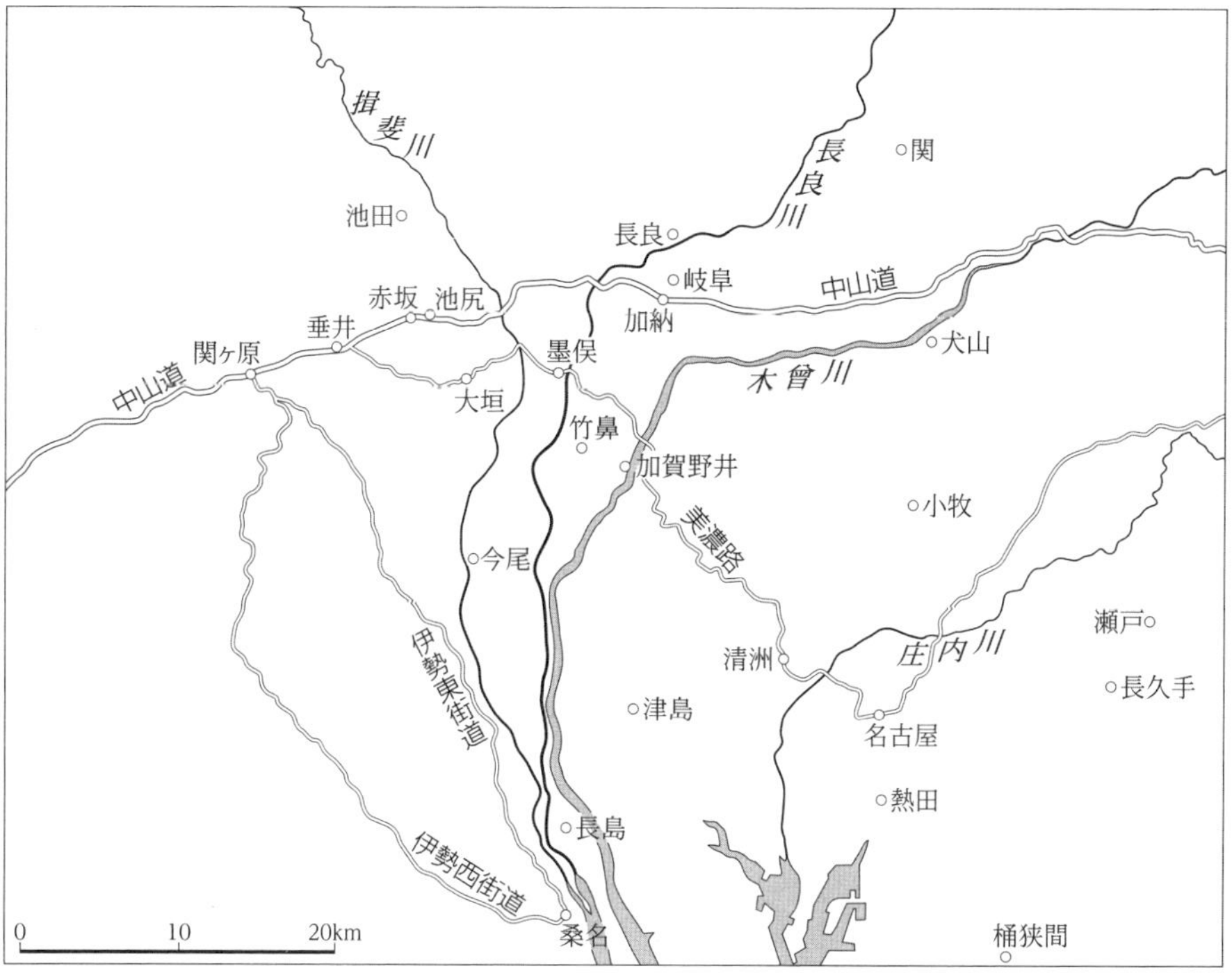

養徳院と伊木忠次

四月一一日、楽田の本陣から秀吉が勝入の母である養徳院に送った「養徳院宛羽柴秀吉書状」（史料6）がある。勝入父子の戦死を悼むとともに、今後は残った三左衛門（輝政）・藤三郎（長吉）兄弟をもり立てることを約している。秀吉の心情が溢れる文面である。また、同日付けの「池田輝政宛羽柴秀吉書状」（史料7）では、輝政の手の怪我を気遣うとともに、兵や道具を集め戦に備えるよう指示している。この時輝政は美濃大浦

(現岐阜県羽島市)にあり、その加勢のために秀吉は家人の伊藤半助らを遣わした。

翌四月一二日付けの「伊木忠次宛羽柴秀吉書状写」(参考2)もある。伊《い》木《ぎ》忠次《ただつぐ》は勝入の家老で、豊後守を名乗る。はじめ長兵衛と称し、のちに清兵衛と改めた。生まれは尾張国清洲。三河国岡崎に居住し、恒興に召し出された。美濃国伊木山城(現岐阜県各務原市)を攻め取った功により本姓の香川を改めて伊木を称するよう仰せ付けられ、須俣《すのまた》(墨俣、現岐阜県大垣市)に居城した(「伊木若狭奉公書」)。花隈合戦のときには輝政の側にあって功名をあげている。秀吉と信雄が対立したとき、家臣のなかでは秀吉に一味することを一貫して説いていた。秀吉との親しい関係があったのだろう。秀吉も勝入なきあとの池田家中の取り締まりについて忠次に依頼するところがあった。

四月二一日頃、輝政は家老の森寺忠勝が在城する今尾(現岐阜県海部郡平田町)に出陣、「羽柴人数」の加勢を得て信雄方の脇田城(現同町)を攻撃した(『大日本史料』第十一編之七)。輝政としては「弔い合戦」のつもりであったろうが、攻略することは出来ずに失敗に終わった。四月二三日付けの「伊木忠次宛羽柴秀吉書状写」(参考3)では、秀吉は「人質」を取ることを指示しており、支配地が動揺している様子がうかがえる。その後四月二八日に、伊木ら家老とともに輝政は楽田の秀吉のもとに伺候し、勝入の遺領を相続することを許され、正式に大垣に居城することになった(『池田家履歴略記』)。

五月になって三日に秀吉は信雄方の加賀野井城《かがのいじょう》(現岐阜県羽島市)を攻撃、七日にこれを攻め落とした。この戦果を「せう入の御とふらいかつせん」と知らせる日付のない「養徳院宛羽柴秀吉書状」(史料8)がある。秀吉としては、ようやく面目を施したかたちであった。

その後六月になって秀吉は一旦大坂に帰る。七月になると再び美濃に戻り、一八日には岐阜に陣を張る。しかし、二九日には再び大坂に帰る。なお、この月輝政は美濃加納(現岐阜市)に楽市楽座の制札を下している(『大日本史料』第十一編之七)。織田信長が有名な「楽市楽座令」を美濃加納に下したのは永禄一〇年(一五六七)のこと、次いで天正一一年(一五八三)六月には池田元助が同じく楽市楽座の制札を出しており(『同』第十一編之四・七)、輝政の制札はそれを引き継いだものであった。秀吉大坂滞在中の八月四日付けの「池田輝政宛羽柴秀吉書状」(史料9)がある。この書状で秀吉は、来年の知行替えのときには森仙蔵の知行である美濃の関(現岐阜県関市)を輝政に与えることを約束している。

八月一一日、大坂を発した秀吉は京都を経て一五日に大垣に入る。その直後の一七日付けと思われる養徳院にあてた書状がある。「養徳院宛羽柴秀吉書状」(史料10)がそれで、「すし一おけ」を贈るとともに、やがて参上すると伝えている。次いで、日付はないが「三左衛門・藤三郎知行」について知らせた「養徳院宛羽柴秀吉書状」(史料11)がある。このころ、輝政・長吉の知行とともに養徳院の知行についても秀吉との間で遣り取りがあったようだ。同じく日付はないが、「三左衛門知行」などに触れた「養徳院宛羽柴秀吉書状」(史料12)もある。この書状では養徳院の体調を気遣っており、「御ないぎの事」(輝政の妻中川瀬兵衛女のことか)も心配している。八月一七日付け「養徳院宛羽柴秀吉判物」(史料13)で、秀吉は養徳院に八〇〇貫文の知行を与えた。この間の秀吉と養徳院との書状の遣り取りに基づくものだろう。この判物と一緒に送られたと思われる書状(「養徳院宛羽柴秀吉書状写」参考4)もある。この年に立て続けに出された秀吉の書状を読んでいると、人情に厚い秀吉の一面がよくわかる。

その後も信雄方と秀吉方との戦闘は北伊勢地方を中心に続いたが、一一月になって和睦《わぼく》が成立、家康との間でも一二月に入って和睦が成立した。一一月一三日付け「伊木忠次宛羽柴秀吉朱印状写」(参考5)は人質の交換をはじめとした戦後処理について、詳しく知らせている。文面に家康に対する秀吉の苦々《にがにが》しい気持ちがにじみ出ている。

その後の養徳院

このあと池田家は輝政を中心に隆盛に向かう。しかし、しばらくは養徳院の心配も続いたに違いない。そんな養徳院を秀吉は手厚く遇した。天正一七年(一五八九)一一月二一日付けの「養徳院宛豊臣秀吉朱印状」(史料15)では美濃国方県郡《かたがたぐん》長良郷(現岐阜市)のうちに八〇〇石が宛行われている。また、輝政も吉田に転封《てんぽう》になった直後の天正一八年一〇月一八日に養徳院に対して二〇〇石の知行を進上している(「養徳院宛池田輝政書状」史料17)。

それでも文禄年間(一五九二~九六)頃になると、案ずることも少なくなっただろう。みずからも年老いた。この頃、養徳院は京都妙心寺に寺地を求め、勝入の菩提を弔うために護国院《ごこくいん》を開いている。

慶長四年(一五九九)一一月一八日養徳院は孫の三左衛門(輝政)宛に遺言状をしたためた(「池田輝政宛養徳院遺言状」史料24)。八五歳になっていた。自分の死後には、長良の八〇〇石の知行のうち五〇〇石を桂昌院《けいしょういん》に、三〇〇石を護国院に寄付し、桂昌院には養徳院の位牌とともに信秀・信長父子の位牌も立て供養するよう頼んでいる。また、もし長良の知行地を寄進するのが難しい場合は、平井村の二〇〇石の知行を、桂昌院と護国院に一〇〇石ずつ、残る一〇〇石を「お五う」に遣わすよう頼んでいる。長良の土地が両院に寄進できたときには、平井村のほうはすべて「お五う」に遣わすよう頼んでいる。平井村の知行は天正一八年一〇月一八日に輝政によって養徳院に扶持されたものである。のちの遺言状(史料37)では、桂昌院は信長のために建てたもの、護国院は勝入および「六しん」(多くの先祖)のために建てたと述べている。「お五う」はよくわからない。

慶長七年にも養徳院は遺言状をしたためた。四月二日付けの「池田輝政宛養徳院遺言状」(史料35・史料36)が二通残っている。内容はほとんど同じで、やはり桂昌院と護国院に長良の八〇〇石の知行を寄進するよう頼んでいる。関ヶ原戦後の政治状況の変化を踏まえたものだろう。ただし、「内府様も、われわれに目を懸けてくださっている」とあり、徳川家康からも厚遇を得ていることがうかがえる。

ついで翌慶長八年三月二一日に三度目の遺言状が書かれる(「池田輝政宛養徳院遺言状」史料37)。両寺への寄進のことは変わらないが、死後は人知れず荼毘《だび》に付し、儀式も無用と述べている。また、「一族のみなが繁昌している様子を見て仏になることができ、満足している」と言う。養徳院の正直な気持ちであったにちがいない。

信長の乳母であった養徳院は織田家中で重んじられ、秀吉や家康にも一目置かれていた。動乱のなかを池田家が生き延びることができたのも、養徳院の力によるところが大きい。池田家にとって最大の功労者といって間違いないだろう。慶長一三年一〇月二六日、九四歳で亡くなった。年未詳一二月九日付けの「宙外和尚宛中村主殿助奉書」(史料46)は、池田輝政から妙心寺の宙外和尚に毎年米五〇石を寄進することを知らせている。養徳院の遺言に基づくものだろう。

2 秀吉・家康に重んじられた輝政

秀吉と輝政

池田輝政は、恒興の次男として永禄七年(一五六四)一一月晦日清洲で生まれた。幼名は古新、のちに三左衛門と称した。初めは「照政」の文字を使ったが、後に「輝政」と改めた。本書では便宜上「輝政」で通すことにする。天正六年（一五七八）の摂津攻略に、父恒興・兄元助とともに参加したのが初陣であった。ときに一五歳。

　天正一二年長久手の合戦で父の勝入と兄の元助が敗死すると、池田家の存続は輝政の肩に掛かることになる。[8]ときに二一歳。伊木忠次をはじめとした家老たちが輝政を支えた。翌天正一三年輝政は大垣から岐阜城に移され、一〇万石を領することになった。正月一二日付けの「伊木忠次宛羽柴秀吉朱印状写」（参考6）は、城の管理について指示しており、このときのものか。また、同年一一月三日付けの「伊木忠次宛羽柴秀吉判物写」（参考7）があり、伊木忠次は秀吉から不破広綱《ふわひろつな》の旧領であった竹鼻《たけがはな》辺に六〇八三貫文の領知を与えられている。この伊木忠次の美濃の領知については、天正一七年一一月二一日付け「伊木忠次宛豊臣秀吉朱印状写」（参考9）と同年同月一四日付け「石田三成・浅野長政連署伊木忠次知行目録写」（参考8）がある。年未詳であるが、秀吉が一柳直末《ひとつやなぎなおすえ》ら一三人に対して木曾・飛驒からの材木の御蔵入れ人足を催促した「一柳直末他宛豊臣秀吉朱印状写」（参考10）がある。美濃など川筋に領地を与えられている武将に動員を命じたものだろう。そのなかに伊木忠次の名がある。また、同じく年未詳の「伊木忠次宛豊臣秀吉朱印状写」（参考11）もある。こちらは、忠次が「鼻紙百帖・真桑瓜二籠」を秀吉に贈ったことに対する礼状である。池田家中において伊木忠次の位置がますます高まっていることがうかがえる。他方、秀吉が岐阜時代の輝政に宛てたものとしては、年未詳九月一四日付け「池田輝政宛豊臣秀吉朱印状」（史料14）がある。

　時を少し戻して輝政の動きを追っておこう。天正一三年三月、秀吉は紀州の根来・雑賀衆を攻め、八月には越中の佐々成政《さっさなりまさ》を攻めた。成政は、小牧・長久手の戦いで織田信雄・徳川家康に与し、両者が和睦した後もそれに納得せず秀吉に敵対していた。この二つの戦いに池田輝政は秀吉に従って出陣している（『池田家履歴略記』）。さらに天正一五年には島津攻撃に参加、九州日向国まで出陣した（同前）。翌天正一六年四月一四日、後陽成《ごようぜい》天皇が秀吉の聚楽第《じゅらくだい》に行幸する。輝政は諸大名とともにこれに供奉し、和歌を献上した（同前）。三男の長吉は行列の「前駆」を務めている。

　天正一八年三月、秀吉は北条氏を討つために小田原に出兵する。輝政もこの陣に参加した。このとき秀吉が木曾の材木の山出しを奉行するよう輝政に命じている（「池田輝政宛豊臣秀吉朱印状」史料16）。七月小田原が落城すると秀吉は奥州に兵を進める。このときも輝政は先陣を勤めた。八月家康が関東六か国に転封になると、輝政は三河国吉田城（現豊橋）に移り、一五万二〇〇〇石を領することになる。『池田家履歴略記』によれば、このときあわせて在京料として「勢州小栗栖《おぐるす》」に領知を与えられたという。天正二〇年正月一一日付け「豊臣秀吉朱印池田輝政知行目録」（史料19）で伊勢国三重郡に二〇〇二石余の領知が与えられているが、これがその在京料にあたるものだろう。

　天正一九年秀吉は全国の大名に検地の結果を集約した御前帳《ごぜんちょう》と郡絵図の提出を命じた。[9]列島全土に秀吉の支配を貫徹するとともに、朝鮮への出兵準備をすすめるのが目的であった。同年八月二〇日付けの「池田輝政宛豊臣秀次黒印状」（史料18）がある。御前帳と郡絵図は天皇の御前にそなえることが考えられており、関白秀吉が命じたものであった。秀次《ひでつぐ》はこの年一二月に秀吉から関白職を譲られ、この事業を引き継ぐ。ただし、八月当時は奥州遠征中であった。奥州平定後、輝政は奥州検地を命じられている（『池田家履歴略記』）から、それに関わるものかもしれない。または、輝政の領国である三河国に関わるか。文禄二年（一五九三）までに提出された御前帳・郡絵図は、西日本を中心に二九か国分が確認されている。[10] 奥州および三河国については提出が確認できない。

天正二〇年正月、秀吉は朝鮮出兵に向けて具体的な指示を開始する。[11] 輝政は東国への守備のため吉田に留まるよう命じられ、主に肥前名護屋《なごや》への物資の輸送を担当した。四月に入って小西行長らの第一軍が釜山《プサン》に上陸する。五月一三日付けの「池田輝政宛豊臣秀吉朱印状」（史料20）がある。漢城（ソウル）へ向け前進する軍勢に秀吉は上機嫌の様子。輝政にも順風次第渡海するようにと指示している。

五月三日に漢城が陥落、六月一五日には平壌《ピョンヤン》も陥落した。さらに秀吉軍は明との国境に向けて進撃する。しかし、その後は明の援軍、朝鮮水軍の反撃、各地での義兵の抵抗などにより戦線は膠着する。同年一〇月秀吉は、秀次を通じて輝政を初めとした武将に渡海用の安宅船《あたけぶね》の建造を命じた。翌文禄二年、完成した大船は名護屋に廻送されたが、輝政が建造した安宅船は名護屋でも評判であった。七月二六日付け「池田輝政宛豊臣秀吉朱印状」（史料21）では、池田水軍の「大船」が「丈夫に見事」であると感心しており、大筒・火薬・武具などを目録通り積み込むよう指示している。これをうけて、船奉行の中村主殿《とのも》が秀吉の命で朝鮮へ武器・兵粮を運んだ（『池田家履歴略記』）。また、戦争の行方についても秀吉は「高麗仕置のこともすぐに済むだろう」と楽観的な見通しを述べている。しかし、その意に反して戦況は好転せず、結局、輝政も出陣することはなかった。

朝鮮出兵と並行して秀吉は、自らの隠居屋敷として伏見城《ふしみじょう》の建設を進める。文禄三年三月には淀城《よどじょう》の天守閣が移され、城郭と城下町の建設が本格化する。同年八月一〇日付けの「伊木忠次宛豊臣秀吉朱印状写」（参考12）がある。四五二石余を「伏見作事方入用」として輝政に与えるという内容である。各地の大名もこぞって伏見での屋敷の建築に取り組んだ。なお、伏見での屋敷普請に関わると思われる「長束正家宛徳川家康書状」（史料23）もある。また、いつのものかはわからないが、九月八日付けの「池田輝政宛豊臣秀吉朱印状」（史料22）もある。重陽の祝儀として輝政が「呉服三」を贈ったことに対する礼状である。

同じ文禄三年輝政は秀吉の命によって、徳川家康の女である富子（督姫《とくひめ》）を後妻に迎える。富子は北条氏直《ほうじょううじなお》に嫁していたが、小田原攻めのときに家康の元に帰り、「小田原後家」と呼ばれていた。この婚姻を機に輝政は家康との関係を深めることになる。

文禄四年七月、関白秀次は謀叛の罪で高野山に追放となり、一五日自殺した。七月二〇日、有力大名三〇人は「御ひろい様」（秀頼《ひでより》）に対して「表裏別心」のないことを誓約する起請文を提出。輝政も「羽柴吉田侍従」として血判花押した。

関ヶ原の戦いと輝政

慶長元年（一五九六）明・朝鮮との和議が破れ、秀吉は朝鮮への再出兵を命じた。このときも輝政は本土に留まった。朝鮮での戦況も思わしくないなか、慶長三年八月、秀吉は家康はじめ有力大名に対して秀頼への忠誠を遺言して亡くなった。これにより、朝鮮の軍勢も撤退する。

しかし、その直後から政権内の主導権争いが激化する。そのなかで次第に家康が政権運営に重きをなすようになる。そして慶長五年に、徳川家康を中心とした東軍と石田三成《いしだみつなり》を中心とした西軍との間で関ヶ原の戦いが起きる。

この年、家康に不満の上杉景勝《うえすぎかげかつ》が会津《あいづ》に反旗を翻すと、家康は上杉景勝討伐の軍を起こし、六月一八日伏見を出発。二二日、吉田に到着した家康を輝政が饗応、輝政は上杉追討の軍陣に加わることになる。(12) 七月二日江戸城に到着した家康は軍勢を整え、二一日外様諸将を率いて会津に向けて出陣する。輝政もこの家康本隊に従軍した。この間大坂では三成を中心に家康討伐の兵が起こされ、その動向はしきりに家康のもとに届けられた。七月二五日家康は下野《しもつけ》小山《おやま》に軍議を行い、西上して大坂に攻め上ることに決する。あわせて福島正則《ふくしままさのり》と池田輝政が先鋒に指名された。二七日、輝政は先鋒として上野国《こうずけのくに》より取って返した。

八月になると家康はおびただしい数の書状を各地の武将に遣わしている。特に東軍に属しても元来豊臣家との縁故の深い大名には気を遣っている。輝政宛のもので残るのは、八月四日に小山から出された「池田輝政他宛徳川家康書状写」(参考13)が最初のものである。輝政とともに弟の池田長吉《ながよし》および九鬼守隆《くきもりたか》に宛てたもの。両人とも上野《こうずけ》の陣以来輝政に属していた。井伊直政《いいなおまさ》を先発させるので、その指示に従うよう命じている。同文の書状が他の諸将にも遣わされた。八月一四日東軍の武将が福島正則の居城である清洲に集まり、輝政もそれに参加した。八月一三日付けの「池田輝政他宛徳川家康書状」(史料25)を携えた村越直吉《むらこしなおよし》が一九日に清洲に到着。やはり同文の書状が他の諸将にも遣わされた。村越を含めた談合の結果、岐阜城攻めに決する。軍議では、輝政と福島とが先陣争いで対立、軍目付として派遣されていた井伊直政と本多忠勝《ほんだただかつ》は調整に苦労した。

八月二一日、東軍は二手に分かれて木曾川を越えた。上流側の主将は輝政、下流側の主将は福島正則であった。岐阜城から出た西軍の兵が川端を固めていたが、東軍はこれを打ち払い、岐阜城に迫った。この戦果を輝政はただちに家康に報告、家康からは八月二六日付けで感状が寄せられた。「池田輝政宛徳川家康書状」(史料26)がそれである。「まことに心地よいことだ」という文面に、初戦に大勝した家康の喜びが溢れている。同文の書状が福島にも送られた。先陣争いをする池田と福島の間を取り持ち、平等に扱おうとする家康の配慮がうかがえる。

二三日、大手《おおて》から福島が、搦手《からめて》からは輝政が城内に突入し、岐阜城は陥落した。この報を受けた家康は二七日付けの「池田輝政宛徳川家康書状」(史料27)でその手柄を賞した。加えて、秀忠《ひでただ》が中山道《なかせんどう》を、自分は東海道から西上する予定であるので、その到着を待ち、それまでは軽挙妄動しないよう誡めた。やはり同文の書状が福島にも遣わされており、ほぼ同じ内容の同日付け「池田長吉宛徳川家康書状」(史料28)もある。

八月二四日、輝政・福島をはじめとした東軍は、大垣城を攻めるために赤坂(現岐阜県大垣市)・垂井《たるい》(現岐阜県不破郡垂井町)まで進み、そこに陣を張った。そこへ九月朔日付けの「池田輝政他宛徳川家康書状」(史料29)が届く。家康・秀忠の到着を待つようにという指示であった。また、九月二日付けの「池田輝政宛徳川家康書状」(史料30)も届く。岐阜攻めで討ち取った首級《しるし》の鼻七〇〇余りを輝政が送ったのを褒めるとともに、秀忠は信濃の大門《だいもん》(現長野県小県郡長和町)まで、自分は相模の藤沢(現神奈川県藤沢市)まで進んだことを伝えている。

九月一三日、家康は岐阜城に入った。翌一四日、家康は大垣城攻めの本陣岡山に入り、軍議を催した。ここでも大垣攻めを主張する輝政と大坂城へ攻め上ることを主張する福島が対立した。これを家康が裁断し、一隊を大垣城の押さえとして残し、本隊は西上することに決した。

一五日関ヶ原で戦端が開かれた。輝政は南宮山《なんぐうさん》による毛利秀元《もうりひでもと》・吉川《きっかわ》広家《ひろいえ》の軍勢と対峙した。しかし、両人は黒田長政《くろだながまさ》を通じて東軍に和議を申し入れていたので、軍を動かさなかった。初めは一進一退であった戦闘は、小早川秀秋《こばやかわひであき》の裏切りを機に東軍の圧勝に終わった。一八日、石田三成の居城佐和山城《さわやまじょう》（現滋賀県彦根市）が陥落。一九日、輝政は福島らとともに京都の守護を命ぜられ、進発した。ついで二二日には大坂に向けて出発、藤堂高虎《とうどうたかとら》・浅野幸長《あさのよしなが》・黒田長政・福島正則とともに大坂城に居た毛利輝元《もうりてるもと》との折衝にあたる。二四日、輝元が退去すると、福島らとともに西丸を接収した。家康は二七日に大坂城に入っている。

戦後の論功行賞によって、輝政は播磨《はりま》一国五二万石を、池田長吉は鳥取に六万石を与えられた。年月日はないがこの年のものと思われる「養徳院宛徳川家康書状」（史料32）がある。家康は、「天下とりしずめ候」と勝利を報じるとともに、「三左衛門殿一段と御心労」と養徳院孫の輝政の労をねぎらっている。

なお、関ヶ原の戦いの直前と思われる九月一一日付け「正木時茂宛徳川秀忠書状」（史料31）が池田家文庫に伝えられている。西上を願う里見氏《さとみ》に対して東国に留まるよう指示したもの。安房《あわ》の里見氏の動向を示すものとして興味深い。

「播磨宰相」輝政

戦後の論功行賞で家康は、輝政に美濃国か播磨国のいずれかを与えるつもりであったという。池田の家中では美濃が池田氏に縁もあり、これまでも領知した所であるので、美濃を望む声も少なくなかったが、伊木忠次が播磨を強く推した。俚諺《りげん》に「一に播磨、二に越前」と言うように播磨は「大上々の国」である。天下大乱になれば濃尾《のうび》が東西の決戦場になる。だから美濃は、後になれば関東から制されて「御手広く成るべからず」。対して播磨は、西に備前《びぜん》、南に淡路《あわじ》があって、「永世基業を起こすべき地」である。伊木はこう主張した。これが受け容れられて播磨国を望むことに決したという（『池田家履歴略記』）。年はわからないが五月三日付けの「伊木忠次宛徳川家康黒印状写」（参考15）がある。「端午の祝儀」に対する礼状である。やはり年未詳だが、二月一七日付けの「伊木忠次宛小早川秀秋書状写」（参考14）もある。秀秋は関ヶ原の戦功により、備前・美作両国を与えられていた。引き続き池田の家中で伊木忠次が重きをなしていた。

なお、年月未詳一三日付けの「池田輝政宛徳川秀忠書状」（史料33）は、秀忠が「中納言」を名乗っているから、文禄元年（一五九二）九月九日から慶長六年（一六〇一）三月二七日までのものである。『史料綜覧』は慶長六年二月三日に「徳川秀忠、播磨姫路ノ池田照政ノ大坂ノ亭ニ臨ム」を立項するが、これに関係した書状かもしれない。また、この頃のものと思われる年未詳七月二三日付け「池田輝政宛徳川秀忠書状」（史料34）もある。

播磨に入国した輝政は、姫路城を修築してこれを本拠とした。白鷺城《しらさぎじょう》とも呼ばれる姫路城は輝政が建設したものである。伊木忠次は三木城《みきじょう》（現兵庫県三木市）に住したが、慶長八年同所に没した。その後は、若原《わかはら》右《う》京《きょう》と中村主殿が出頭人《しゅっとうにん》として輝政に重んじられ、藩政を牛耳《ぎゅうじ》った。

慶長八年二月一二日に家康は征夷大将軍に任じられる。同日輝政も正四位下左近衛権少将に叙任された。これより先の二月六日、輝政と富子との間に生まれた藤松丸（後の忠継《ただつぐ》）が初めて家康に御目見《おめみえ》し、備前一国二八万石余りを与えられた。小早川秀秋は前年一〇月に急死していた。しかし、藤松丸（忠継）はわずか五歳であったので、家康の許可を得て兄の利隆《としたか》が代わって監国《かんこく》することになった。

輝政の嫡男利隆（初め輝直、後に玄隆）は、名を新蔵と言い、天正一二年（一五八四）九月七日岐阜城に生まれた。母は中川瀬兵衛清秀の女。当時二〇歳。上杉攻め以来父輝政とともに戦陣にあり、諸将の間でも知られるようになっていた。慶長一〇年四月、家康は将軍職を秀忠に譲る。これにあわせて伏見に伺候した利隆は、従四位下侍従兼右衛門督に任じられ、五月には秀忠の養女となった榊原康政《さかきばらやすまさ》の女鶴子（福照院）と婚姻した。榊原氏は三河以来の徳川譜代《ふだい》の家柄で、康政は家康四天王の一人に数えられる重臣であった。さらに利隆は慶長一二年六月に武蔵守に任じられ、松平の姓を賜っている。慶長一四年四月四日、利隆に嫡男の新太郎（光政《みつまさ》）が誕生する。これを機に、鶴子に備中国で一〇〇〇石の化粧料が与えられることになった。「小堀政一宛本多正純等連署書状」（史料47）がある。当時小堀政一《こぼりまさかず》（遠州《えんしゅう》）は備中国奉行《くにぶぎょう》で、国内の政務全般を取り仕切っていた[13]。

いずれも年未詳であるが、秀忠が利隆に当てた祝儀の礼状が三通残されている。「池田利隆宛徳川秀忠御内書」（史料38）、「池田利隆宛徳川秀忠黒印状」（史料39）、「池田利隆宛徳川秀忠黒印状」（史料40）がそれである。利隆の呼称からおおよその年代が推量される。いずれにしても、苦労人の秀忠は池田家中での利隆の立場を思い遣り、目を掛けていたように思われる。備前国での監国の様子を利隆が秀忠に報告したことに対する秀忠からの返書（「池田利隆宛徳川秀忠黒印状」史料50）もある。なお、やはり年未詳だが、一二月一〇日付けの「池田長吉宛徳川秀忠御内書」（史料41）もある。長吉が歳暮祝儀を贈ったのに対する秀忠の礼状である。

輝政は領国播磨で姫路城の修築と城下町の建設に励む一方、池田氏としては幕府の命令で各地の城郭建設の御手伝いに従事する。具体的には、慶長一一年江戸城、慶長一二年駿府城《すんぷじょう》の修築、慶長一三年丹波篠山城《たんばささやまじょう》、慶長一五年尾張名古屋城の築造に、それぞれ諸大名とともに参加している。年未詳七月二五日付け「池田輝政宛徳川秀忠書状」（史料43）は、この頃のいずれかの普請に関わるもの。駿府築城に際しては、家康からは利隆へ、その労をねぎらう一〇月四日付け「池田利隆宛徳川家康黒印状」（史料44）が送られている。しかし完成したばかりの駿府城は火事で焼失してしまう。その見舞いとして利隆が畳表と児島酒《こじましゅ》を送ったことに対する家康の礼状もある（「池田利隆宛徳川家康黒印状」史料45）。

慶長一三年四月、秀忠は輝政と富子の子である藤松丸・勝五郎に偏諱《へんき》し、忠継・忠雄《ただお》を名乗らせることにした。あわせて、松平の姓を与えている。同時に、忠継は従四位下侍従に、忠雄は宮内少輔に任官した。翌慶長一四年四月、富子の三番目の子である松千代（輝澄《てるずみ》）にも家康によって松平姓が与えられる。さらに慶長一五年忠雄に淡路一国六万六〇〇〇石が宛行《あてが》われる。ただし、忠雄は当時九歳と幼少であったため、輝政家臣の乾長治《いぬいながはる》を岩屋（後に由良《ゆら》）に置いて支配させた。この結果、輝政父子は播磨・備前・淡路の三国を支配することになり、西国の大大名に成長した。慶長一七年正四位下参議に叙任されたことから、輝政は「播磨宰相」と呼ばれ、「西国の将軍」とまで噂された（『池田家履歴略記』）。

後妻の子が家康によって厚遇されるなかでも、先妻の子である利隆と輝政の間柄はおおむね良好であったようで、利隆の備前監国に輝政が異を唱えることは特になかったようだ。利隆が父に祝儀の品を贈ったのに対する輝政の礼状が二通ある。いずれも年未詳で、五月二一日付け「池田利隆宛池田輝政黒印状」（史料52）と、七月一三日付け「池田利隆宛池田輝政書状」（史料51）である。利隆次男の恒元《つねもと》の色直しを祝う五月一五日付け「池田利隆室鶴子宛池田輝政書状」（史料53）もある。

豊臣秀頼と利隆

関ヶ原戦後、豊臣秀頼は、実質上は摂津・河内・和泉六五万七〇〇〇石の一大名となった。しかし、朝廷や秀吉縁故の大名には大きな影響力を持ち、家康に臣従する立場にはなかった。輝政は、秀吉以来の縁で秀頼の信任もあり、慶長七年(一六〇二)には秀頼の名代として参内し、年頭の祝賀を勤めている(『言経卿記《ときつねきょうき》』[14])。家康が将軍に襲職した直後の慶長八年七月には、秀忠の女の千姫《せんひめ》(天樹院《てんじゅいん》)が秀頼に嫁した。慶長一〇年秀忠が将軍に襲職すると、家康は秀頼にこれを祝って上京するよう促した。秀頼生母の淀殿はこれを拒絶し、徳川氏に対する反発を強めた。

慶長一〇年代、家康は毎年のように上京する。これに対して秀頼も朝廷や寺社とのつながりを強め、諸大名への働き掛けを行った。年代未詳の「池田利隆宛豊臣秀頼黒印状」が二通ある。九月五日付けのもの(史料48)は重陽祝儀に対する礼状、一二月一七日付けのもの(史料49)は歳暮祝詞に対する礼状である。いずれも利隆は秀頼に対して「呉服三」を送っている。「松平武蔵守」を名乗っているので、慶長一二年以降のものである。儀礼的な贈答の範囲であるが、幕府からは好ましく思われなかっただろう。

慶長一六年三月二七日、秀吉が擁立した後陽成《ごようぜい》天皇が譲位し、後水尾《ごみずのお》天皇が即位する。翌二八日、家康は秀頼を二条城に呼び出して会見した。家康が秀頼を臣従させるための儀式であったと諸大名には受けとめられた。四月一二日、家康は在京の諸大名を二条城に集め、三か条の「条々」を示し、これに対する誓紙を提出させた。誓紙を提出した二二名の大名には、池田輝政・池田利隆も含まれていた。利隆が自立した武将として扱われている点が注目される。

3　家康に疎まれた利隆

輝政の死と遺領分配

慶長一七年(一六一二)正月、輝政は脳卒中で倒れ、中風《ちゅうぶ》となる。秀忠から病に臥せる輝政を見舞う懇切な書状が利隆宛に届く。三月四日付け「池田利隆宛徳川秀忠黒印状」(史料54)が最初で、続けて三月五日付け「池田利隆宛徳川秀忠黒印状」(史料55)、三月六日付け「池田利隆宛徳川秀忠黒印状」(史料56)、三月八日付け「池田利隆宛徳川秀忠黒印状」(史料57)が寄せられる。五日付けでは、半井《なからい》驢庵《ろあん》に医者の世話を依頼したこともわかる。八日付けによれば、病状はやや落ち着いたようだ。引き続き様子を知らせるよう利隆に依頼している。六月二六日には輝政に直接宛てて「池田輝政宛徳川秀忠書状」(史料58)が送られている。

その後輝政の病は回復し、八月には駿府・江戸を訪れ、家康・秀忠に礼を述べた。九月一三日、家康は輝政に松平姓を与え、参議に任ぜられるよう奏請した。しかし翌慶長一八年正月、輝政は再び危篤となり、二五日姫路城で死亡した。五〇歳であった。当時江戸に参府中であった利隆は急いで帰国、輝政を京都妙心寺護国院に葬った。富子は出家して良《りょう》正院《しょういん》と称した。一代で池田氏を大大名に発展させた輝政の生涯は、信長・秀吉・家康と複雑に交わる波乱の連続であった。

二月一五日、家康の命により監使《かんし》として安藤《あんどう》対馬守重信《しげのぶ》と村越茂助直吉が姫路に派遣された。家督相続に当たって幕府が監使(国目付《くにめつけ》)を送ることはよくあることで、とりわけ初期には藩政への介入としてしきりに行われた[15]。このときも、輝政のもとで権勢のあった若原右京と中村主殿を糺問《きゅうもん》するという名目であった。ただし、中村は当時病気であったため、監使が主に糺《ただ》したのは若原で、その内容は次の三点であったという(『池田家履歴略記』)。

①右京が四〇〇〇石の身上でありながら自分騎馬の侍を一〇〇人も抱えるのは不審である。

②家康の御女である良正院や御孫であるその君達に対して不礼過分の

振廻がある。

③池田の一族・歴代の家老共を差し置いて、己一人威権をとり、諸事
　ほしいままに取り行っている。

注目されるのは②のことである。これについて若原は、利隆が惣領であるにもかかわらず先妻の子であるために良正院やその子によって軽んじられ、忠継らに過分の振廻があったことを意見したのだと述べている。つまり、監使はこう主張する若原を糺問することで良正院や忠継らを擁護し、ひいては今後池田家を引き継ぐことになる利隆を牽制しているのである。また③では、若原を糺問することで一族・歴代家老の権勢を保障しようとしているのだが、これも新しく当主となる利隆にとっては、その権威や権力を確立するうえでは障害となるものであった。

糺問を終えた安藤・村越は四月二七日に駿府へ帰り、経緯を家康に報告した。その結果、中村は病死したためか不問に付され、若原は改易《かいえき》となった。この事件は池田家臣団に大きな動揺をもたらしたに違いない。

この後、家康の指示による家臣分けが行われた。忠継には家格の比較的低い家老が付けられ、幕府から鵜殿藤《うどのとう》右衛門《えもん》が付家老《つけがろう》として派遣された。利隆には一族・大身家老らの多くが付けられたが、かれらの権勢は家康のお墨付きを得たものであった。家督を相続した惣領のもとに譜代の重臣が付けられるのは一見尤《もっと》ものように見えながら、利隆にすれば大きな重荷を抱えたようなものであった。

六月一六日、利隆に家督の相続が許されたが、遺領の播磨国の内、備前国に隣接する宍粟《しそう》・佐用《さよう》・赤穂《あこう》の三郡計一〇万石は忠継に与えられ、利隆は残りの播磨国一三郡四二万石を継承した。この結果、忠継は備前一国と合わせて三八万石余を領有することになる。明らかに家康の孫である忠継を優遇した措置であった。家康の指示であったという(『池田家履歴略記』)。忠雄は引き続き淡路国を領知した。

八月二二日、利隆と忠継は駿府でそろって家康に拝謁、襲封《しゅうほう》を謝し、帰国した。この年利隆の子の新太郎(光政)が初めて家康に拝謁し、脇指《わきざし》を賜っている(同前)。

大坂冬の陣と利隆

翌慶長一九年(一六一四)三月二六日、駿府に居た良正院が利隆の「備前監国」を解き、忠継が直務することを家康に歎願している。これにより忠継は自立し、利隆は播磨の領国支配に専念することになる。同じ月、江戸城修築の御手伝いを命じられていた利隆は、駿府に伺候した後、江戸に赴いた。この普請で江戸滞在中と思われる六月七日付け「薄田七兵衛宛池田利隆書状」(史料59)がある。同年九月一七日、江戸城修築が完成したことにより秀忠から褒賞された利隆は、特に帰封《きほう》の暇を賜り、翌一八日駿府に赴いて家康に拝謁した後、姫路に向かった。この両年、利隆はたびたび家康・秀忠に伺候しており、徳川氏にかなり気を遣っている様子がうかがえる。

この時期に利隆が妹の茶々子に贈った書状が残されている。年未詳九月八日付け「京極高広室茶々子宛池田利隆書状」(史料60)である。実の孫を優遇する家康に疎まれた恰好の利隆であるが、当の忠継をはじめとした弟や妹に対しては実に懇切な気遣いを示している。利隆の惣領であるとの自覚に基づくものではあるが、あわせて、彼の誠実で暖かな性格がしのばれる[16]。

さて、大坂攻めの機会をうかがっていた家康は、いわゆる方広寺鐘銘問題を口実に、一〇月朔日諸国に陣触《じんぶれ》を発した。大坂冬の陣である。帰国途中にこの報に接した利隆は、急ぎ姫路に帰り、軍勢を調えた後、兵

庫に出陣、次いで西宮に陣を移した。このとき、庭瀬《にわせ》藩主戸川達安《とがわみちやす》から利隆に宛てた一〇月一六日付けの「池田利隆宛戸川達安書状」(史料61)がある。自軍の陣取りについて連絡したものだが、利隆軍がすでに「備前衆」(忠継軍)とともに「浦通」に展開していることがわかる。これに対して翌一七日に家臣の下濃将監《しものしょうげん》が下書きした利隆の返書案がある(「戸川達安宛池田利隆書状案」参考16)。紙面にある片桐且元《かたぎりかつもと》の一件は、大坂城を脱出した且元が大坂勢に追われて助けを求めたのに対して、尼崎に居た利隆軍が救助しなかったという事件である。このことを且元が家康に訴えた。利隆は番大膳《ばんだいぜん》を家康のもとに送って弁明に努めた(『池田家履歴略記』)。さらに、秀頼から味方するよう懇望する書状が利隆に届けられるという事件もあった。利隆はこれを京都の板倉勝重《いたくらかつしげ》に通報し、徳川氏に忠誠を尽くすことを誓った。しかし、書状が開封されていたために勝重は利隆の本心を疑ったという(同前)。利隆自身、一〇月二七日に二条城の家康のもとに伺候し、軍事を議している。利隆に二心はなかったが、本格的な戦闘を前に、その立場は厳しく困難なものであった。

一一月一一日、利隆の軍勢は神崎川《かんざきがわ》を越えて大坂城に迫り、ついで福《ふく》島新家村《しましんけむら》の大坂勢を打ち破った。一二月朔日、天満口《てんまぐち》からの総攻撃では先陣を切って奮戦、城内からも応戦があって激しい銃撃戦になった。その後天満口での対峙が続くが、一二月二二日には和議が成立する。二八日、利隆は二条城で家康に拝謁、戦功を賞され銀三〇〇〇枚を賜った。その後、姫路に引き上げている。

大坂夏の陣と利隆

翌慶長二〇年(一六一五)二月四日良正院が京都伏見で亡くなった(『池田家履歴略記』。『徳川実紀』は五日姫路に死すとの板倉勝重の報を引く)。次いで二月二三日には忠継が岡山城で亡くなる。疱瘡であった。利隆はじめ池田家中は大いに動揺したに違いない。

この頃、大坂・京都では両軍再戦の噂が広がっていた。四月朔日幕府は諸大名に出陣を命じ、四日には家康が駿府を発輿《はっよ》、秀忠も一〇日には江戸を出発する。大坂夏の陣が始まった。利隆は、家老伊木長門の嫡男と池田出羽の次男を江戸へ、出羽の嫡男を伏見へそれぞれ「証人」として差し出した。[17] あわせて、妻鶴子(福照院)と次男三五郎(恒元)を「質」として江戸に送った。幕府に気を遣う利隆の配慮がうかがえる。

四月一八日、家康が入京。翌一九日、約二万人の大軍を率いた利隆は、家康の命で尼崎・西宮の守備についた。同日、江戸に向かう途中の鶴子と三五郎が尾張熱田で秀忠に拝謁している。四月二二日付け「栄寿尼宛池田利隆書状」(史料62)は、「兵庫に逗留」とあるので、このとき利隆が姫路の栄寿尼《えいじゅに》に宛てたもの。栄寿尼は家臣の古田甚内《ふるたじんない》の妻で、利隆の乳母を勤めたのち、そのまま奥に留まって利隆の家族に仕えていた。この書状で利隆は、大坂方とは和議になるのではないかと予想し、もし和議が破れて戦闘になっても、二、三日で終わるのではないかと楽観的な見通しを述べている。家族を安心させるためかもしれない。「何事もなく奉公に努めるので、安心するように」と尚々書《なおなおが》きでも伝えている。

四月二九日、利隆は大坂方の岸和田城攻撃と紀伊国の一揆に対応するため、軍の一部を和泉国南部に遣わした。五月七日幕府軍が総攻撃を開始、難波島に陣取っていた利隆の軍勢も大坂城へ攻め寄せ、大いに戦功をあげた。五月八日、秀頼・淀殿が自殺して戦闘は終結した。

利隆死す

五月一〇日、二条城に引き上げた家康のもとへ諸大名が伺候した。そのなかに、利隆・忠雄も居た。五月一三日付け「下方覚兵衛宛池田利隆書状」(史料63)がある。下方覚兵衛《しもかたかくべえ》は嫡男光政の傅役《もりやく》。新太郎(光政)・三五郎(恒元)の安否を尋ねていることから、覚兵衛も両人ともども江戸にいたものと思われる。総攻撃での戦功とともに「我等家中の者どもも無事」と報じている。その後京都で家康・秀忠に御目見し、「一段と御懇《ねんご》ろの御談じどもに候」ということで安堵している。

そのまま京都に留まった利隆は、家康・秀忠と池田家の相続について相談する。六月二六日、池田忠雄が忠継の跡を継ぎ、備前一国と備中国にあった良正院の化粧料三万五〇〇〇石をあわせて領知するとともに、播磨三郡は忠継の弟である松千代(輝澄)・岩松(政綱《まさつな》)・古七(輝興《てるおき》)に与えられることになった。三人とも母は良正院で、家康の孫である。このとき輝澄一二歳、政綱一〇歳、輝興五歳であった。閏六月九日付け「横井養元宛池田利隆書状」(史料64)は、このことを国元の横井養元《よこいようげん》に伝えたもの。利隆はこの措置を「外聞も一段とよく満足」と認めている。利隆は幼い岩松(政綱)・古七(輝興)の後見となり、両人は播磨に置かれることになった。ただし、この時点では、尚々書きにあるように利隆は先に忠雄が領知していた淡路国が自分に与えられるものと思っていた。しかし、淡路国は家康によって阿波《あわ》の蜂須賀至鎮《はちすかよししげ》に与えられてしまう。利隆は家康によって再び冷たく扱われた恰好であった。

閏六月一五日付けの「栄寿尼宛池田利隆書状」が『池田光政公伝』に紹介されている。[18] 姫路へ利隆の弟妹である岩松(政綱)・振子・小七(輝興)が向かうので、その世話を栄寿尼に頼んでいる。これは先の養元宛書状に対応する。また、人質のようなかたちで江戸に赴いた妻の福照院と次男恒元のことも「心配ない」と報じている。やはり、兄弟・妻子など家族に対する利隆の細やかな心遣いが感じられる。

七月七日、諸大名が伏見城に集められ、武家諸法度を申し渡された。利隆もその場に畏まっていた。一七日、元和と改元される。一八日、利隆は他の大名とともに暇を賜り一旦姫路に帰る。秀忠は翌一九日伏見を発ち、八月四日江戸に着いた。

九月朔日付け「池田利隆宛徳川秀忠黒印状」(史料65)がある。秀忠が江戸に帰陣した祝儀として利隆が小袖《こそで》二〇を送ったのに対する礼状である。池田家中での利隆の立場に秀忠は一貫して同情的であったように思われる。

元和元年(一六一五)一二月二二日の『徳川実紀』に、「此ほど西国中国の諸大名、関東にて越年せんが為追々に参着し、日々駿城にのぼり拝謁し江戸に赴く」とある。利隆もこの日に駿府を経て江戸に着いている。江戸から姫路に宛てた極月二八日付け「横井養元宛池田利隆書状」(史料66)にそのことが書かれている。それによれば、利隆はこのところ病気であったようで、「江戸に来てそれはよくなった」と述べている。「ミやく(脈)大かたなを(直)り候」とあるから心臓病だろう。それにしても幕府向きの付き合いでは心労が絶えない。「駿府や江戸では贈答用の銀子《ぎんす》や小袖が予想外に必要で、年寄衆には二〇枚、三〇枚と遣うので、銀子がなくなってしまった」とある。尚々書きによれば、「上様への進物も予想の倍で、銀二〇〇枚に小袖一〇もいる」だから「直ぐに銀子を調達して送ってほしい」と催促するとともに、「来春には町人から二、三千両も借りる」よう指示している。加えて「来年の四月か五月には家光と家康が上洛するという噂で、また銀子が多く入用だ」とこぼしている。「元和偃武《げんなえんぶ》」によって徳川幕府の権勢は絶大となった。

元和二年正月元日、利隆は江戸城で秀忠に拝謁した。一九日、忠雄が従四位下侍従に叙任される。二一日、放鷹《ほうよう》に出掛けていた家康が倒れ、病床に伏すことになる。駿府も江戸も動きが激しくなる。四月一七日徳川家康が亡くなった。久能山《くのうざん》の霊廟に祀られる。七五歳であった。江戸では増上寺で七七日の法要が営まれる。この頃利隆も駿府と江戸を往復したに違いない。しかし、利隆自身も病身であった。五月のいつかはわからないが、暇を賜り保養のため京都に向かう。しかし薬石効なく、六月一三日に妹茶々子の婚家である京極家の京屋敷で亡くなる。三三歳であった。江戸に居た子の新太郎(光政)に秀忠から香銀一〇〇枚が遣わされた。遺骸は父輝政と同じ妙心寺護国院に葬られる。六月一八日、嫡男新太郎に家督と遺領の相続が認められた。当時の名は幸隆《よしたか》。光政と改名するのは元和九年だが、以下も便宜的に「光政」と呼ぶ。

4　家光を慕う光政

鳥取への転封

元和三年(一六一七)三月六日、光政は播磨から因幡・伯耆両国三二万石への転封と鳥取を居城とすることを命じられた。鳥取にいた池田長幸《いけだながよし》は五〇〇〇石加増のうえ備中松山へ移された(『徳川実紀』)。「播磨は中国の要地なれば幼少にては叶うべからず」というのが理由であった(『池田家履歴略記』)。光政は九歳であった。

その後秀忠は家康遺骸の日光山東照社への改葬を果たし、六月上洛する。入洛した秀忠は諸大名の転封を実施するが、そのとき改めて「池田家のおとなどもを都にめされ領命あり」と『池田家履歴略記』に記されている。光政は在江戸であったので家臣が鳥取の城を請け取り、家中上下は八月一四日に姫路から鳥取に移った。領内では、米子《よなご》に池田出羽、倉吉《くらよし》に伊木長門、鹿野《しかの》に日置《ひき》豊前の家老たちが在城し、仕置は日置豊前・土倉市正《とくらいちのかみ》が行った。

元和四年二月、光政は初めて就封の暇を賜る(『徳川実紀』)。二月二〇日江戸を出発し、三月一四日鳥取城に入った(『池田家履歴略記』)。以後光政は、ほぼ一年交替で鳥取在城と在江戸とを繰り返す。

元和五年九月六日、光政は上洛中の秀忠を二条城に訪ね、鳥取城の拡張計画を示している。池田長吉・長幸時代の鳥取は六万石の城下町で、きわめて手狭であった。これを三二万石になった光政家中にふさわしいものに改造しようというのである。この計画を秀忠に示した絵図が残っている(「鳥取城下図」〈池田家文庫〉)[19]。この拡張工事には三年を要したという(『池田家履歴略記』)。

ついで光政は、来年三月朔日よりの大坂城石垣普請を幕府から命じられる。九月一六日付けの「池田光政宛江戸幕府年寄連署奉書」(史料67)がある。

翌元和六年普請が始まると、光政は瀬戸内海の前島・犬島から巨石を切り出し、大坂に送った。四月七日付け「池田光政宛徳川秀忠黒印状」(史料68)は、光政から割石が目録通り届けられたことに対する秀忠の礼状と思われる。さらに一一月二一日付け「池田光政宛徳川秀忠黒印状」(史料69)により、石垣普請が無事終了したことがうかがえる。秀忠が直に光政の労をねぎらっている。同日付けの「池田光政宛江戸幕府年寄連署奉書」(史料70)もある。その後光政は、寛永元年(一六二四)と寛永五年にも大坂城石垣普請に動員されている。

この他に、光政が音信として緋縮緬《ひぢりめん》三〇端を献じたのに対する年未詳五月八日付け「池田光政宛徳川秀忠黒印状」(史料71)もある。

家光と天樹院

元和九年(一六二三)秀忠・家光が上洛。七月二七日秀忠は将軍職を家光に譲り、自らは大御所と称することになった。五月晦日付けの「池田光政宛徳川家光御内書」(史料72)は、光政が音信として進物したのに対する家光の礼状。家光が将軍に就職する以前のものに間違いなく、家光と光政の親しい間柄を示すだろう。この年も光政は、家光の上京に備えて、四月から京にあった(『池田家履歴略記』)。病気のため家光の上京は一か月ほど遅れ、七月一三日に伏見に着いている(『徳川実紀』)。

八月六日、光政は従四位下侍従に叙任した。これより先の八月三日に家光から「光」の字を偏諱として賜り、幸隆を光政と改めている。「池田光政宛徳川家光一字書出状」(史料73)がある。

寛永三年(一六二六)秀忠・家光は再び上洛する。九月六日後水尾天皇の二条城行幸が行われた。光政も諸大名とともに参列した。それより先、八月一九日に光政は左近衛権少将に任じられている。その後鳥取に帰った光政は、翌寛永四年四月江戸に下る。

寛永五年正月二六日、本多《ほんだ》忠刻《ただとき》の女の勝子が秀忠の養女となって光政に嫁した(『徳川実紀』。『池田家履歴略記』は二八日と記す)。光政二〇歳、勝子一一歳であった。勝子の母は秀忠女の千姫。家光の姉にあたる。初め豊臣秀頼に嫁したが、大坂落城前に脱出、翌年本多忠刻に再嫁した。忠刻の祖父の本多忠勝《ただかつ》は家康に仕え徳川四天王の一人、父忠政《ただまさ》は光政の後に姫路城主となっている。譜代の名門である。忠刻と千姫の間には一男一女が生まれたが男子は早世、忠刻も寛永三年に三一歳で亡くなった。千姫は江戸に帰り、天樹院と称して竹橋御門内に住んだ。勝子も母と一緒に暮らしていた。光政との婚約が整うのは元和九年のことと思われるが、そのことは前年に秀忠によって決められたことであった[20]。利隆に同情的であった秀忠は、子の光政の後ろ盾になろうとしたのだろう。

勝子との結婚によって、光政と徳川家との強いつながりが生まれた。光政は秀忠・家光と天樹院に対する尊崇の念を生涯持ち続けた。夫を早くに亡くした福照院にとっても、嫡男光政の婚姻は限りない喜びであった。そのことを語る「栄寿尼宛福照院書状写」(参考17)がある。

光政に宛てたと思われる「天樹院書状」(史料76)もある。光政と勝子の間に生まれた嫡男綱政《つなまさ》の初節句を祝ったとすれば、寛永一五年(一六三八)のものである。

岡山への転封

寛永九年(一六三二)正月二四日、大御所秀忠が亡くなった。光政は二六日に前田利常《まえだとしつね》らとともに家光の御前に召され、大御所御他界を告げられた(『徳川実紀』)。二月六日、秀忠ゆかりの遺物として光政の母(福照院)と妻(勝子)に金一〇〇枚と銀一〇〇〇枚が遣わされた(同前)。秀忠の葬儀は一五日から二八日まで増上寺で行われ、台徳院《たいとくいん》と諡《おくりな》された。三月になって光政は暇を給い、二九日鳥取に帰城した。

四月三日、岡山の池田忠雄が江戸で亡くなった。三一歳の若さであった。五月光政は幕府より参府を命じられ、急いで江戸に向かう。酒井忠勝から岡山への転封を打診された。備前は「手先の国」だから幼少では叶いがたし、という理由であった(『池田家履歴略記』)。忠雄の嫡子の勝五郎(のちの光仲《みつなか》)は三歳であった。岡山は光政にとって生まれた土地でもあり、忝《かたじけ》なく承知した。

正式の転封の通知は六月一八日に行われた。備前一国二八万二〇〇石および備中国六郡のうち三万五〇〇〇石、合あわせて三一万五二〇〇石が光政の領知となった。七月一六日岡山城請取のため鳥取から伊木長門・池田出羽・土肥《とひ》飛驒が岡山に来る。光政も江戸から岡山に向かった。その途次七月二五日に摂津神原《かんばら》で忠雄を追悼する歌をしたためている[21](「池田光政自筆池田忠雄追悼歌」史料74)。

「うきにそふ　涙はかりをかたミにて　みし面影のなきそ悲しき」

生前は父子のように交わった忠雄を失い、悲しみに堪えない心より詠む、と詞書《ことばがき》にある。年末詳四月九日付け「池田光政宛池田忠雄書状」(史料75)は、二人の交流の一端を示す。

岡山城に光政が入ったのは八月一二日。この日から岡山藩主としての光政の人生がはじまる。以後明治維新まで、その子孫が代々岡山藩主を務めた。

むすびにかえて—池田家の女たち—

戦国時代から江戸時代初期にかけて、男たちは戦闘と政治的交渉に明け暮れていたが、その陰で家族を守り「家」の発展をはかるために、女たちも戦っていた。いわゆる「政略結婚」は日常茶飯事で、それに振り回される男や女は数知れなかった。また、乳母として働く妻は、夫や息子の主家での昇進に大きく貢献した。武将同士の書状は表の世界のものであるので本音を聞き取りにくいが、女性に宛てた書状は内々のものであるだけに、武将たちの心情が素直に表現されている。

池田家発展の第一の功労者は恒利の妻の養徳院である。信長の乳母であった養徳院は織田家中で重んじられ、秀吉や家康にも一目置かれた。一粒種の恒興(勝入)を守り育て、その活躍を支えた。しかし、その勝入には先立たれてしまう。母としての悲しみは如何ばかりであったろう。勝入のために妙心寺に護国院を建立する。

恒興の正室は荒尾善次の女。長男の元助は父とともに長久手の戦いに討ち死にするが、次男の輝政が家を継ぎ、三男の直吉も分家して鳥取藩六万石の大名となる。四男の長政(河内)は輝政の家老分となった。女子は四人。それぞれ、森長可、羽柴秀次、山崎家盛、浅野幸長に嫁したと「御系図」(池田家文庫)は記す[22]。いずれも秀吉の有力大名であり、秀吉の息のかかった婚姻であったに違いない。養徳院の後ろ盾もあって秀吉政権のもとで池田家が重きをなしていく様を示している。

勝入が亡くなる直前に、輝政は中川瀬兵衛の女を妻とした。その間に嫡男の利隆が生まれるが、なぜか実家に帰される。病気が理由だというが、よくわからない。その後侍妾との間に政虎《まさとら》(加賀)、輝高《てるたか》(因幡)、利《とし》政《まさ》(左近大夫)が生まれるが、いずれも利隆の家臣となっている。慶長三年に輝政は秀吉の勧めで家康の女の富子(督姫)を後妻に迎える。この結婚は池田家にとって大きな意味を持った。二年後の関ヶ原の戦いで輝政が東軍に付いた背景に、この結婚があったことは間違いないだろう。戦後の論功行賞で、輝政は播磨一国を与えられる。

輝政と富子(良正院)との間には、五男・二女が生まれる。息子の忠継・忠雄・輝澄・政綱・輝興はいずれも家康のお声掛かりで大名に取り立てられるが、後まで続いたのは忠雄から光仲に継がれた鳥取池田家(因幡・伯耆三二万石)のみである。二人の女は、京極高広《きょうごくたかひろ》と伊達《だて》忠宗《ただむね》に嫁している。いずれも家督を相続し大名となる。やはり家康の息の掛かった婚姻だったろう。

利隆の妻は榊原康政の女の鶴子(福照院)。康政は徳川四天王の一人として家康に重んじられた。鶴子の姉は酒井《さかい》忠世《ただよ》の室となっている。利隆が徳川家中の有力者たちと有意な関係を結ぶうえで、鶴子の存在は大きかったに違いない。利隆亡き後、幼い光政の表向きを支えたのも福照院であったろう。そして、光政の生涯にとって最も重要な女性は、いうまでもなく妻の勝子である。勝子(円盛院《えいせいいん》)は将軍秀忠の実の孫であり、池田家と徳川家を強く結び付けることになった。

天下人と池田家の物語は、養徳院に始まり勝子に至る女たちの物語でもある。

註

(1) 『寛永諸家系図伝』第二、続群書類従刊行会、一九八〇年。林原美術館には、池田光政自筆の書き継ぎがある控が残されている。

(2) 伊藤康晴「大名池田家の出自に関する覚書」鳥取市歴史博物館開館一周年記念夏季特別展『大名池田家のひろがり』鳥取市歴史博物館、二〇〇一年。

(3) 『池田家履歴略記』上・下、日本文教出版、一九六三年。寛政年間に岡山藩士の斎藤一興が編纂した歴代藩主の事績集。不確かな部分もなくはないが、岡山藩の資料を活用するなど信頼性は高い。

(4) 高木昭作監修・谷口克広著『織田信長家臣人名辞典』。伊藤康晴「近世大名池田氏の成立」播磨学研究所編『姫路城主「名家のルーツ」を探る』神戸新聞総合出版センター、二〇一二年、によれば、恒興を「信輝」と称する史料の最も古いものは前掲註(1)の「池田家系図」だという。

(5) 前掲註(1)「池田家系図」などは「之助」と記すが、前掲註(4)伊藤論文によれば、同時代の寺領宛行状には「元助」とある。以後「元助」を採用することにする。

(6) 千田嘉博『信長の城』岩波書店、二〇一三年。

(7) 石田善人『信長記』福武書店、一九七五年。金子拓『織田信長という歴史―『信長記』の彼方へ―』勉誠出版、二〇〇九年。

(8) 元助には嫡男由之があったが、由之は輝政の庇護のもとに成長し、後に池田家の家老となって利隆に仕えた。

(9) 川村博忠『国絵図』吉川弘文館、一九九〇年。

(10) 黒田日出男「江戸幕府国絵図・郷帳管見(一)」『歴史地理』九三巻二号、一九七七年。

(11) 北島万次『豊臣秀吉の朝鮮侵略』吉川弘文館、一九九五年。

(12) 中村孝也『徳川家康文書の研究』中巻、日本学術振興会、一九五九年。

(13) 人見彰彦『小堀遠州』山陽新聞社、一九八六年。

(14) 慶長七年二月一七日条、大日本古記録『言経卿記』岩波書店、一九八〇年。

(15) 善積恵美子「江戸幕府の監察制度」『日本歴史』二二四号、一九六九年。

(16) 利隆の女性に宛てた書状については、内池英樹「女性宛書状にみる池田利隆と大坂の陣」『岡山地方史研究』一一九号、二〇〇九年、にもよられたい。

(17) 「証人」制については、在原昭子「江戸幕府証人制度の基礎的研究」『学習院大学史料館紀要』第二号、一九八四年、がある。

(18) 永山卯三郎『池田光政公伝』(復刻版)世界聖典刊行協会、一九八〇年(初版は一九三二年)、上巻二六二頁。

(19) この絵図および鳥取城の拡張については、倉地克直『池田光政』ミネルヴァ書房、二〇一二年、によられたい。

(20) 山口和夫「将軍父子上洛と将軍宣下の政治社会史的研究」東京大学史料編纂所研究成果報告二〇一〇―二、二〇一一年。

(21) 浅利尚民「池田光政筆『池田忠雄追悼歌』」『岡山地方史研究』一二三号、二〇一一年。

(22) 藤田恒春『豊臣秀次の研究』文献出版、二〇〇三年、は秀次の妻妾侍女として三一人をあげるが、そのなかに恒興の女は見当たらない。

(倉地克直)

天下人の書状

―岡山藩池田家文書―

凡例

一、以下では、岡山大学附属図書館所蔵池田家文庫および林原美術館が所蔵する古文書のうち、織田信長・豊臣秀吉および徳川家康・秀忠・家光に関係するものを掲載する。

一、掲載にあたり、原本(史料)と写・案文(参考)とは別々に並べ、1 史料編、2 参考史料編、としてまとめた。原本については写真を掲げ、写・案文は写真を略した。釈文・現代語訳・解説は両方に付けている。

一、史料には、各編ごとに基本的に年代の古い順に番号を付け、年代未詳のものは、内容・時期を勘案して適当と考えられる箇所に置いた。

一、文書の法量・形態などは、「掲載史料一覧」に示した。あわせて、史料の伝来・管理などについて、簡単な解説を付しているので、参照していただきたい。

一、林原美術館所蔵の史料のうち、池田家文庫『調度記』(和書二一〇・〇八―二九)に記載があるものについては、解説でそれを示した。

一、翻刻にあたっては、常用漢字を使用した。地名については旧字をそのまま用いたものもある。

一、変体仮名は、一部格助詞として使用されたものをのぞき、通用の平仮名に改めた。異体字・略字なども通用の文字に改めたが、合字の「ゟ」(より)はそのまま使用した。

一、くりかえし記号は、「〻」(漢字)、「ゝ」(平仮名)、「ヽ」(片仮名)、「〱」(二字以上の熟語)を使用した。

一、花押は(花押)、印は(朱印)、(黒印)などと表記した。

一、読みやすくするために、適宜、読点(、)、並列点(・)を付した。闕字・平出は表示しなかった。

一、校訂者による注記は行間に(　)を付けて記した。

一、和暦には対応する西暦を(　)で示したが、換算は厳密ではなく、一般の慣例に従って単純な換算によった。

一、口絵肖像画については、3 肖像画編、を設け、賛などを翻刻し、解説を付した。

一、林原美術館所蔵のものは浅利尚民が、岡山大学附属図書館所蔵のものは倉地克直がそれぞれ主に担当し、倉地が全体の統一を行った。

1 史料編

史料1　池田恒興宛織田信長判物〔林1〕　永禄六年（一五六三）一一月

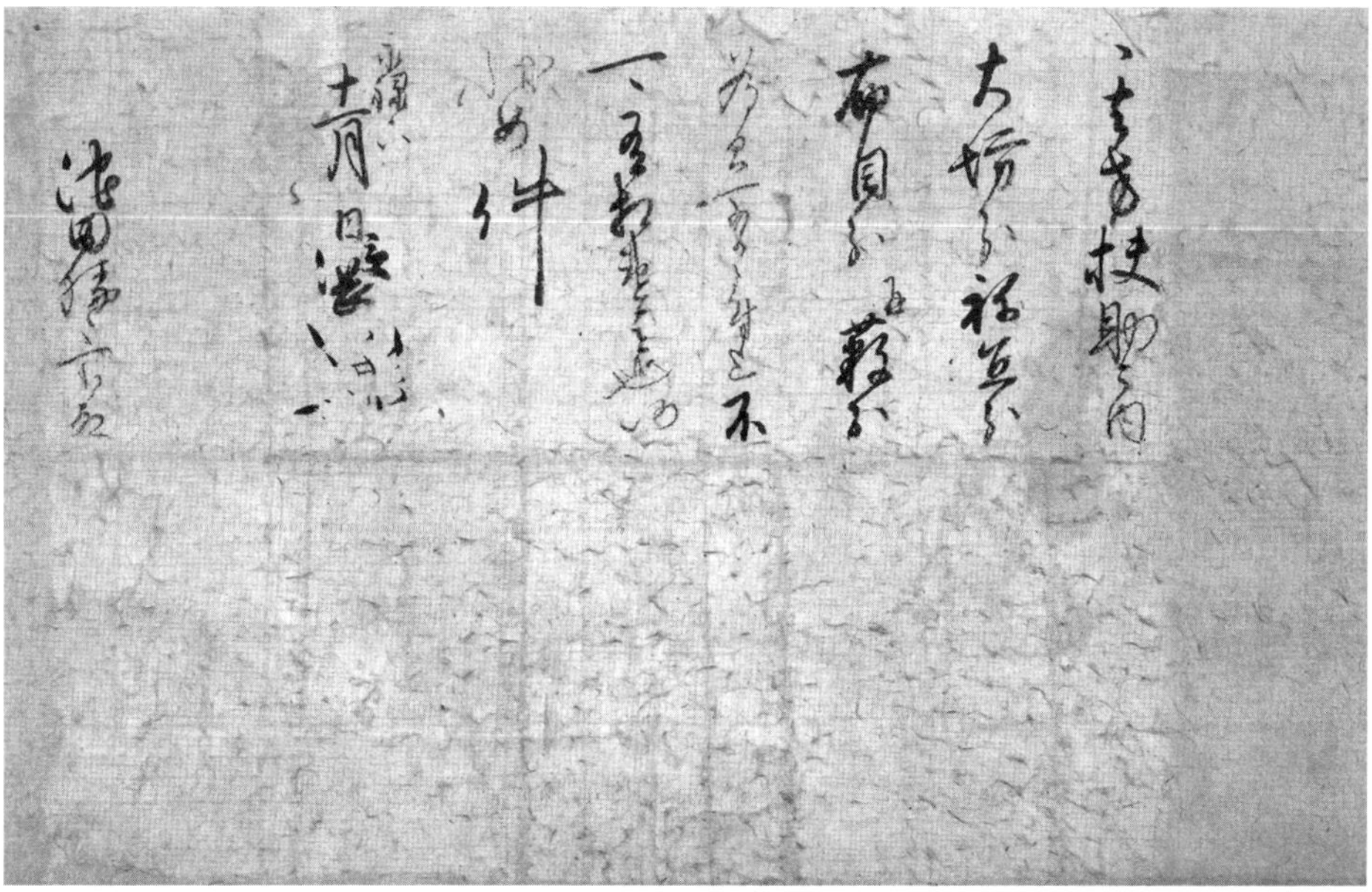

其方扶助之内、大坊分・禰宜分・布目分并藪分、為欠所可被付候上、不可有相違候者也、仍状如件

永禄六

十一月　日　　信長（花押）

池田勝三郎殿

【現代語訳】

あなたに扶助する土地のうち、大坊分・禰宜分・布目分および藪分については、欠所（闕所。持ち主のない土地）として与えるのですから、あなたが領知することに相違はありません。遣わすところの状は、この通りです。

解説　信長が勝三郎（恒興）へ領知を安堵したもの。永禄五年（一五六二）に信長が美濃の斎藤龍興の拠る稲葉山城を攻撃した際の論功行賞だと思われる。このとき、恒興が信長方の先陣として活躍し、軽海合戦で斎藤方の稲葉又右衛門（員通）を討ち取ったことが『池田家履歴略記』に記されている。大坊分以下がどこを指すかはわからない。永禄六年に信長は本拠を清洲から小牧山に移しているから、この移転にかかわるかもしれない。恒興の活躍を示す最も古い史料である。

折紙を、端を切り抜いてそのまま表装している。

史料2　池田恒興宛織田信長判物〔林2〕　永禄六年（一五六三）一二月

其方扶助之内、同持分幷家来者買徳持分之儀、誰々為欠所前後之雖判形出之、不混自余、無相違知行可申付者也、仍状如件

永禄六
十二月　日　　　　信長（花押）
池田勝三郎殿

【現代語訳】

あなたに扶助する土地のうち、本人の持ち分および家来が買い入れて持っている土地については、たとえ誰かが闕所処分（財産没収）をされた土地だと言って以前もしくは以後の判物を提出したとしても、その他の例とは混同せず、間違いなくあなたに知行を申し付けるものです。遣わすところの状は、この通りです。

解説　史料1の一ヵ月後に出されたもので、勝三郎（恒興）の扶持分については、知行分であろうと、家来が買い入れて所持している土地であろうと、他人の訴えにかかわりなく、恒興に安堵させることを保障したもの。恒興に対する信長の配慮がうかがえる。

もとは折紙であったものを半分に切り上部のみを表装している。『調度記』四二（書画之部　懸物八）に記載されており、江戸期には藩主身の回りの調度品を扱う「数寄方」で管理していた史料であることがわかる。史料9「池田輝政宛羽柴秀吉書状」と同じ箱に入れられている。

史料3　養徳院宛織田信長朱印状〔林3〕　元亀四年（一五七三）六月一八日

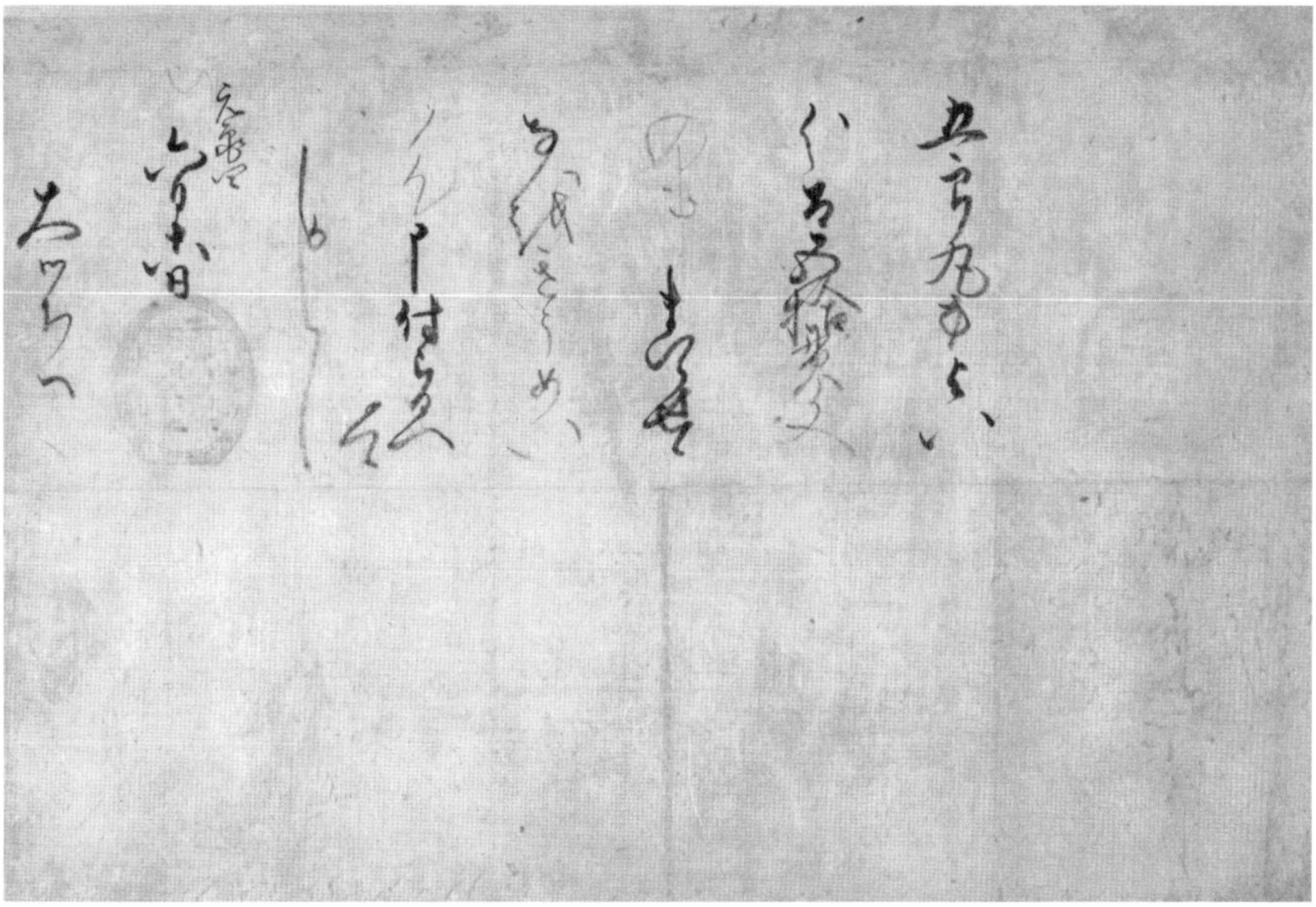

五郎丸方与八分百五拾貫文の事、まいらせ候、なをきうめい候て、申付らるへく候、かしく

元亀四
六月十八日　（織田信長）（朱印）
大御ちへ

【現代語訳】
五郎丸村のうちでこれまで与八の所領であった一五〇貫文の土地を、あなたに進上いたします。なお、詳しく究明したうえで、申し付けられるべきであります。畏まって申します。

解説　養徳院に与えられた知行の存在を示す最初の史料である。「五郎丸」は尾張国丹羽郡五郎丸村（現愛知県犬山市）。「与八」は不明。印文は「天下布武」。

この五年前の永禄一一年（一五六八）に織田信長は足利義昭を奉じて入京した。その後は、岐阜と京都の間を往復しながら、近江の浅井長政、越前の朝倉義景、長島の一向一揆などと戦っていた。この元亀四年（一五七三）の四月には、将軍義昭が信長に反旗を翻したため、これを二条城から追放している。七月には信長の要請により「天正」と改元される。

この書状は、史料5「養徳院宛織田信雄書状」（天正一一年）、史料6・史料10・史料12「養徳院宛羽柴秀吉判物」（天正一二年）、史料13「養徳院宛羽柴秀吉書状」（天正一二年）の五通とともに巻子本に仕立てられている。この巻子は箱の底面に付された整理札から昭和二年（一九二七）に東京から岡山に送られたことがわかり、もとは池田家の大崎本邸で管理されていたものであると思われる。

他方、池田家文庫には「養徳院様へ信長公・秀吉公・家康公・輝政公ヨリ御書ノ写」と記された包紙に包まれた、巻紙に書状を写した文書がある(C9-93、以下「養徳院宛書状写」と呼ぶ)。これには、①徳川家康書状(慶長五年)、②織田信長書状(元亀四年)、③織田信雄書状(天正一一年)、④羽柴秀吉書状(天正一二年)四通、⑤羽柴秀吉判物(天正一二年)、⑥豊臣秀吉朱印状(天正一七年)、⑦池田輝政書状(天正一八年)、⑧養徳院遺言状(慶長七年)、⑨養徳院遺言状(慶長七年)、⑩養徳院遺言状(慶長四年)、⑪養徳院遺言状(慶長八年)、⑫中村主殿助奉書、の計一五通が写されている。端裏に朱筆で「十一ノ六」と記した付紙がある。また、包紙には「御廟」と書込があり、もとは御手許文書として御廟で管理されていたことがわかる。東京で巻子本を仕立てる際に写として作られ、後に巻子本と一緒に岡山に送られて調度品として管理されていたものが、「記録」のほうに組み入れられて池田家文庫に含まれることになったのかもしれない。このうち②③④(四通の内三通)⑤の六通が一巻に収められており(本頁写真右)、②が本書状である。また、⑦⑧⑨⑩⑪⑫の六通は別の一巻に収められている(本頁写真左。四二頁参照)。残りのうち⑥は未表装のまま単独で池田家文庫に含まれており、④のうち一通は池田家文庫でも林原美術館でも原本が確認できなかった(参考4として収録した)。

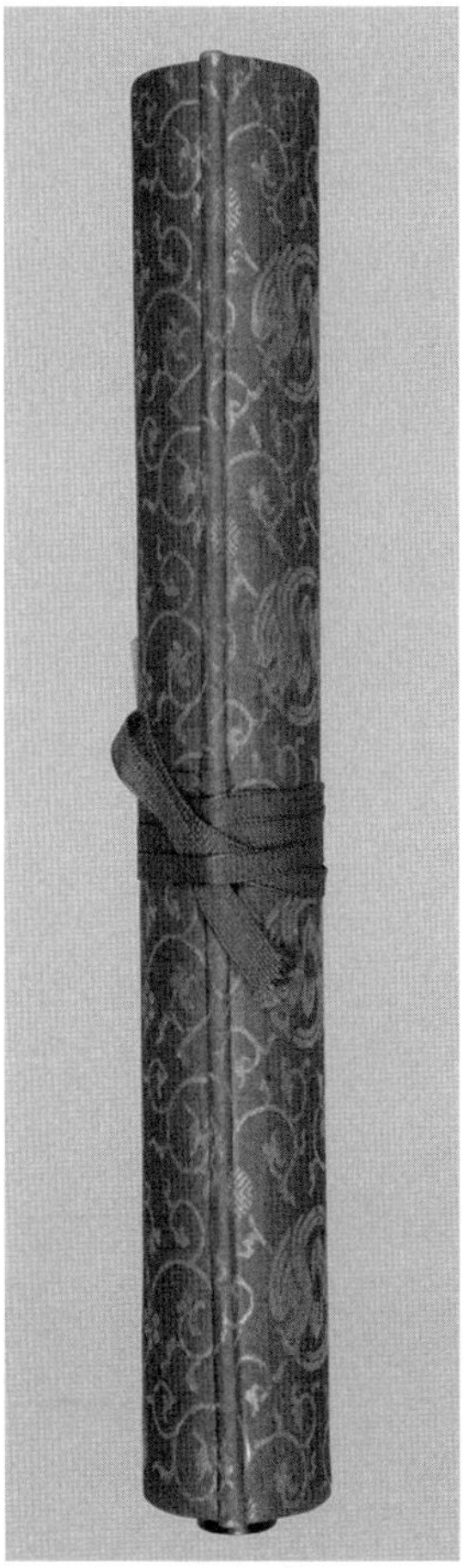

史料4 — 池田恒興宛織田信長朱印状〔池1〕 天正元年(一五七三)九月七日

木田小大郎跡職之事、依由緒、其方息古新ニ令譲与之上者、全領知不可
有相違、為扶助申付之状如件

天正元
九月七日　　　信長(朱印)
池田勝三郎殿

【現代語訳】

これまで木田小太郎が領知していた土地の権利を、由緒によって、あなたの息子の古新に譲与します。そうであるからには、それを古新が全く領知することに相違はありません。扶助として申し付けるところの状は、この通りです。

解説　「古新」は恒興次男輝政の幼名。「木田小太郎」は恒興の舅である荒尾善次の子の荒尾善久のこと。善久の妹が恒興の妻という関係である。荒尾氏は尾張国知多郡木田村(現愛知県東海市)に住した。善久は前年の元亀三年(一五七二)に三方原の合戦で戦死している。母方の縁でその跡職が「古新」に譲られた。「古新」は当時まだ一〇歳であった。信長と恒興の親しい間柄を示すものである。印文は「天下布武」。

二重に包紙で包まれており、外側包紙には「大納戸　ハね蓋」と書き込まれ、貼紙朱筆で「十一ノ一」とある。御手許書類として大納戸の「ハね蓋」に収納されていたことがわかる。「ハね蓋」の形状はよくわからないが、衣装箱を転用したものか。他にも「ハね蓋」と注記された文書がいくつかある。

史料5　養徳院宛織田信雄書状〔林4〕　天正一一年(一五八三)八月一九日

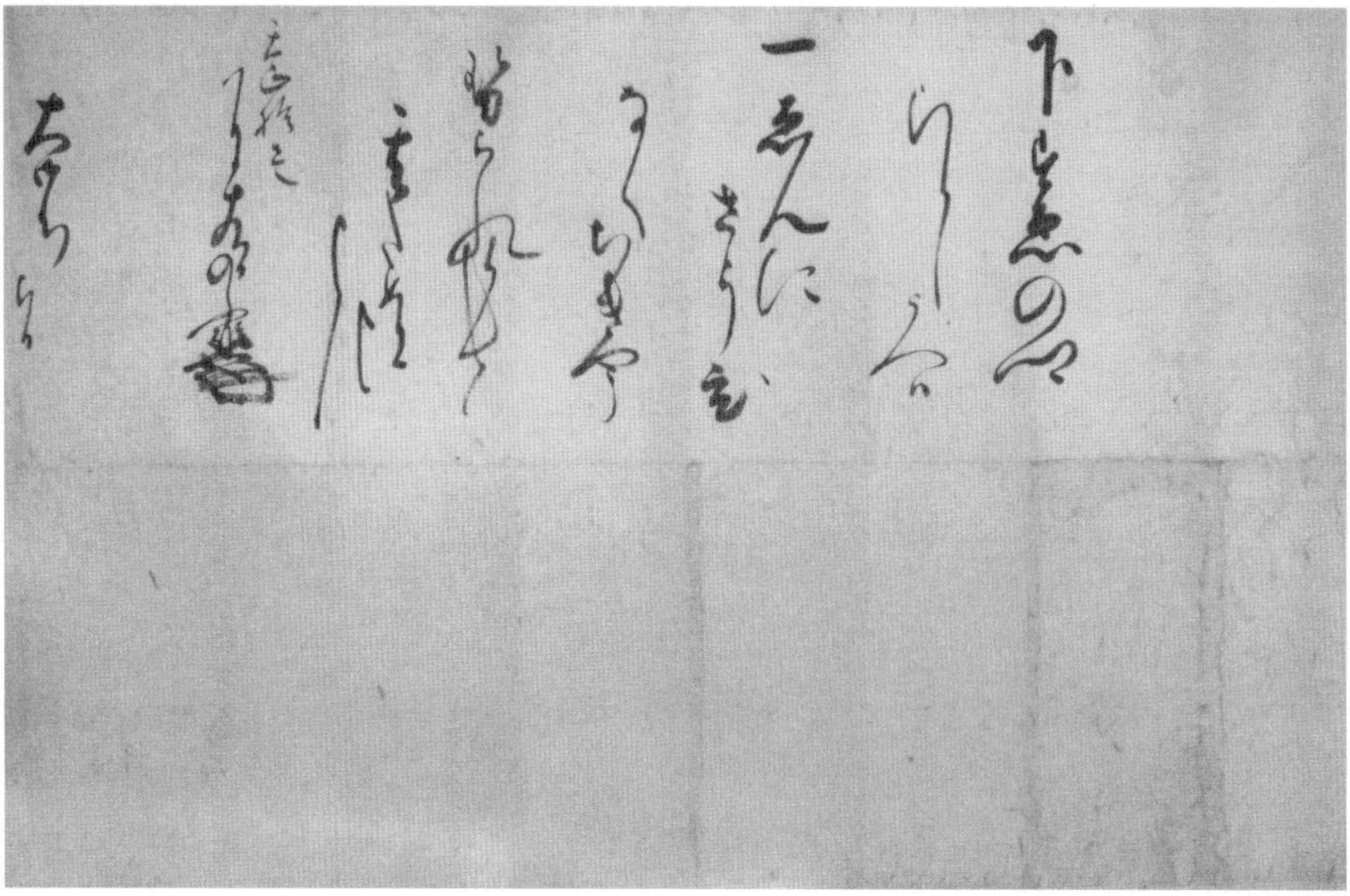

下すゑの郷まいらせ候うへハ、一ゑんにさうひなく、ちきやうせられ候
へく候、其ために申候、かしく

天正拾壱
八月十九日　　　のふ雄(花押)
大御ち
まいる

【現代語訳】

下末郷を所領としてあなたに進上します。そうであるからには、全く相違なく知行せられるべきであります。そのため、このように申します。以上畏まって。

解説　織田信雄は信長の二男。はじめ北畠氏の養子となり、南伊勢・伊賀を領した。信長没後の清洲会議で後継争いに敗れたが、旧領に加えて尾張国を与えられ、清洲城に住した。天正一二年(一五八四)徳川家康と結んで秀吉と戦ったが、のちに和睦した。

この書状が出された天正一一年八月当時は、信雄は清洲城にあった。下末郷は、尾張国春日井郡(現愛知県小牧市)。「織田信雄分限帳」には「弐百貫」とある。信長以来の由緒によって、信雄が養徳院に所領を安堵したものと思われる。

史料3「養徳院宛織田信長朱印状」(元亀四年)と同じ巻子本に収められており、写は池田家文庫「養徳院宛書状写」(C9-93)にも含まれている。

史料6　養徳院宛羽柴秀吉書状〔林5〕〔天正一二年（一五八四）〕四月一一日

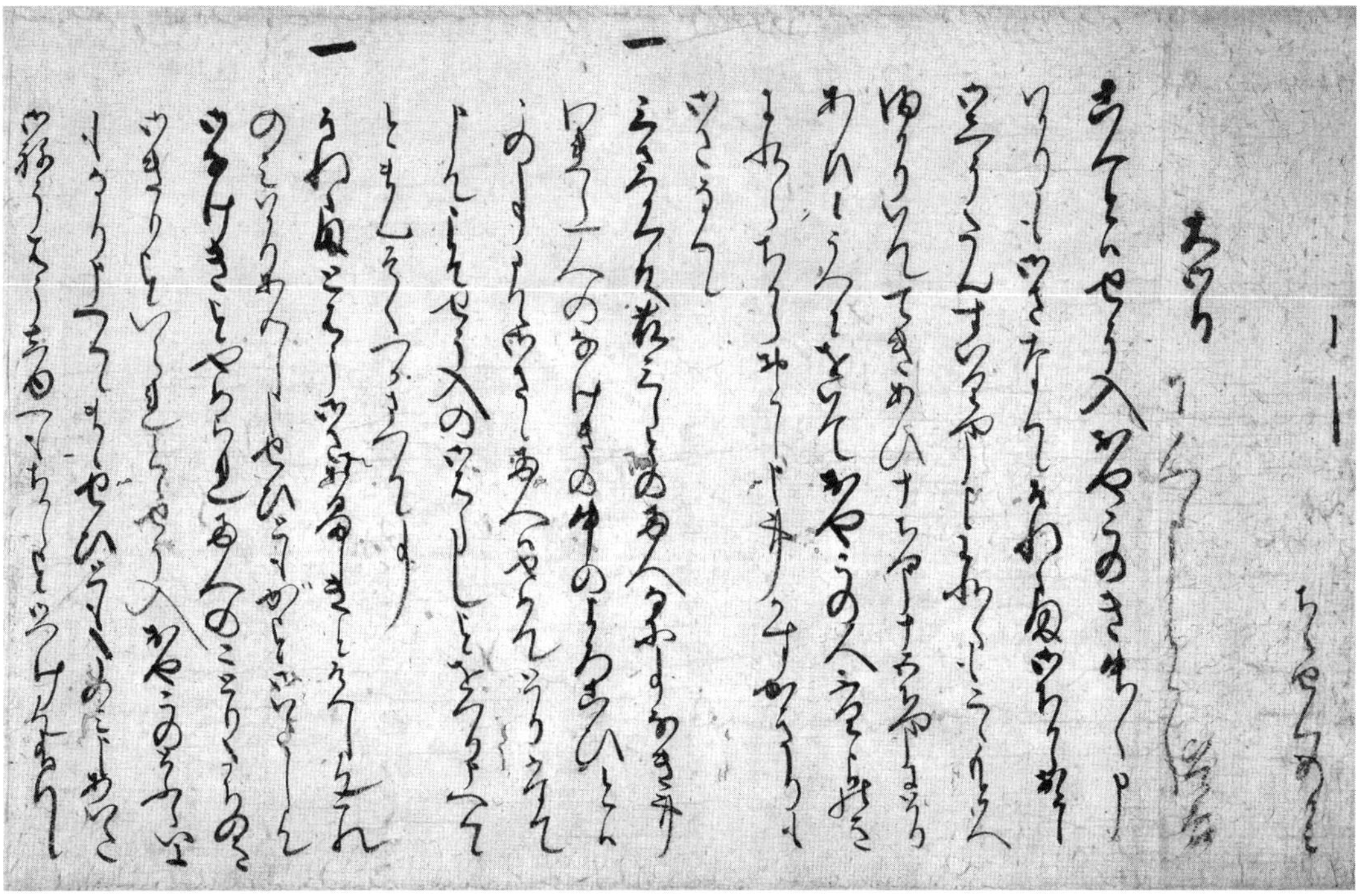

「（切封上書）
（切封墨引）　　ちくせんのかミ
大御ち　　　　　　　　　　　　ひて吉
　まいる　人々申給へ　　　　　　　」

こんとハせう入おやこのき、中〳〵申ハかりも御さなく候、それさま御ちからおとし御しうたん、すいりやう申候、われ〳〵もこゝもとへまかりいて、てきあひ十ちやう十五ちやうにとりあひ候うへにをいて、おやこの人ふりよのき、われらちからおとし申候事、かすかきりも御さなく候

一三さへもん殿・藤三郎との両人なに事なき事、われら一人のなけきの中のよろこひとハこの事にて御さ候、両人ハせめてとりたて申候てこそ、せう入の御はうしをゝくり申へく候と、まんそくつかまつり候事

一それさまとはう御さあるましきとそんし候て、これのミハかりあんし申候、せひともがを御いたし候て、御なけきをやめられ、両人のこともたちのき御きもをいられ候ハヽ、せう入おやこのとふらいにもなり申へく候まゝ、せひともたのミ申候あいた、御ねうはうしゆへもちからを御つけ候て給候へく候事

一しゆくらうしゆ、そのほかのこり候にんしゆ、三さへもんとのにつけ申候やうにいたしたく候あいた、その御かくこなされ、御しうたん御やめ候て給候へく候事

一せう入をミさせられ候とおほしめし候て、ちくせんを御らんし候へく候、なにやうにもちそう申候、ものまいりをもさせられ候やうにいたしまい

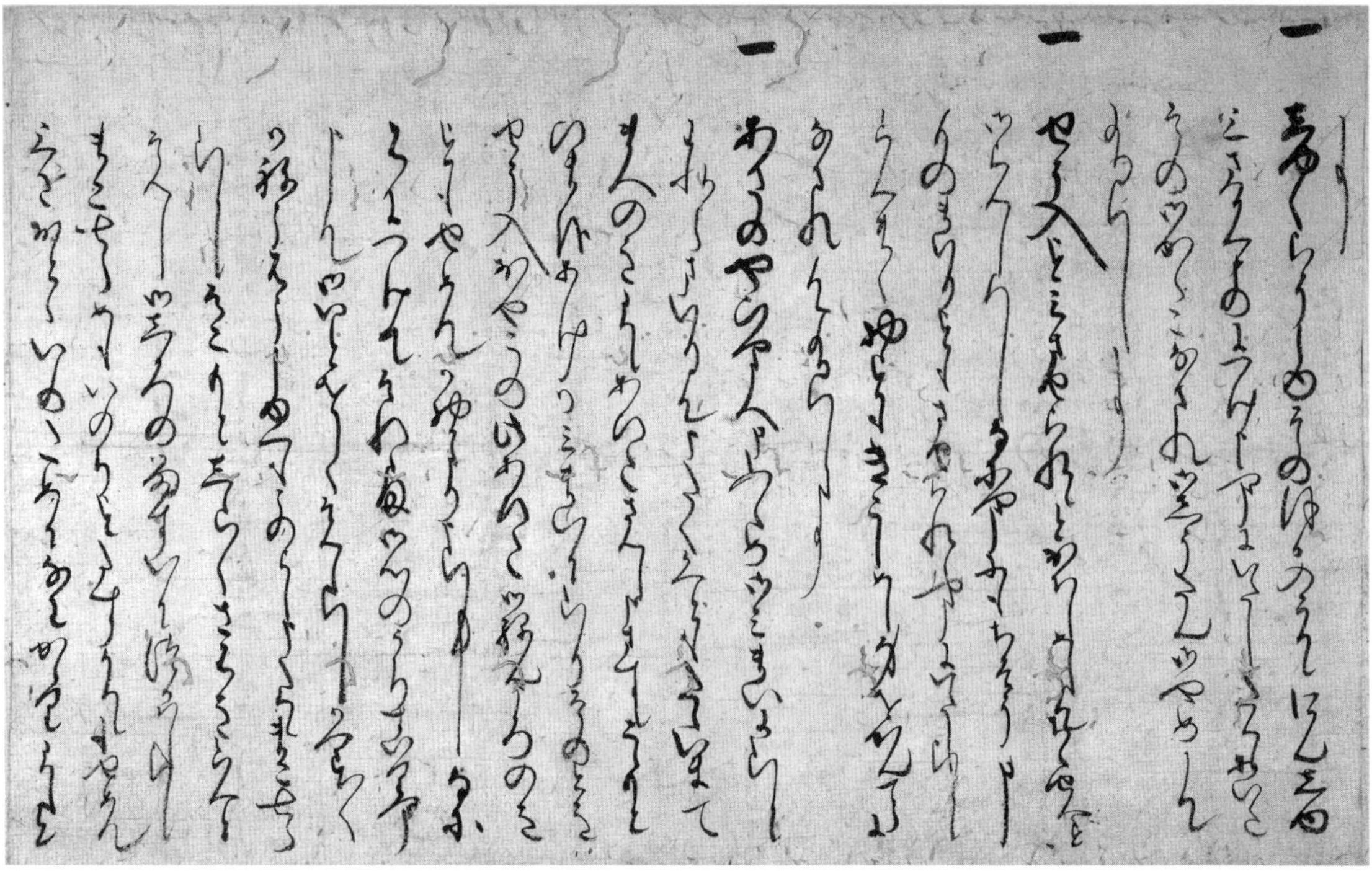

らせ候ハんまゝ、物をもきこしめし、身をかんてうになされ候て給候へく候事
一あさのやひやうへ申ふくめ、御ミまいにまいらせ候、われらまいり候て申たく候へとも、たゝいまてまへのきにて候あひた、さんし申さす候、こゝもとひまをあけ御ミまいにまいり、そのときせう入おやこの此あひた御ねんころのきをも、せめて御物かたり申まいらせ候へく候、なにはにつけて、それさま御心のうちすいりやう申候て、御いとをしくそんしまいらせ候、かへすく〱御ねうはうしゆへもこのよし申たく候、まこ七郎まいらせ候、そこもとしたく〱さはき候ハんとそんし、御しろの留すいにつかハしまいらせ候、まこ七郎めも、いのちをたすかり候も、せめて三さおとゝいのためになわかゝりにて候と、御うれしく思ひまいらせ候、くハしくハやひやうへ申まいらせ候へく候、かしく

卯月十一日　　ひて吉(花押)

大御ち
まいる　人々申給へ

【現代語訳】

このたび勝入(恒興)と元助親子とが戦死しましたことは、とても申す言葉もございません。あなたの御力落とし、ご愁嘆を思うばかりです。我々もこの戦場に出陣し、敵と一〇町、一五町ほどの距離で戦いましたが、勝入父子の不慮のことについて、私どもが力を落としているのも、本当に数限りもございません。

一三左衛門(輝政)殿、藤三郎(長吉)殿の二人が、何事もなく無事であったことは、自分一人の嘆きの中の喜びとは、このことでございます。せめ

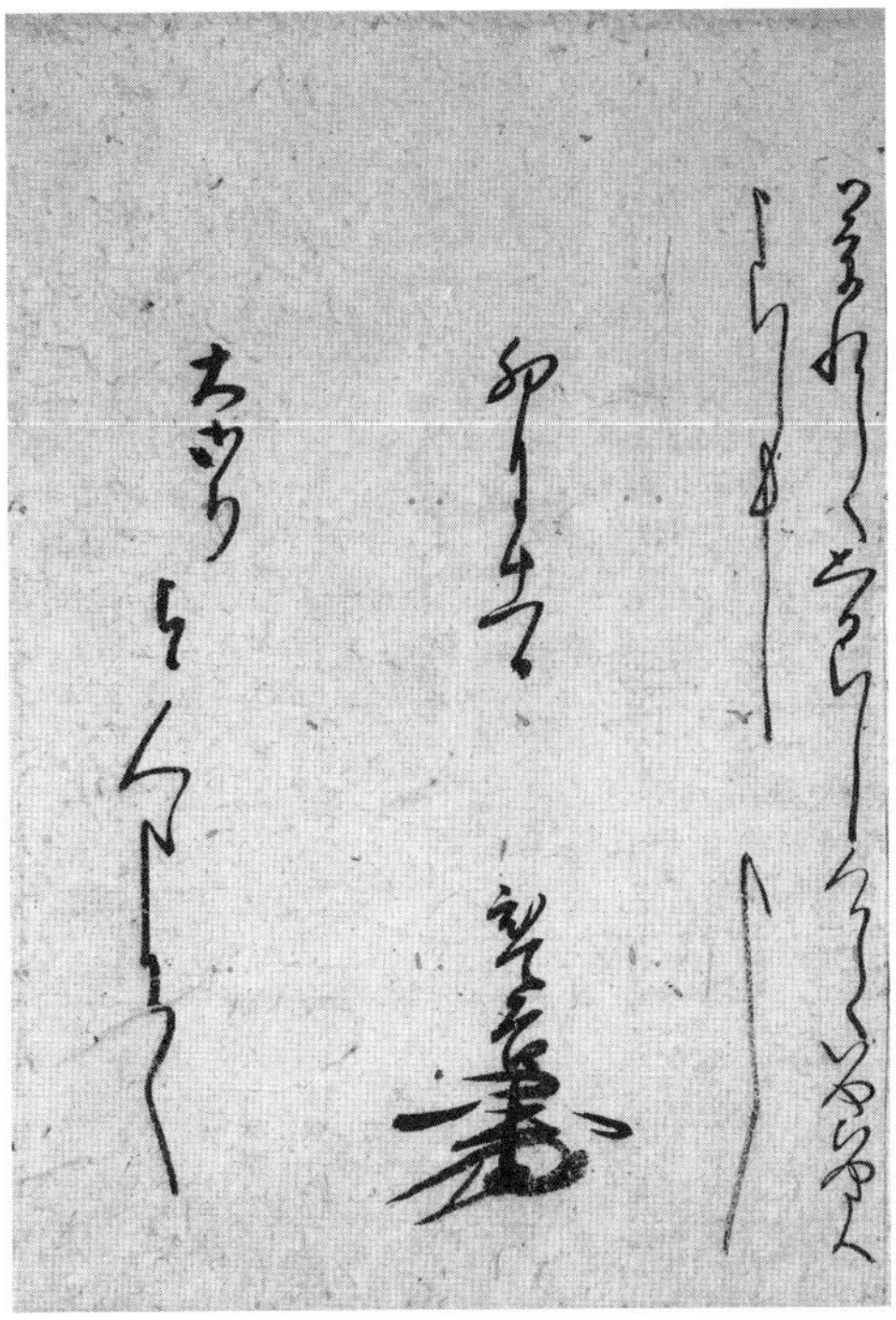

て二人を私が取り立て申すことこそ、今は亡き勝入殿へ私なりの芳志を送ることだと満足いたしております。

一あなた様が途方もなくされておられると思い、このことだけを心配しております。ぜひとも気を強くお持ちになって、お嘆きをやめられ、残った二人の子供たちのことに御尽力なされるならば、亡くなった勝入父子の弔いともなりましょう。ぜひともお頼みいたします。勝入父子の女房衆たちにも、力をお付けになってやってください。

一宿老衆、そのほか残った人々は、三左衛門(輝政)殿に付属させたいと思いますので、そのお覚悟をなされて、ご愁嘆をおやめになってください。

一勝入(恒興)殿をご覧になられるとお思いになって、この筑前(秀吉)をご覧になってください。どのようにでも私が尽力いたします。物詣で(仏参り)などもなされますようにと思いますので、食事もよく召し上がり、身体を頑丈になされてください。

一側近の浅野弥兵衛(長吉、後に長政)に申し含め、お見舞いに遣わしました。私自身が参りましてお話ししたいのですが、ただ今自分のことで忙殺されておりますので、参りません。こちらの用事を片付けて、お見舞いに伺い、そのとき勝入父子がついこの間まで入魂にしてくださったことなどを、せめてお話ししたいと存じます。なににつけても、あなた様のお心の内を推量いたしまして、いとおしく思っております。くれぐれも勝入父子の女房衆へも、このことを申したく思います。孫七郎(三好信吉、後の豊臣秀次)を遣わします。あなたの方では家臣のうち下々の者どもが動揺しているのではと思い、あなたのおられる美濃大垣城の留守役に遣わします。孫七郎めも命が助かったのですから、せめて三左衛門・藤三郎兄弟のために罪ほろぼしとしてさせることですから、どうぞ嬉しく思ってやってください。詳しいことは使いの弥兵衛が申します。以上畏まって。

解説　長久手の戦いの翌日に、戦死させてしまった池田恒興と嫡男元助とを悼んで、秀吉が失意の養徳院に宛てた書状。この時期、秀吉は養徳院を気遣い複数の書状を送っている。いずれも秀吉の真情が溢れたものである。当主亡き後の池田家中の動揺を抑えるためにも、養徳院が嘆きをやめるよう求めており、彼女が家中で重きをなしていたことがうかがえる。

恒興の次男輝政と三男長吉が無事であったことを不幸中の幸いと喜び、二人をとりたてて池田家を復興させることを約束している。「孫七郎」は長久手の戦いで秀吉方の総大将であった三好信吉(後の豊臣秀次)のこと。秀吉は敗戦の責任は秀次にあると厳しく叱っていた。輝政と同道して大垣に向かっていることは参考2の秀吉書状からもわかるが、池田家中に対して示しを付けるためでもあったろう。浅野弥兵衛(長吉、後に長政)は秀吉の側近として重用され、後に五奉行の一人となるが、関ヶ原の戦いでは東軍に属した。

史料3「養徳院宛織田信長朱印状」(元亀四年)と同じ巻子本に収められており、写は池田家文庫「養徳院宛書状写」(C9-93)にも含まれている。

史料7 — 池田輝政宛羽柴秀吉書状〔林6〕〔天正一二年(一五八四)〕四月一一日

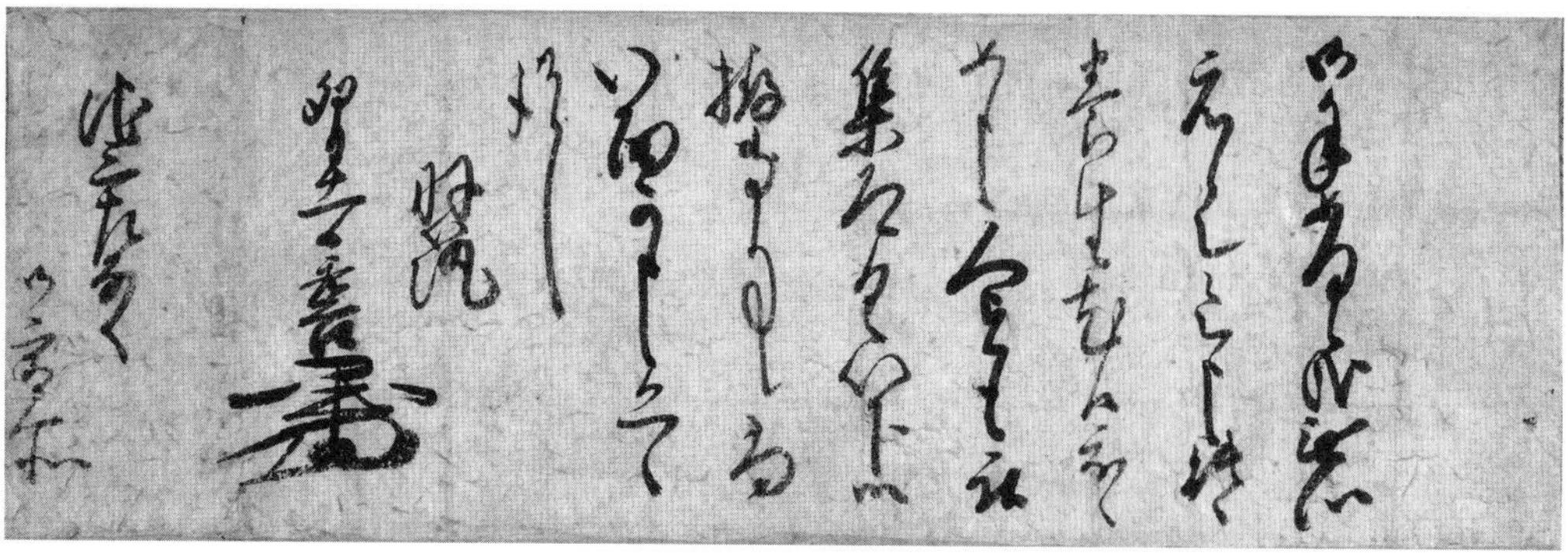

御手如何候哉、無心元候て令申候、能々養生尤候、度々如申候、人をも
被集、道具以下御拵専用候、尚以面可申候、恐々謹言
羽筑
秀吉(花押)
卯月十一日
池三左殿
御宿所

【現代語訳】

手の状態はいかがですか。心配でこのようにお手紙しました。よくよく養生されるのがよいでしょう。たびたび申していますように、兵士をも集められ、戦さの道具なども用意するよう努めてください。詳しいことはお目に懸かって申し上げるでしょう。以上恐れ謹んで申します。

解説　秀吉から池田輝政に宛てた書状で、年欠だが、内容から天正一二年(一五八四)の長久手の戦い直後のものと思われる。輝政が手を負傷したことを気遣い、養生するようにと伝えている。また、戦闘は続くので、軍備を整えるように指示している。同日付けの養徳院宛書状(史料6)に比べると、勝入・元助父子の戦死に触れることもなく、あっさりした内容である。別に翌一二日付けで家老の伊木忠次に宛てた書状(参考2)があり、細かな指示を行っている。
もとは折紙であったものを半分に切り上部のみを表装している。

史料8　養徳院宛羽柴秀吉書状〔林7〕〔天正一二年(一五八四)五月〕

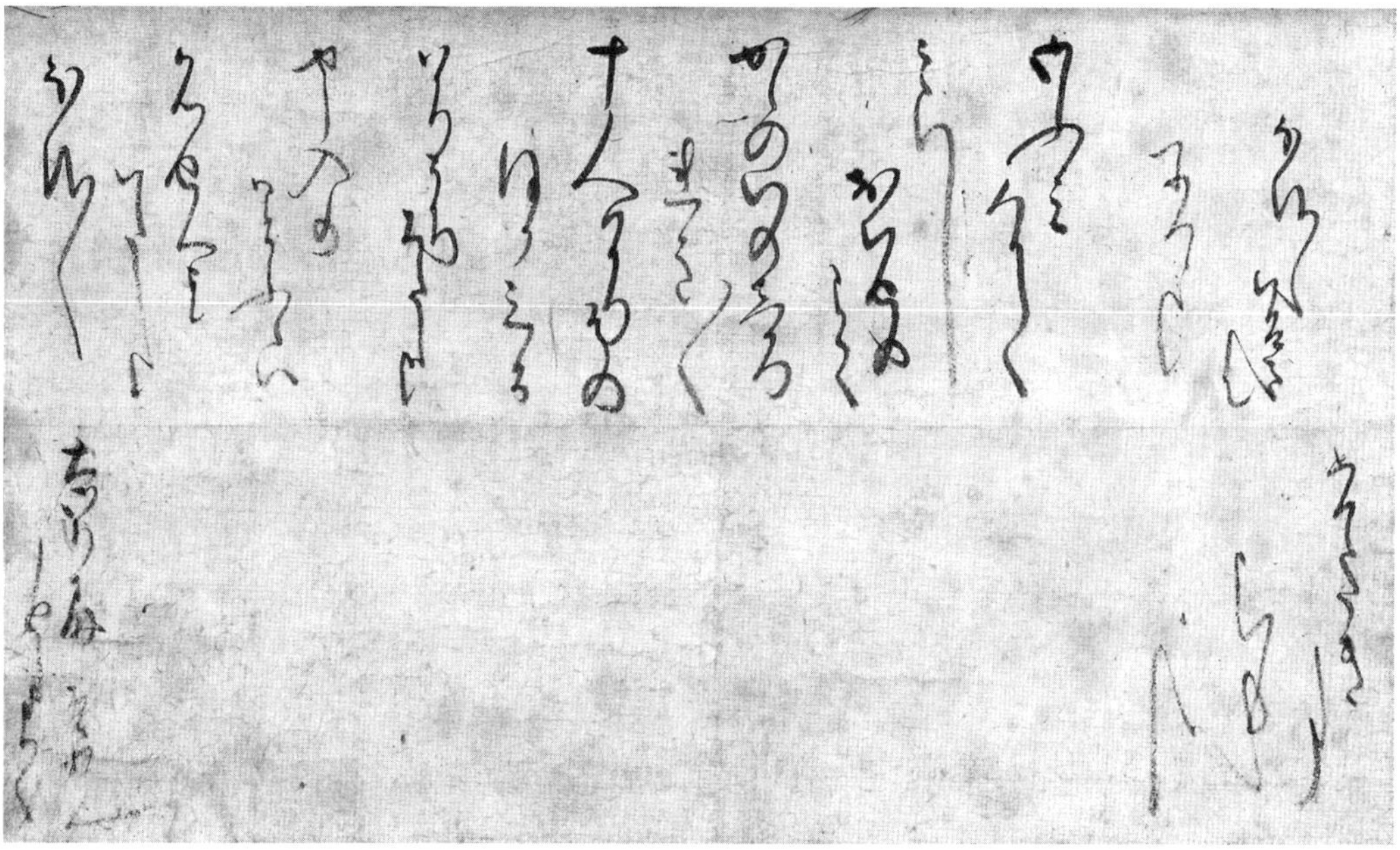

なを〳〵いそき候て、一ふて申候

御ふミくハしくミまいらせ候、おほせのことく、かゝのいのしろ、れき〳〵十人ハかり、そのほか三百ハかりうちはたし申候、せう入の御とふらいかつせんをいたし候、なを〳〵めてたき事申まいらせ候へく候、かしく

大御ちさま　　　ちくせん

御返事申給へ

【現代語訳】

あなた様からのお手紙をよくよく拝見いたしました。仰せのとおり、加賀野井城を攻めて、名のある武将を一〇人ばかり、そのほか敵三〇〇人ほども討ち果たしました。勝入(恒興)殿の弔い合戦をすることができました。とにかく目出度い事と申し参らせます。以上畏まって。

なお、取り急ぎこのように一筆差し上げました。

解説　織田信雄方に属する加賀野井城(現岐阜県羽島市)が秀吉方の攻撃を受けて落城するのは、天正一二年(一五八四)五月七日のことであり、その直後の書状である。秀吉は勝入父子(恒興・元助)を戦死させてしまったことを負い目に感じており、加賀野井城攻めに勝利したことを「勝入の御弔い合戦」と伝えている。秀吉としては何とか面目を施したかたちであったろう。息子を失った養徳院を秀吉は引き続き気遣っている。

もとは折紙であったものを半分に切り、向きを揃えて表装している。史料20「池田輝政宛豊臣秀吉朱印状」と同じ箱に入っており、箱の貼書から池田家の東京大崎本邸で管理していたものであることがわかる。

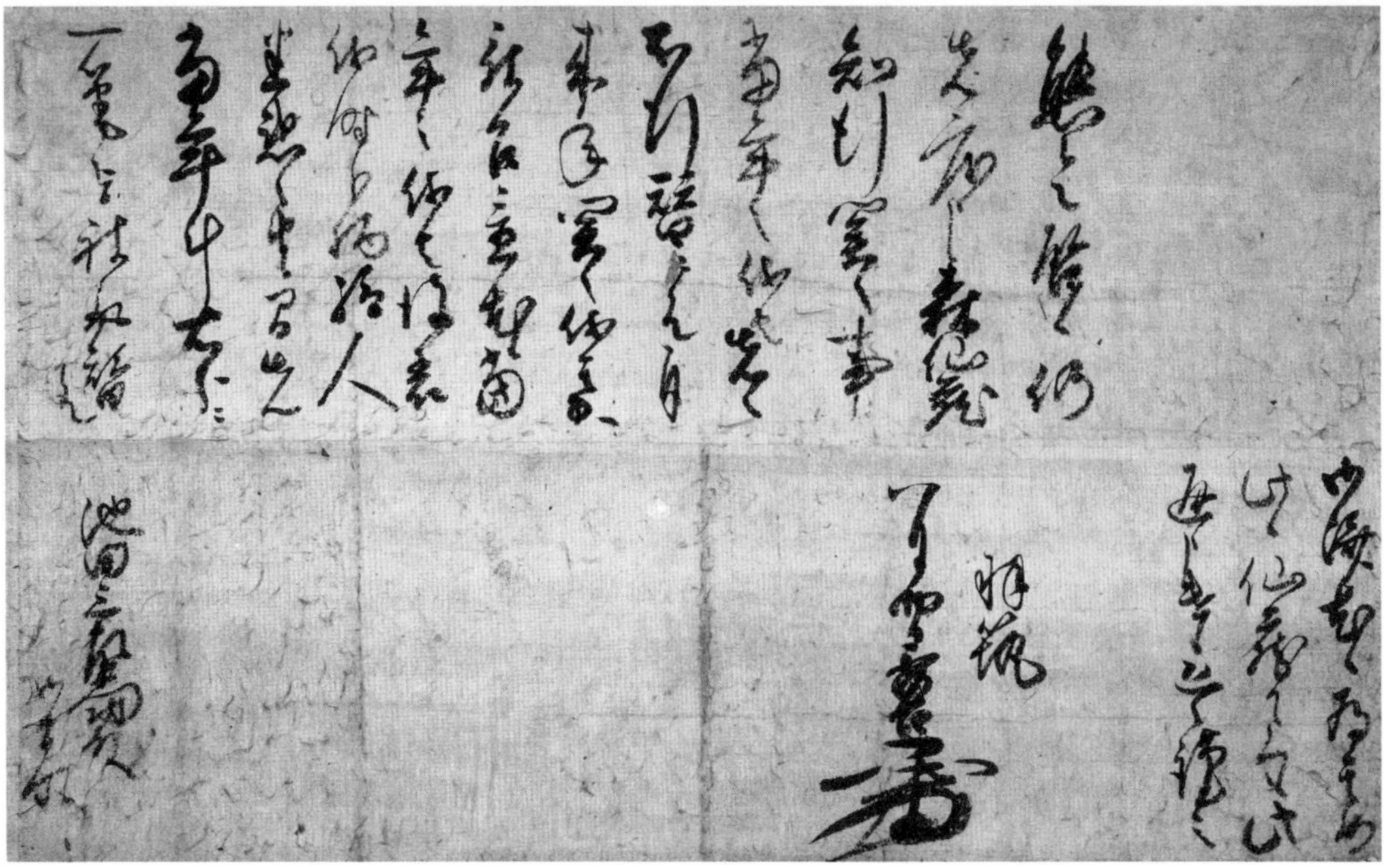

史料9　池田輝政宛羽柴秀吉書状〔林8〕〔天正一二年(一五八四)〕八月四日

態令啓候、仍先度申候森仙蔵知行関之事、当年之儀者、先々知行替ニ候て、自来年関之儀其方へ被召置尤候、当年之儀者、彼表儀時分柄給人迷惑之由候間、先当年計右分ニ一筆を被取替候て、御済尤候、為其如此候、仙蔵かたへも此通申遣候、恐々謹言

八月四日　　　　羽筑

秀吉(花押)

池田三左衛門尉殿

御宿所

【現代語訳】

わざわざお手紙いたします。先にあなたに宛行うと話していました森仙蔵の知行地である関のことですが、今年については先になって知行替えをするということだけ決めて置いて、来年から関をあなたの領地にするというのがよいと思います。今年からということになると、こうした戦闘の続いている時期でもあって、あちらの給人(給地を与えられている家臣)たちが迷惑するということです。ですから、まず今年については約束の一筆だけを取り交わしておいて済ますのがよいと思います。そのため、このようにお手紙しました。森仙蔵のところにも、このように申し遣わしておきます。以上恐れ謹んで申します。

解説　秀吉が、来年知行替えを行う際、森仙蔵が所有している美濃の関を三左衛門(池田輝政)に与えることを約束したもの。天正一二年(一五八四)の文書と考えられる。森仙蔵は、森長可の弟忠政のこと。長可は美濃金山城に住し、関もその領地であったが、長可は池田勝入とともに長久手の戦いに戦死し、その遺領は仙蔵(忠政)が継いでいた。翌天正一三年輝政は大垣から岐阜に移され、一〇万石を領することになるが、そのとき約束通り関もその領地に加えられた。

もとは折紙であったものを半分に切り向きを揃えて表装している。『調度記』四二(書画之部　懸物八)に記載されており、江戸期には「数寄方」の管理であったことがわかる。史料2「池田恒興宛織田信長判物」と同じ箱に入れられている。

加納

掟

一当市場越居之輩、国中往還煩あるへからす、幷町中門並諸役免許せしむる事

一楽市楽座之上、諸商売すへき事

一をしかい狼籍喧嘩口論、理不尽之使不可入、付、陣取放火停止の事

右条々堅令停止訖、若有違犯族者、速可処厳科者也、仍如件

天正拾弐

七月　日　　三左衛門尉(花押)

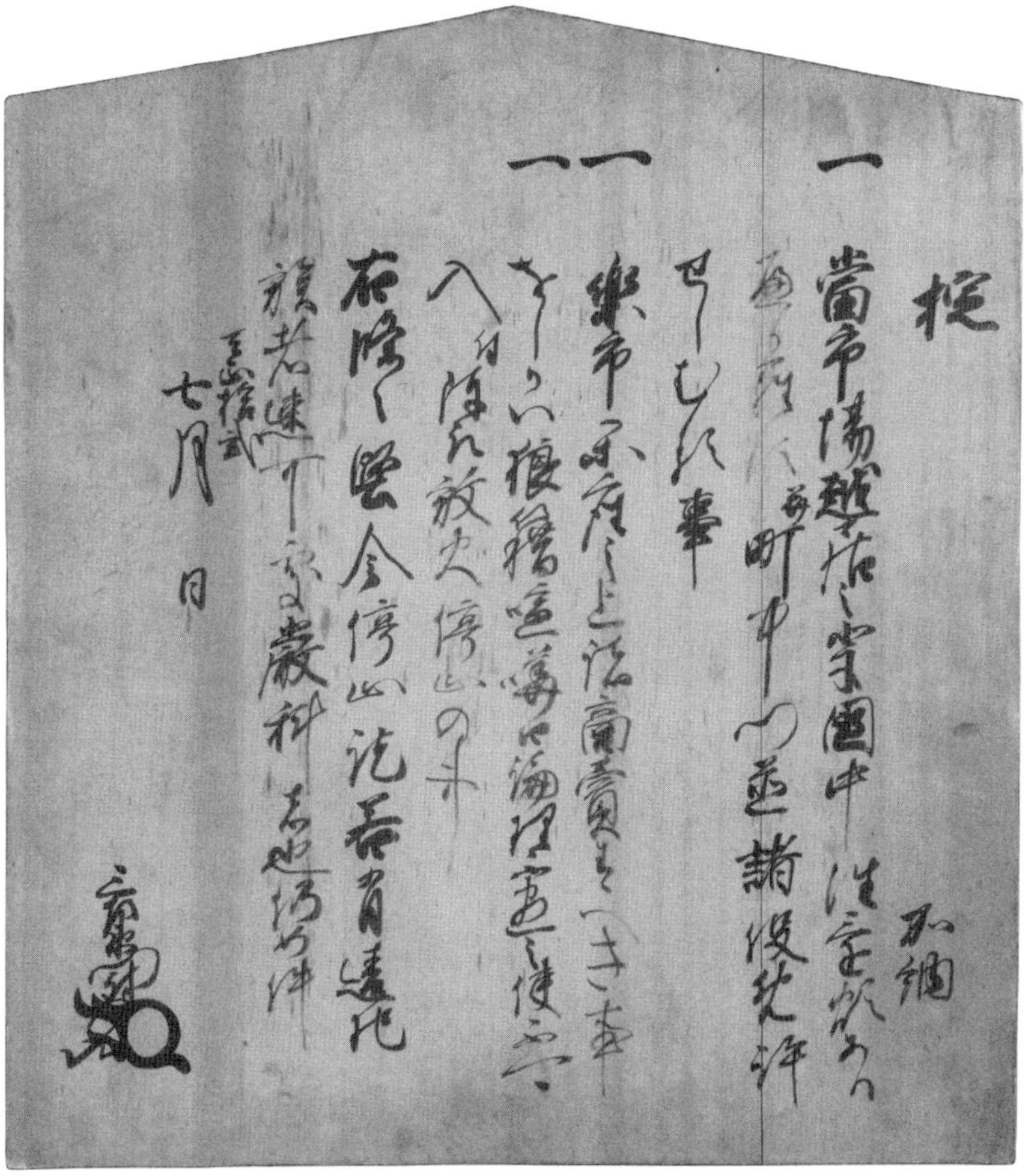

池田輝政制札(円徳寺所蔵)　天正12年7月に輝政は美濃加納に楽市楽座の制札を下している。この地に織田信長が有名な楽市楽座令を下したのは永禄10年(1567)のこと。岐阜城に住した池田元助も天正11年6月に美濃加納に楽市楽座令を下している。輝政が正式に岐阜城に入るのは翌年になるが，恒興・元助亡き後，輝政が同地を継承するものと同地でも本人も認識していたのだろう。岐阜市歴史博物館提供。

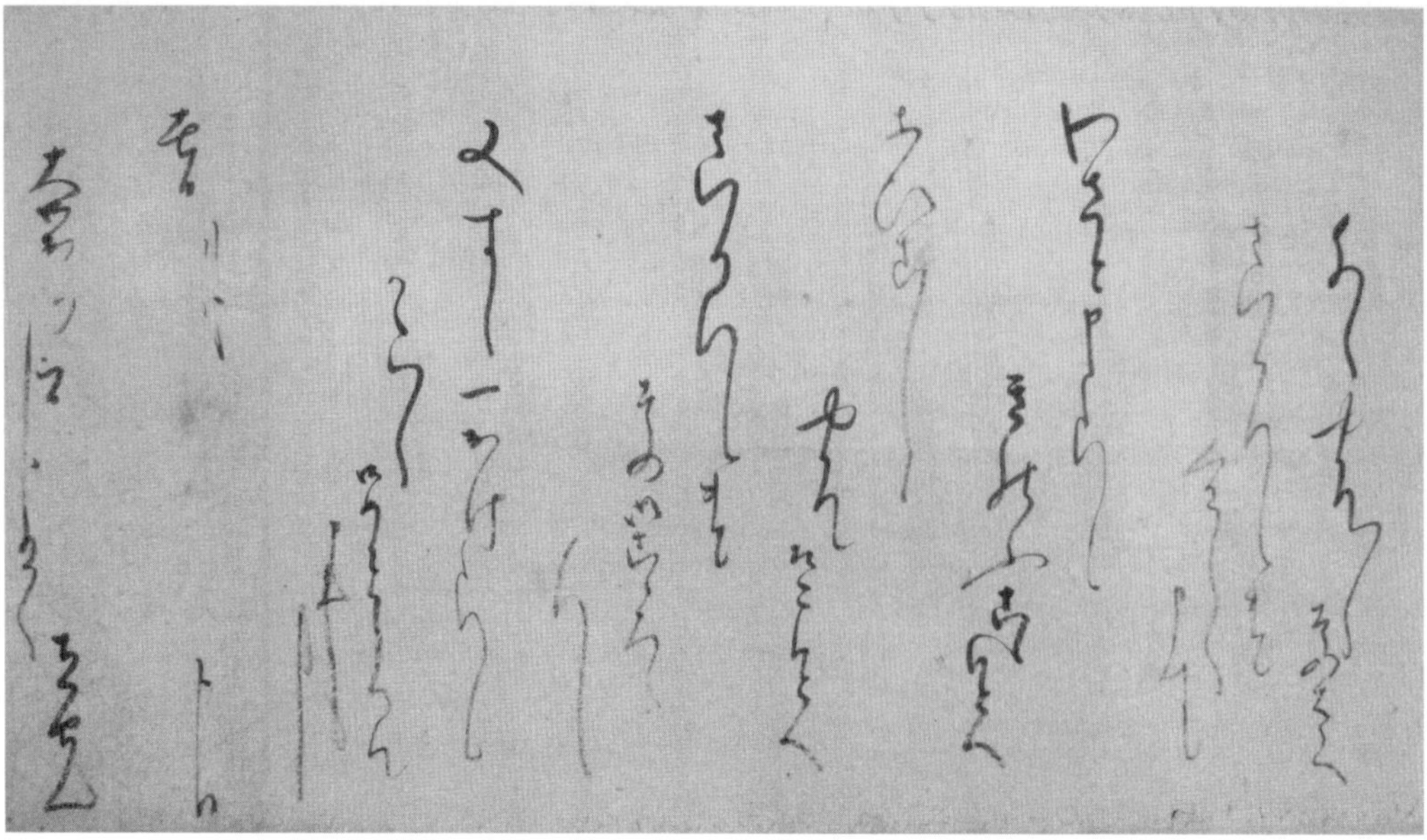

史料10　養徳院宛羽柴秀吉書状〔林9〕〔天正一二年（一五八四）八月ヵ〕一七日

猶々、やかて〳〵そのはうへまいり候へく候まゝ、くはしく申さす
候
わさと申まいらせ候、きのふこゝもとへあひこし候、やかてそこもとへ
まいり候へく候まゝ、その御こゝろへ候へく候、又すし一おけまいらせ
候、かた〳〵御めにかゝり候て申候へく候、かしく

（切封上書）
「（切封墨引）
十七日　5
大御おち　ちくせん
まいる
申給へ」

【現代語訳】

わざわざお手紙いたします。昨日こちらにやって来ました。できるだけ早くあなた様の所へも参るつもりですので、そのように心得ておいてください。ご挨拶にすしを一桶送らせていただきます。あれこれとお目に掛かったうえで申し上げたいと思います。以上畏まって。

なお、すぐさまそちらへ参りますので、これ以上詳しくは申しません。

解説　長久手の戦いの後の書状。史料11・12・13と一連のものと思われる。一旦大坂に帰っていた秀吉が養徳院の居る美濃に戻る八月のものか。養徳院は輝政の居城である大垣に居たと思われる。すぐに訪問することを伝えるとともに、寿司一桶を送っている。養徳院を気遣う秀吉の心情が伝わる内容である。

史料3「養徳院宛織田信長朱印状」（元亀四年）と同じ巻子本に収められており、写は池田家文庫「養徳院宛書状写」（C9-93）にも含まれている。

史料11　養徳院宛羽柴秀吉書状〔林10〕〔天正一二年（一五八四）〕

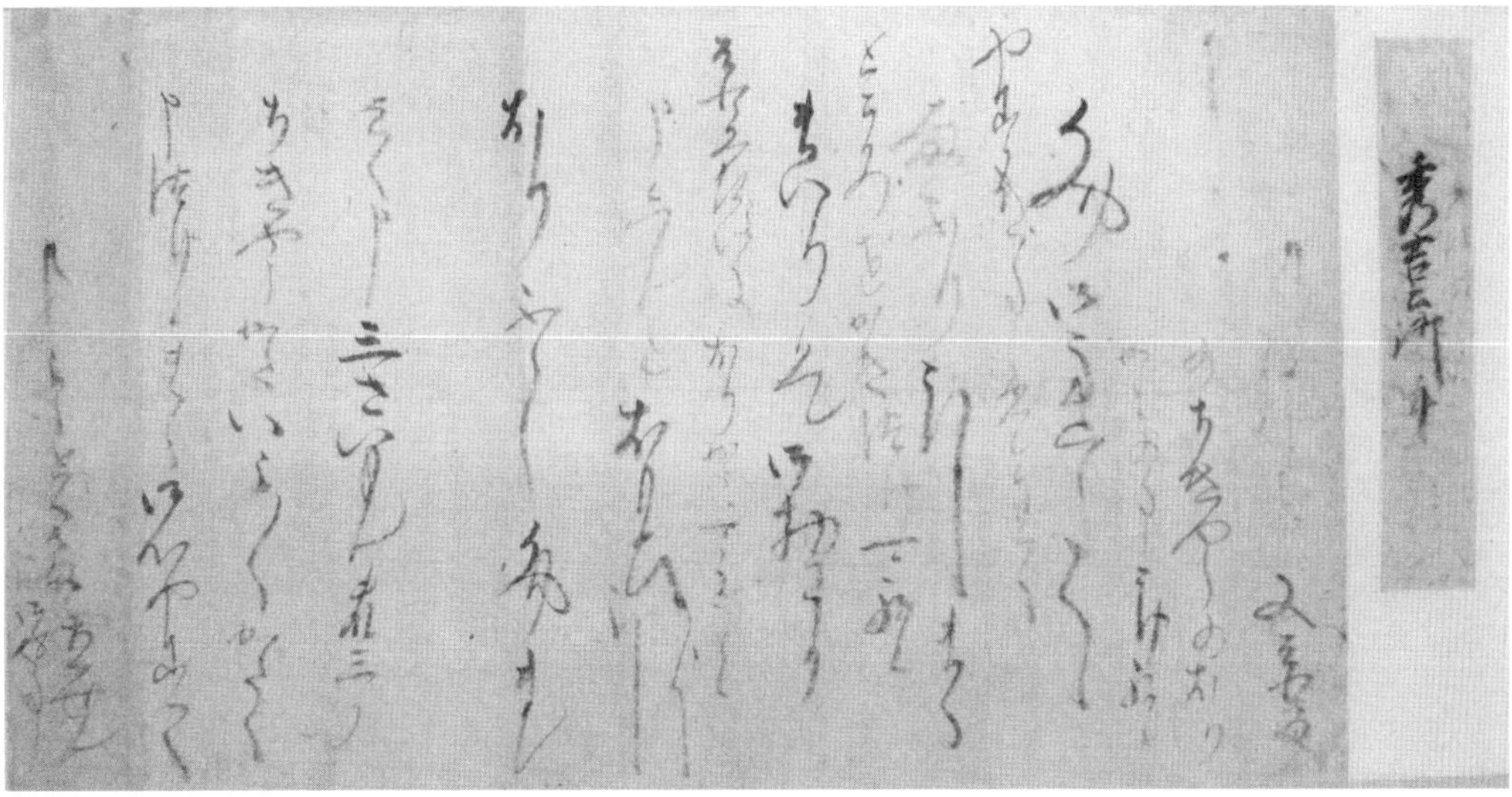

（端裏後筆）「秀吉公御手」

候へく候、又それさまのちきやうのおりかミの事うけ給候、やすき事にて候まゝ、ところをかきつけ可給候、それしたいにおりかミ可進候、かしく

文御うれしく候、雨ふりまいらせ候まゝ、まいり候て御物かたり申候ハんとおもひまいらせ候おりふし、文まんそく申候、三さいもん・藤三郎ちきやうかた、いよ〳〵かたく申つけ候まゝ、御心やすく

（切封上書）「（切封墨引）

ようとくさま

御返事　　ちくせん

」

【現代語訳】

お手紙いただき、うれしく思います。雨が降り続いていますので、お見舞いに参って、いろいろとお話してもしようかと思っていましたところ、ちょうどお手紙が届きました。本当に満足致しました。三左衛門（輝政）と藤三郎（長吉）の知行については、堅く申し付けていますので、ご安心ください。また、あなた様の知行の折紙のことも承りました。特に問題もなく簡単なことですので、知行の場所を書き付けて知らせてください。それに従って正式の折紙も差し上げます。畏まって申します。

解説　天正一二年（一五八四）の長久手の戦いで恒興が没した後、次男輝政（三左衛門）、三男長吉（藤三郎）の知行方を決定したこと、養徳院にも知行の折紙を与えるべき旨を報じたもの。この手紙には日付がないが、内容から先の「養徳院宛羽柴秀吉書状」（史料10）に対して養徳院から返書があり、さらにそれに応えたものかと思われる。

単独で巻子に仕立てられ、桐箱に入れられている。

史料12　養徳院宛羽柴秀吉書状〔林11〕〔天正一二年（一五八四）〕

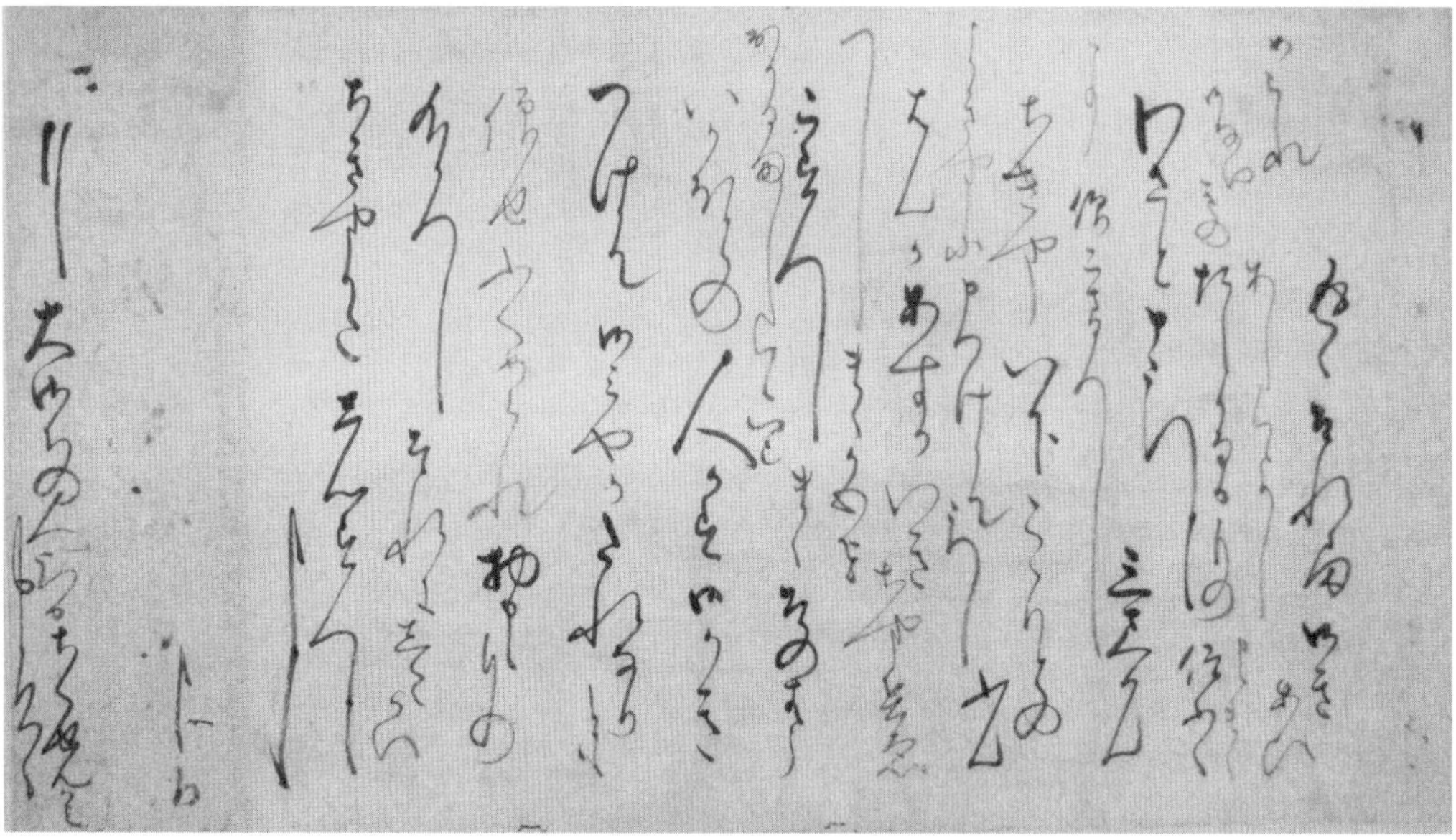

返〳〵それさま御きあいあしく候よし申候まゝ、たしかなるもの仰ふくめられ、御ないきの事仰こさるへく候、よきやうに申つけ候てまいらせ候へく候まゝ、御心をおかるましく候、以上

わさと申まいらせ候、三さへもんちきやう以下、こゝもとのふん、はんか、あすか、いきちやう兵ゑこすへく候まゝ、そのはうい かほとの人かす、御かきつけ候て、御ミやか、たれなりとも仰せふくめられ、物申候もの給候へく候、それにしたかい、ちきやうかたしんすへく候、かしく

（切封上書）「（切封墨引）

ちくせんかミ

ち

大御ちの人　まいる

申給へ

」

【現代語訳】

わざわざお手紙いたします。三左衛門（輝政）の知行以下のこと、およびこちらの様子については、今晩か、明日かに、伊木長兵衛（忠次）を寄越してください。長兵衛に申し伝えます。そちらでどれほどの人数が必要か、それを書き付けて、「おみや」か、ほかの誰であってもよく申し含められて、きちんと話のできる者を寄越してください。その内容によって知行についても決定し進上いたします。畏まって申します。

くれぐれも申します。あなた様の気分がよくないとのことなので、確かな者に仰せふくめられて、御内儀のことについてもお知らせください。こちらからよいように申し付けますので、ご心配なさらないでください。以上。

解説 勝入が亡くなった直後の秀吉からの書状と思われる。輝政の知行などについて指示しており、先の「養徳院宛羽柴秀吉書状」(史料11)と一連のものと考えられる。秀吉は、池田家中では伊木忠次を信頼していることがわかる。「おみや」は不明。尚々書きでは、養徳院の体調や「御内儀」(輝政の妻である中川瀬兵衛女か)のことについても心配している。

史料3「養徳院宛織田信長朱印状」(元亀四年)と同じ巻子本に収められており、写は池田家文庫「養徳院宛書状写」(C9-93)にも含まれている。

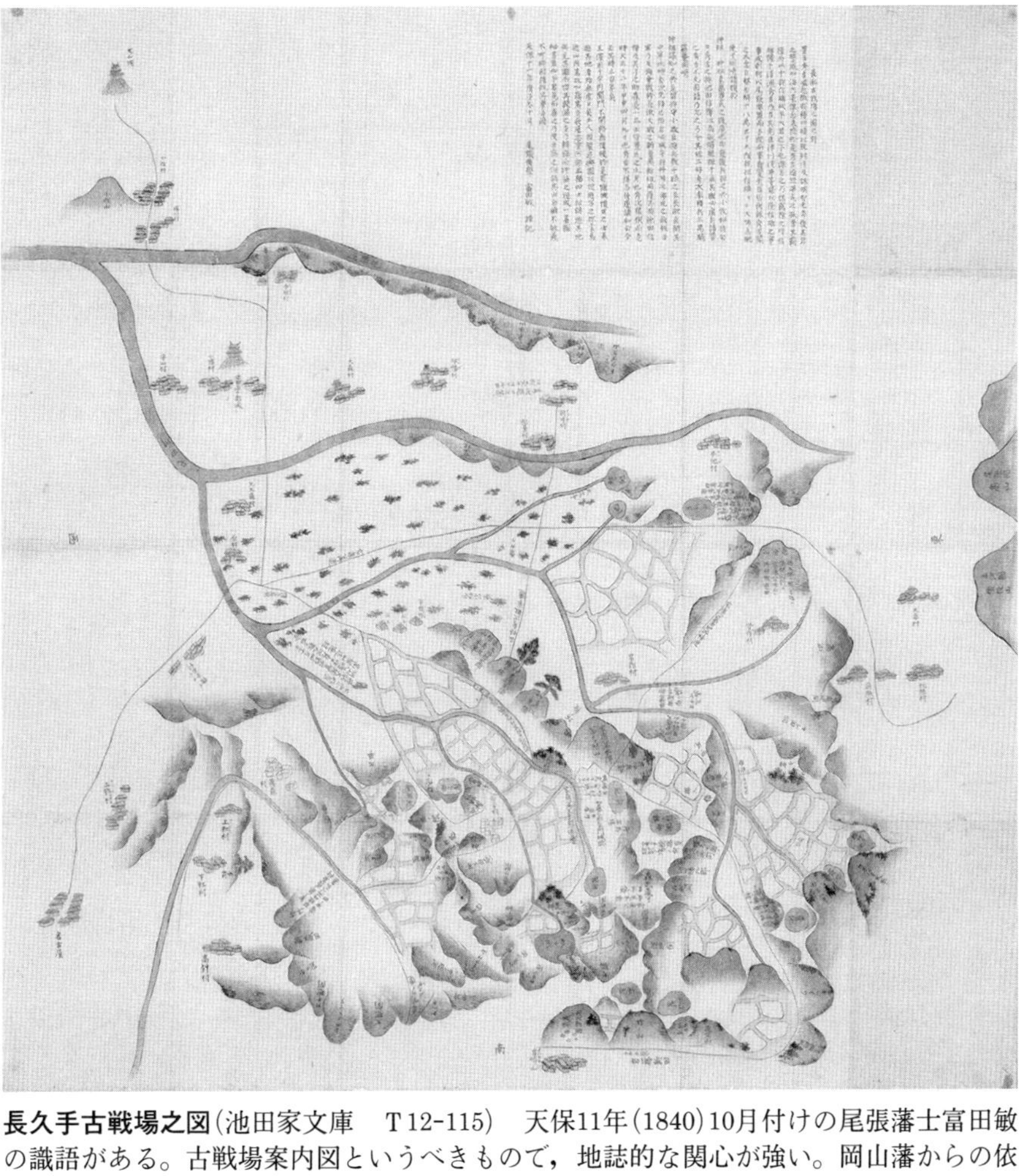

長久手古戦場之図(池田家文庫　T12-115)　天保11年(1840)10月付けの尾張藩士富田敏の識語がある。古戦場案内図というべきもので，地誌的な関心が強い。岡山藩からの依頼を受けて，現地の状況を描いたものだろうか，「池田勝入」についての書入が目立つ。

史料13 — 養徳院宛羽柴秀吉判物〔林12〕　天正一二年（一五八四）八月一七日

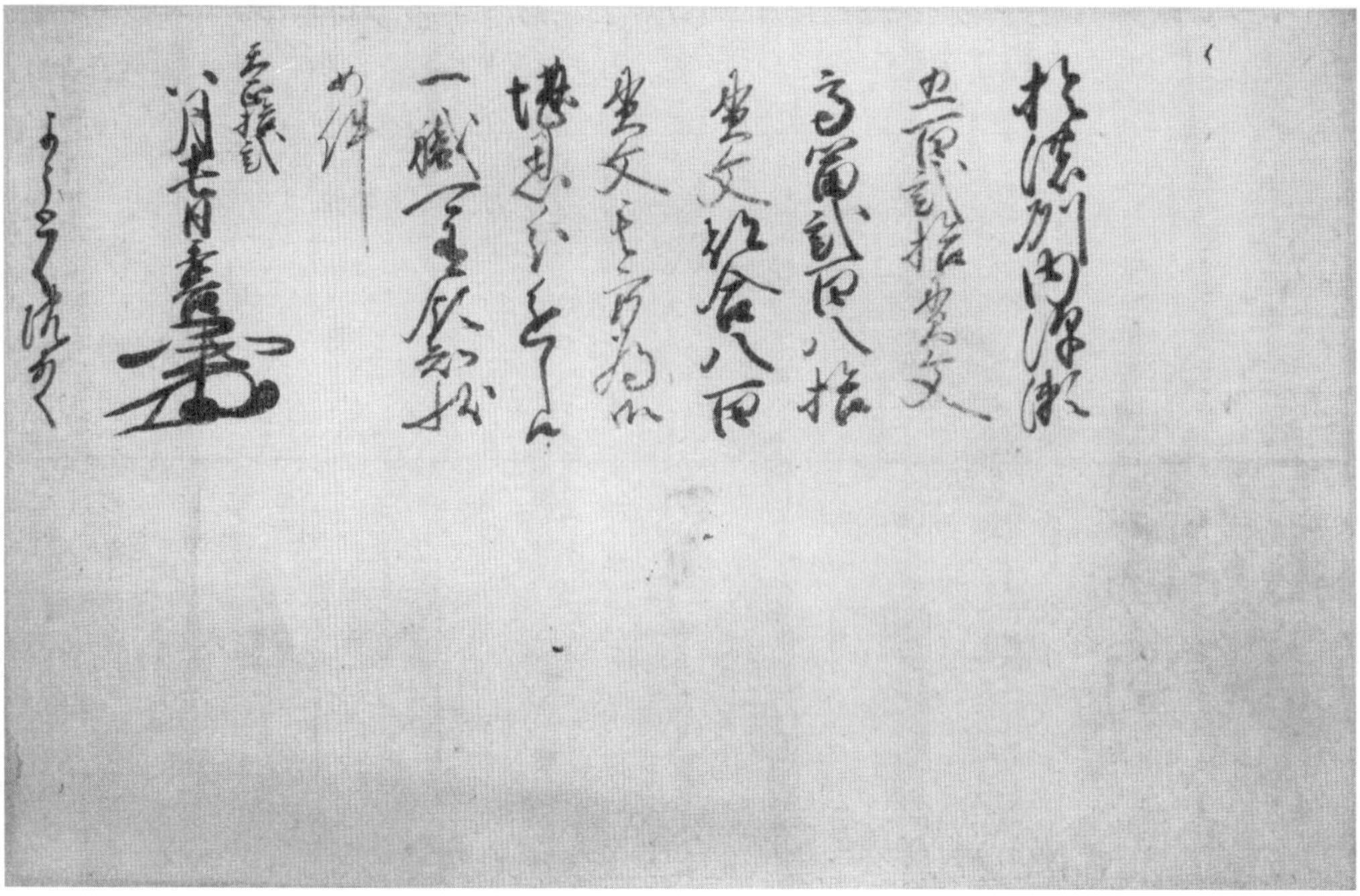

於濃州内、深瀬五百弐拾貫文、高富弐百八拾貫文、都合八百貫文、其方為御堪忍分進之候、一職可有領知状如件

天正拾弐
八月十七日　　秀吉（花押）
ようとく院殿

【現代語訳】

美濃国のうちにおいて、深瀬村五二〇貫文、高富村二八〇貫文、合わせて八〇〇貫文の土地を堪忍分（遺族への給付料）としてあなたに進上します。一職（遺領）として領知すべきとの状は、このとおりです。

解説　先の書状（史料11）にあった秀吉から養徳院への知行宛行状。この知行が、長久手の戦いで亡くなった池田勝入の遺族である養徳院への堪忍分であることがわかる。深瀬村・高富村（現岐阜県山県市）はいずれも美濃国山県郡に属し、もと太郎丸城主で織田信雄方に組みした深見氏一族に与えられていたものである。なお、この判物に付けられたと思われる「養徳院宛羽柴秀吉書状写」（参考4）がある。

史料3「養徳院宛織田信長朱印状」（元亀四年）と同じ巻子本に収められており、写は池田家文庫「養徳院宛書状写」（C9-93）にも含まれている。

史料14　池田輝政宛豊臣秀吉朱印状〔池2〕〔年未詳〕九月一四日

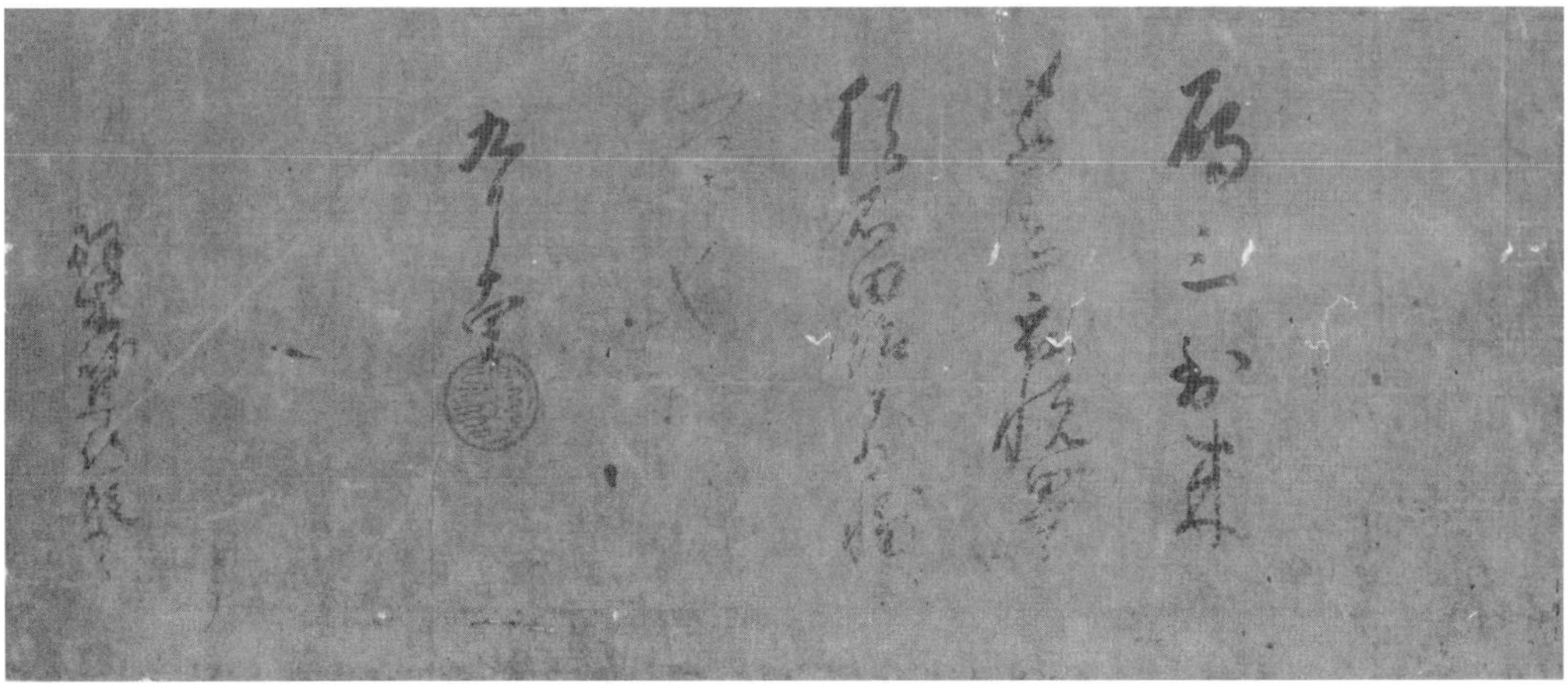

雁三到来、被懸御念、恐悦思召候、猶石田治部少輔可申候也

九月十四日　（朱印）(豊臣秀吉)

羽柴岐阜侍従殿

【現代語訳】

あなたが贈ってくださった雁三羽が到来しました。お心をお懸けくださり、大変喜ばしく思います。なお、詳しくは石田治部少輔（三成）が申すでしょう。

解説　輝政の贈答に対する秀吉の礼状。輝政が従四位下侍従に叙任されたのは天正一六年（一五八八）正月二八日、岐阜から吉田（現豊橋）に転ずるのが同一八年七月であるから、その間のものである。石田治部少輔は、秀吉側近の石田三成。天正一三年七月に従五位下治部少輔に叙任されている。

包紙に「明治廿三年九月三日於骨董店買入」とある。現在は切紙の体裁だが、もとは折紙であったかもしれない。表装をはがしたものか。包紙には朱筆で「記三十九　十一ノ十六」とある。「記三十九」は「御廟　大納戸」の御手許書類を示す「旧棚記号」である。旧棚記号については解説（一三四頁）を参照されたい。

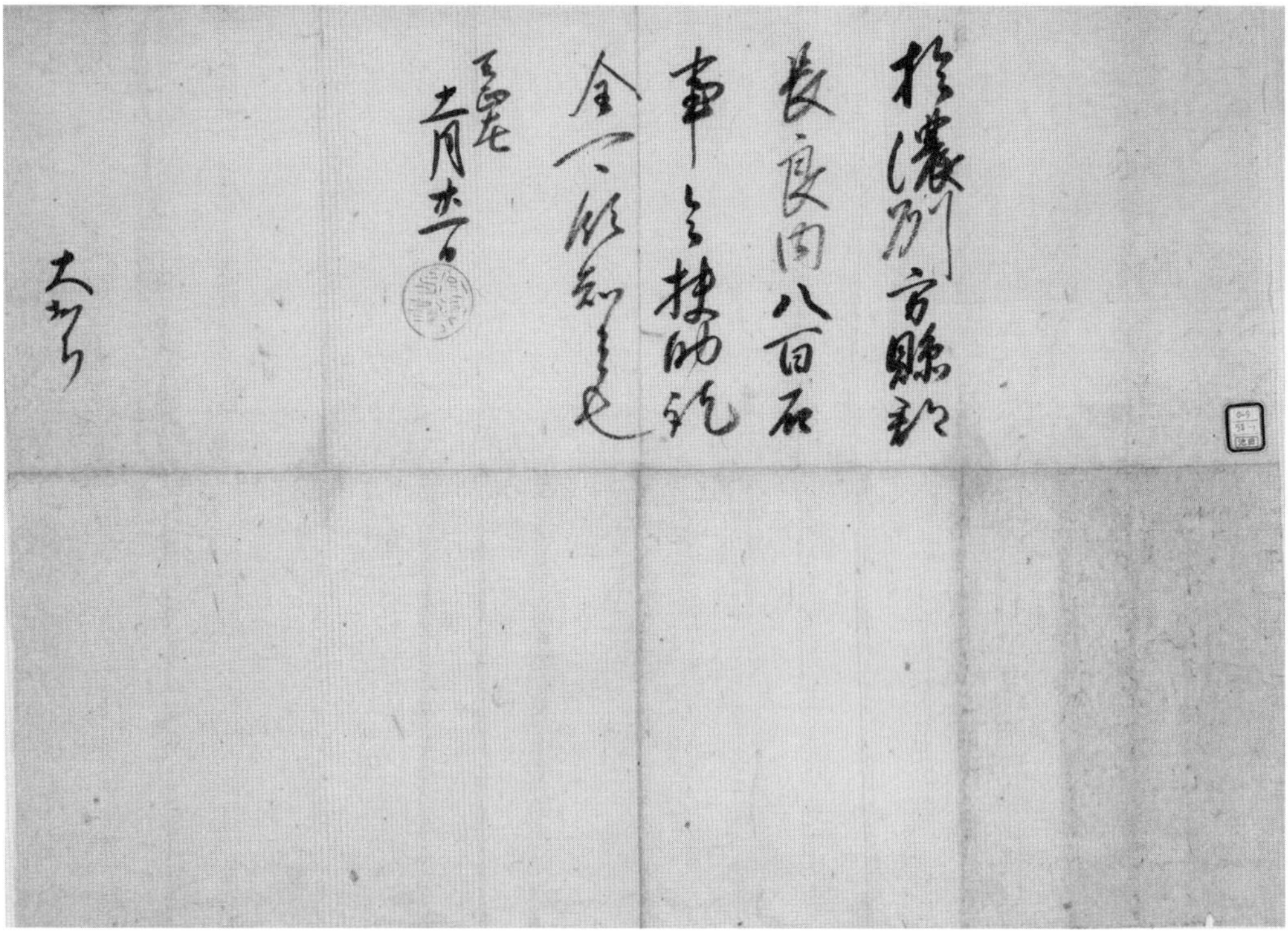

史料15 養徳院宛豊臣秀吉朱印状〔池3〕 天正一七年(一五八九)一一月二一日

於濃州方県郡長良内八百石事、令扶助訖、全可領知者也

天正十七

十一月廿一日 (豊臣秀吉)(朱印)

大おち

【現代語訳】

美濃国方県郡の長良郷の内において、八〇〇石を扶助します。すべて領知してください。

解説 秀吉の美濃国総検地により、石高表示で発給された朱印状。長良郷(現岐阜県岐阜市)は方県郡に属し、五年前の「養徳院宛羽柴秀吉判物」(史料13)で与えられた山県郡の八〇〇貫の領地とは異なり、新たに割り替えられたと思われる。「池田輝政宛養徳院遺言状」(史料24・史料35・史料36・史料37)で養徳院は、この領地を妙心寺に寄進するよう孫の輝政に指示している。

包紙に「記三十九　二一」と記したラベルが貼られている。写は池田家文庫「養徳院宛書状写」(C9-93)にも含まれている。包紙に入れられている文書から、明治二一年(一八八八)一二月二九日に妙心寺天球院から譲り受けたものであることがわかる。養徳院の死後遺品として妙心寺に伝えられたものか。

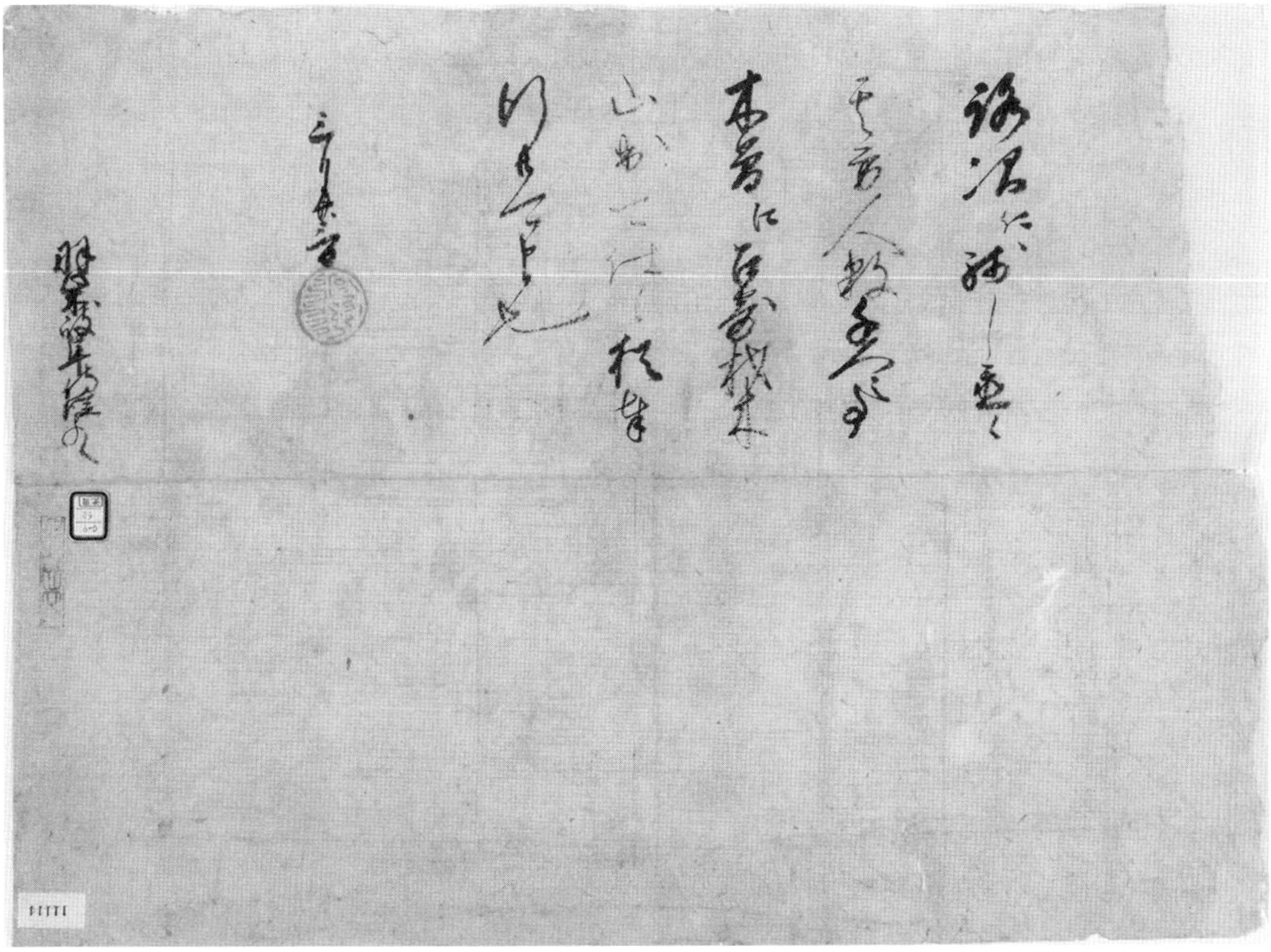

史料16　池田輝政宛豊臣秀吉朱印状〔池4〕〔天正一八年（一五九〇）〕三月二三日

路地に残し置候其方人数千人之事、木曾江召寄、材木山出可仕候、猶奉行共可申候也

三月廿三日　（豊臣秀吉）（朱印）

羽柴岐阜侍従とのへ

【現代語訳】

道中の途中に残しているその方の人数のうち一〇〇〇人を、木曾に遣わして、材木を山から運び出す仕事をさせること。詳しいことは秀吉の奉行たちが申すでしょう。

解説　輝政が岐阜を居城としたのは天正一三年（一五八五）から一八年まで。内容から小田原攻めの天正一八年のものと推定される。小田原の北条氏を攻めるために出陣した秀吉は、三月一九日駿府城に入り、家康と軍議を行った。それを受けて秀吉が輝政に指示した書状か。輝政が小田原に着陣するのは三月二九日のことであるから、まだその途次であった。その人数の一部を木曾からの材木の輸送に差し出すよう命じている。小田原城攻めの資材なのだろう。

「豊臣秀吉朱印池田輝政知行目録」（史料19）、「池田輝政宛豊臣秀吉朱印状」（史料21・史料22）と一緒に四通が一つの包紙に包まれている。包紙に「大納戸ハね蓋」の書込があり、大納戸方が管理していた御手許書類であることがわかる。

史料17 養徳院宛池田輝政書状〔林13〕天正一八年（一五九〇）一〇月一八日

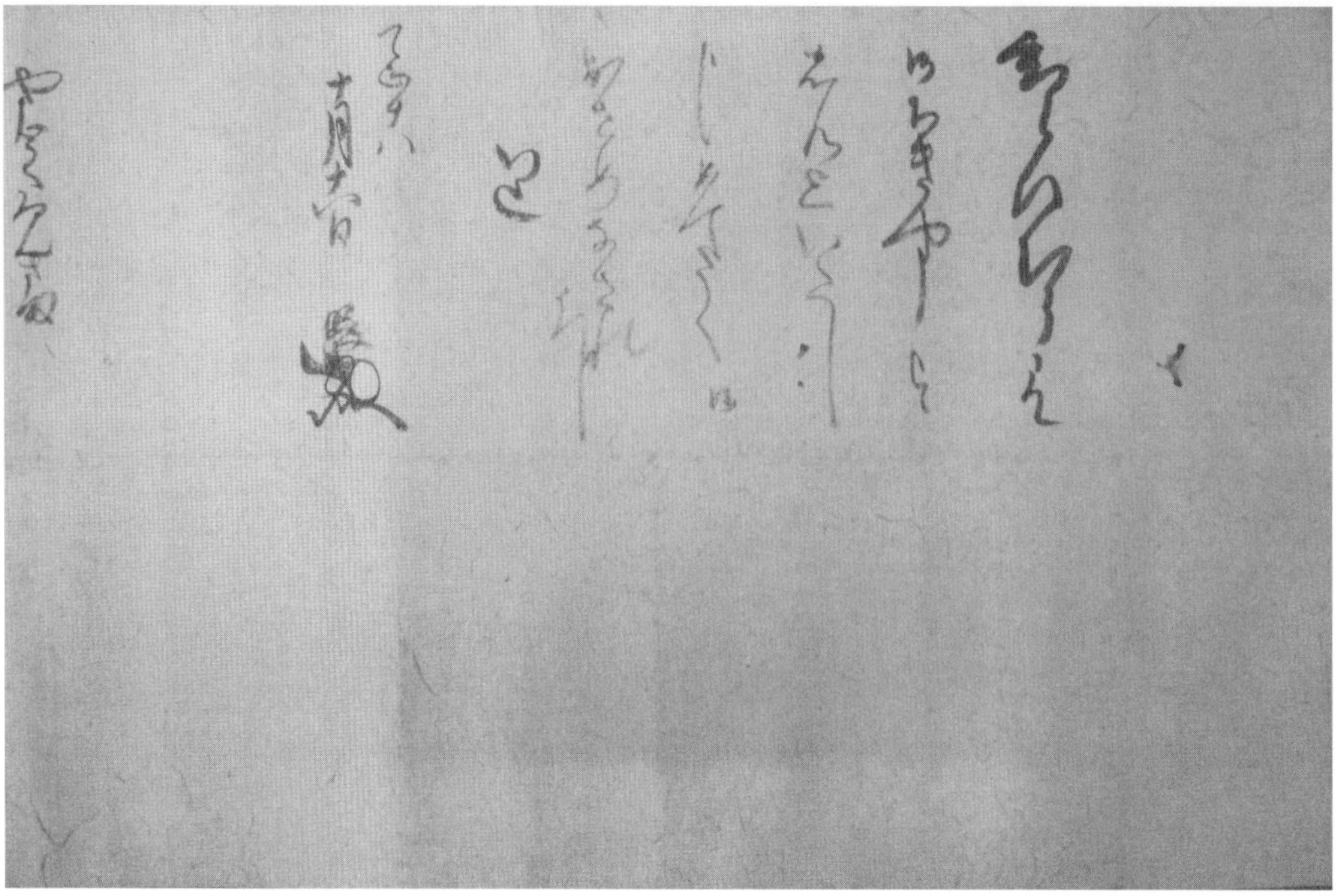

ひらひむらにて御ちきやうをしん上いたし申候、めてたく御おさめなされ候へく候

以上

天正十八

十月十八日　　照政（花押）

やうとくゐんさま

【現代語訳】

平井村のうちにおいてあなたの知行地を進上致します。めでたくお収めください。以上。

解説　天正一八年（一五九〇）八月家康が関東六か国に転封になると、輝政は三河国吉田城（現豊橋）に移り、一五万二〇〇〇石を領した。このとき領地となった平井村（現愛知県新城市）のうちにて祖母養徳院へ知行所を進上する旨を伝えた輝政の書状。史料24「池田輝政宛養徳院遺言状」によれば三〇〇石であった。

この書状の他に四通の「池田輝政宛養徳院遺言状」（史料24・史料35・史料36・史料37）、および「宙外和尚宛中村主殿助奉書」（史料46）とともに巻子本に仕立てられている（二四頁写真左）。写が池田家文庫「養徳院宛書状写」（C9-93）に収められている。

史料18 — 池田輝政宛豊臣秀次黒印状〔池5〕 天正一九年(一五九一)八月二〇日

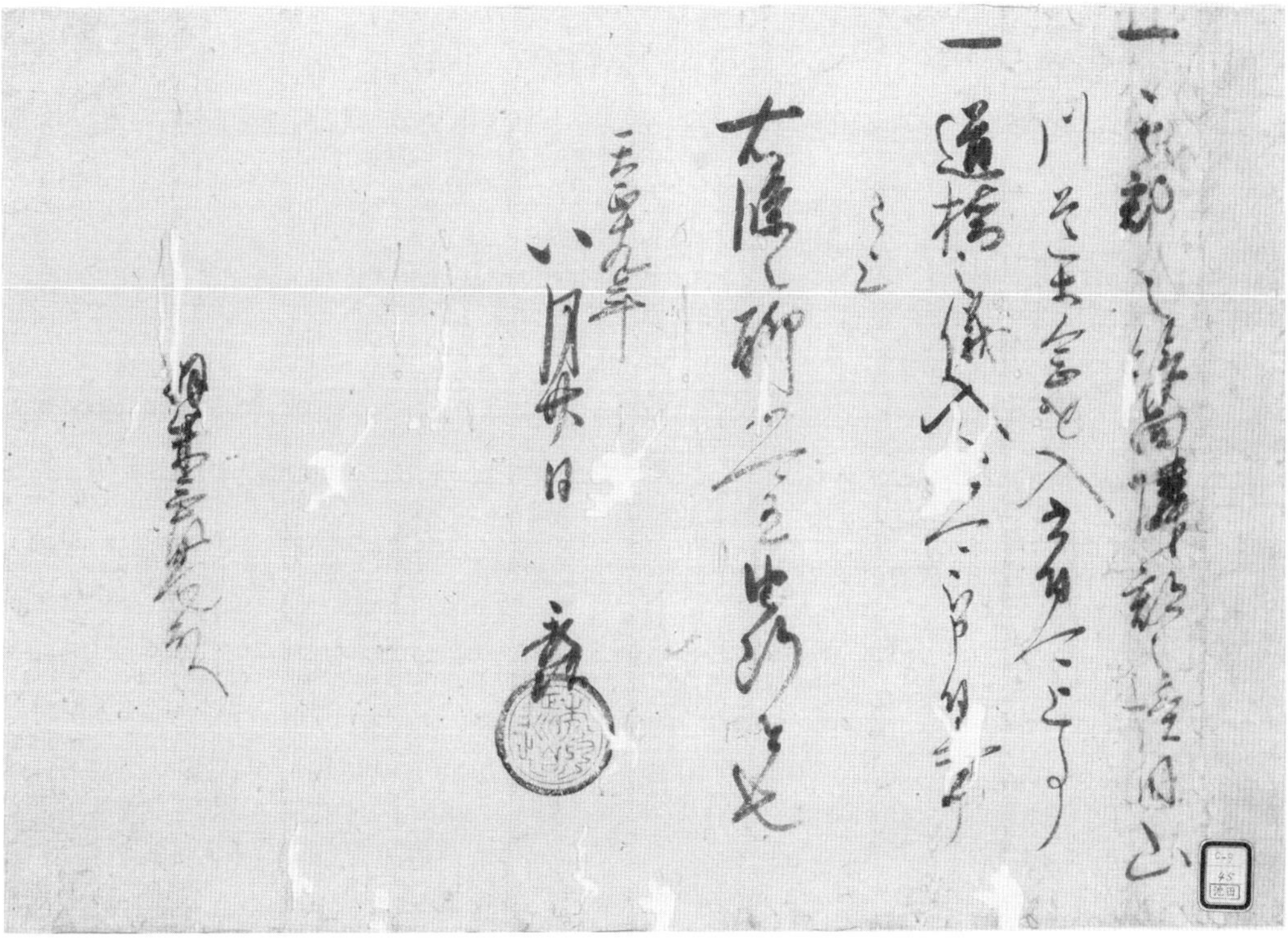

一其郡之絵図、隣郡之境目山川道等、念を入書付可上事
一道橋之儀、入念可被申付事
　　已上
右条々聊不可有由断者也
　天正十九年
　　八月廿日　　　　　　秀次(黒印)
　　　羽柴三左衛門尉殿

【現代語訳】

一この度命じた郡絵図については、隣の郡との境目になっている山・川・道などを、特に念入りに書き付けて提出すべきこと。

一道や橋についても、念入りに描くよう申し付けること。

　以上
右の条々については少しも油断のないようにすること。

解説　奥州を平定して全国統一を果たした秀吉は、天正一九年(一五九一)七月に諸国に御前帳と郡絵図の提出を求めた。このとき輝政は秀次とともに奥州に出陣しており、奥州仕置の責任者である秀次から検地を命じられている。それに関連したものとすれば、奥州のいずれかの郡絵図のことか。同日付けで秀次が一柳四郎右衛門(直盛)に宛てた「定検地置目事」の末尾がこの文書と同文であることから、この文書は前欠だと思われる。ただし、前欠とすると右端の余白が多いのがやや気になる。

二重に包紙で包まれている。外包紙に「明治二十年九月梶田楯八郎ゟ差上」とあり、入手の事情がわかる。梶田は元池田家臣の家か。また、外包紙には朱筆で「記三十九　十一ノ十二」とある。

史料19　豊臣秀吉朱印池田輝政知行目録〔池6〕　天正二〇年（一五九二）正月一一日

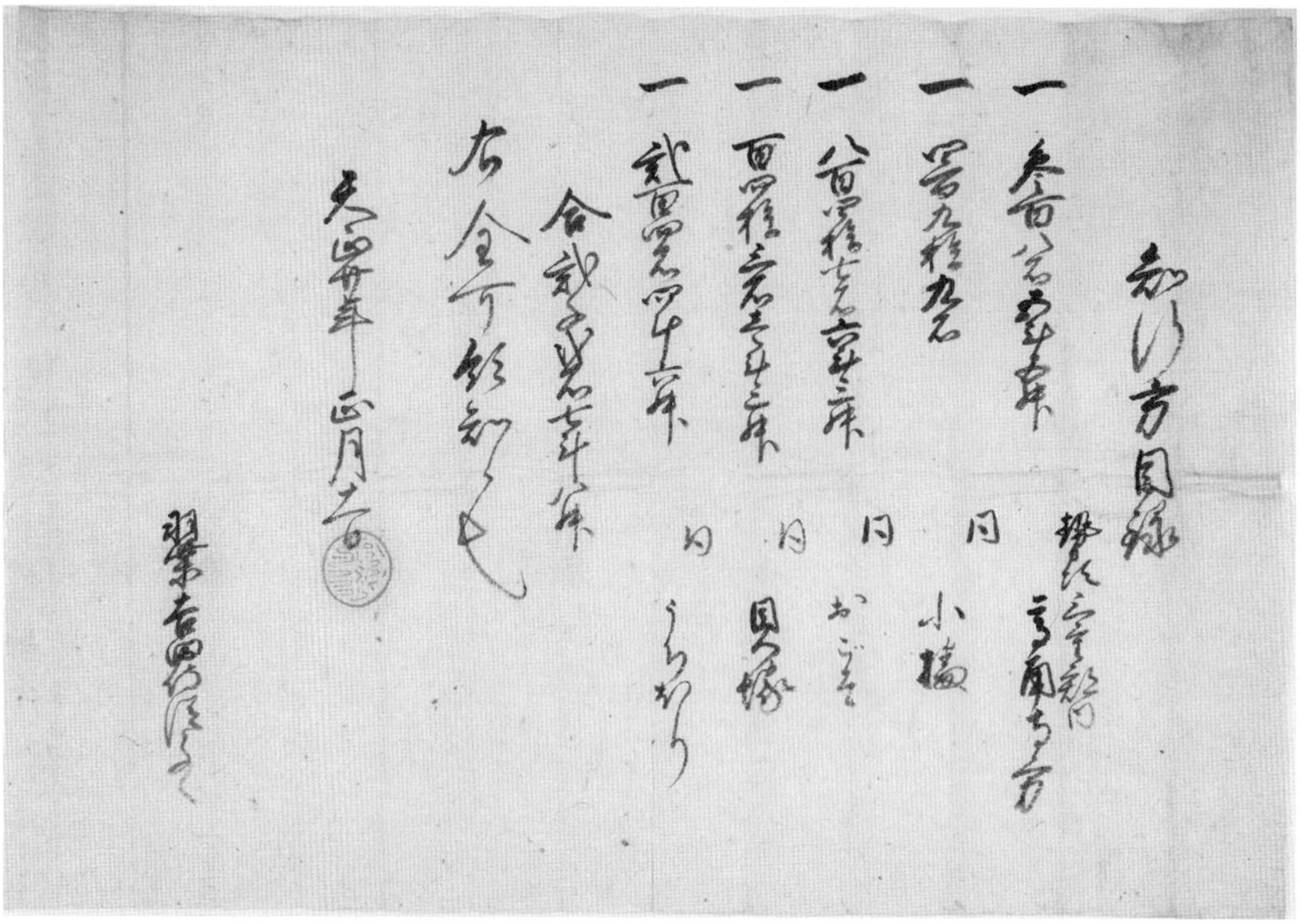

知行方目録

勢州三重郡内

一参百八石五斗五升　高南寺方

一四百九拾九石　同　小幡（小治田）

一八百四拾七石六斗三升　同　おごそ（小古曽）

一百四拾三石壱斗三升　同　貝塚

一弐百四石四斗六升　同　うちほり（内堀）

合弐千弐石七斗八升

右全可領知候也

天正廿年正月十一日（朱印）（豊臣秀吉）

羽柴吉田侍従とのへ

解説　天正一八年（一五九〇）吉田に移された輝政は、のちに在京料として「勢州小栗栖庄」を秀吉に賜ったと言われており（『池田家履歴略記』）、この目録の知行がそれに当たると思われる。もとは織田信雄の領地であったが、天正一九年に信雄が秀吉に反抗したため配流となり、伊勢の旧領は秀吉の息の掛かった武将に分配された。輝政に与えられたのはいずれも街道沿いの村々で、現在は三重県四日市市に属している。現代語訳は省いた。

「池田輝政宛豊臣秀吉朱印状」（史料16・史料21・史料22）と一緒に四通が一つの包紙に包まれ、包紙に「大納戸　ハね蓋」の書込がある。

史料20　池田輝政宛豊臣秀吉朱印状〔林14〕〔天正二〇年（一五九二）五月一三日

為見廻飛脚到来候、高麗之事、先勢之者共都近所迄押詰候、都一途之儀、
五三日中ニ注進可有之候、順風次第可被成御渡海候、猶木下半介可申候
也

五月十三日　（豊臣秀吉）（朱印）

羽柴吉田侍従とのへ

【現代語訳】

お見舞いのための飛脚が来まして、お手紙たしかに届きました。朝鮮での戦況は、先陣の軍勢が漢城の都の近くまで迫っているということです。都へ一途に攻め上っていますので、一五日以内には陥落したとの注進があるでしょう。そうなれば、順風次第にあなたも渡海なさるべきであります。なお詳しくは木下半介が申すでしょう。

解説　天正二〇年（一五九二）の朝鮮出兵に際し、秀吉から輝政に宛てられた書状。輝政は、吉田城で待機して東国の押さえになるとともに、国内での輸送などに従事していたが、戦況の展開により朝鮮への出兵が命じられた。漢城（ソウル）はこれより先の五月三日に陥落していたが、六月一五日に平壌が陥落した後は、戦線が膠着し講和となったため、輝政が渡海することはなかった。木下半助は、秀吉馬廻の組頭木下吉隆のこと。豊後国に一万石を与えられたが、後に秀次事件に連座して失脚。島津氏に預けられたが自殺している。

林原美術館所蔵の池田家文書では珍しく、表装されず包紙に包まれた状態で残っている。表装する予定であったが、実現せずにそのまま保管されたのだろう。史料8「養徳院宛羽柴秀吉書状」と同じ箱に入っている。

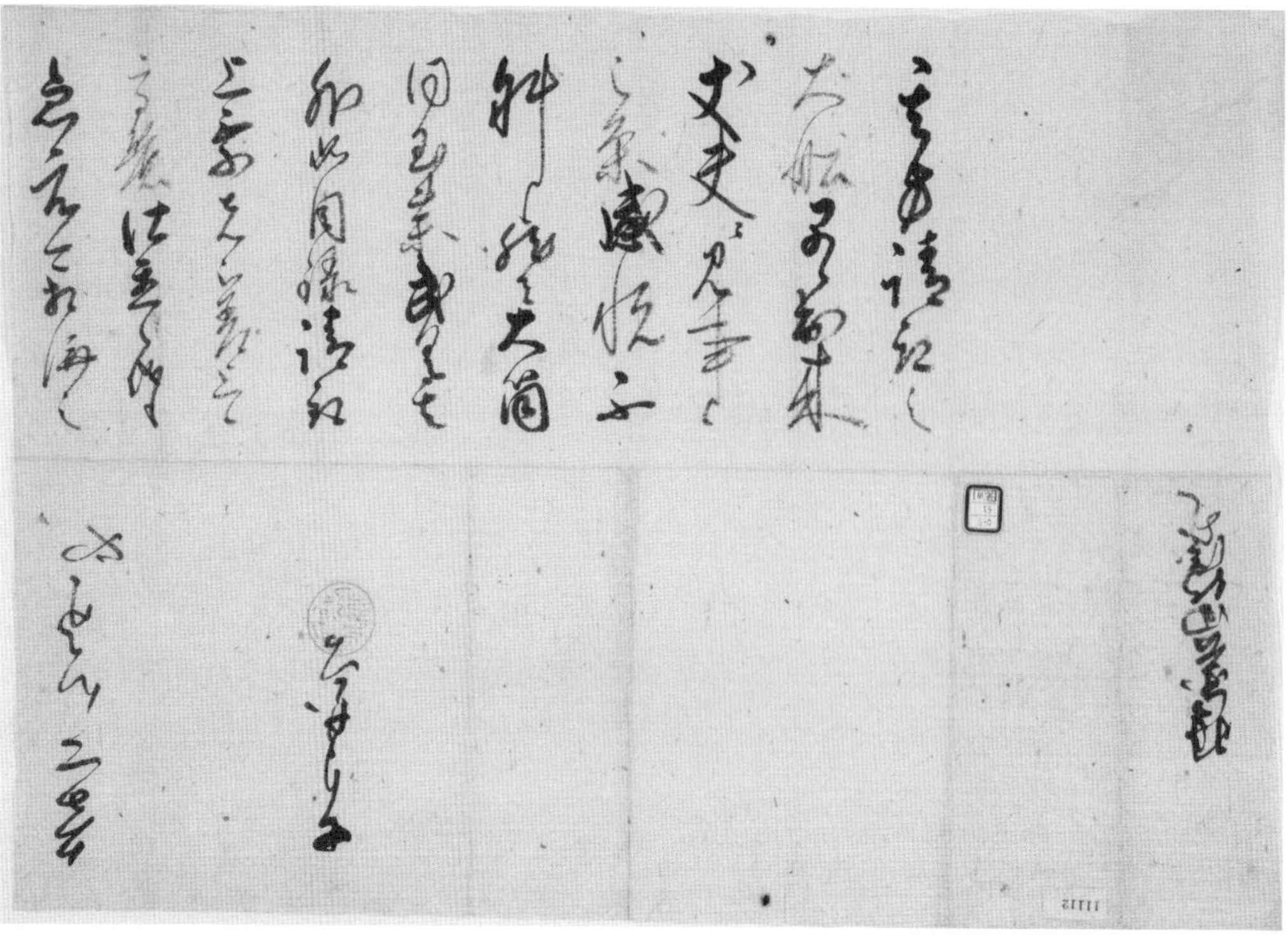

史料21　池田輝政宛豊臣秀吉朱印状〔池7〕〔文禄二年（一五九三）〕七月二六日

其方請取之大船早々出来、丈夫ニ見事候之条、感悦不斜候、然者大筒・同玉薬・武具其外、如目録請取、上乗者被差上候、高麗仕置之儀も急度可相済之条、可心易候也

七月廿六日　（豊臣秀吉）（朱印）

羽柴吉田侍従とのへ

【現代語訳】

そなたが建造を請け負われた大船が早速に出来上がり、丈夫で見事な出来栄えだとのこと、喜ばしい限りです。ついては、大筒・火薬・武具その他を目録の通りに請け取ること。上乗りの者もこちらから差し上げます。朝鮮での戦闘もすぐに済むことでしょう。安心していてください。

解説　天正二〇年（一五九二）五月に漢城を落とした秀吉軍も、その後は朝鮮の義兵と救援した明軍に苦戦していた。一旦は出陣命令が出された輝政も、引き続き国内に留まった。同年一〇月秀吉は、秀次を通じて輝政を初めとした武将に渡海用の安宅船の建造を命じた。翌文禄二年（一五九三）完成した大船は名護屋に廻送されたが、輝政が建造した安宅船は名護屋でも評判であったようで、船奉行の中村主殿が秀吉の命で朝鮮へ武器・兵糧を運んでいる（『池田家履歴略記』）。秀吉は相変わらず楽観的な見通しを述べているが、現地では和議の交渉も始まっていた。

「豊臣秀吉朱印池田輝政知行目録」（史料19）、「池田輝政宛豊臣秀吉朱印状」（史料16・史料22）と一緒に四通が一つの包紙に包まれ、包紙に「大納戸　ハね蓋」の書込がある。

史料22　池田輝政宛豊臣秀吉朱印状〔池8〕〔年未詳〕九月八日

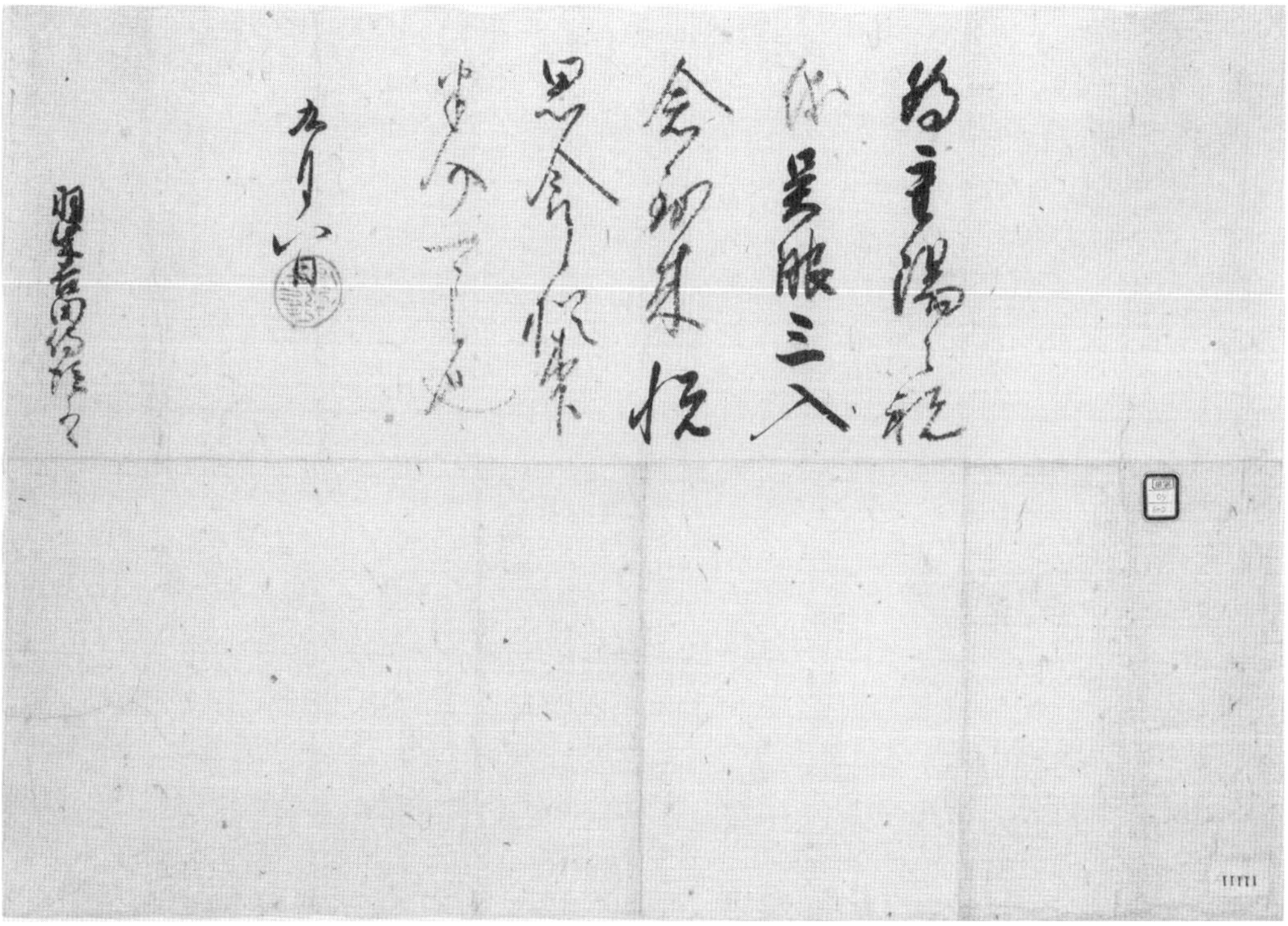

為重陽之祝儀、呉服三入念到来、悦思食候、猶木下半介可申候也

九月八日　（朱印）（豊臣秀吉）

羽柴吉田侍従とのへ

【現代語訳】

重陽の祝儀として念入りに贈られた呉服三領が到来しました。喜ばしく思います。なお、詳しいことは木下半介が申すでしょう。

解説　輝政が重陽の祝儀として呉服を贈ったことに対する礼状。輝政が吉田に移った天正一八年（一五九〇）以降のものだが、いつのことかはわからない。木下半介は、秀吉馬廻の組頭で、名は吉隆など。文禄四年（一五九五）七月の秀次事件に連座して矢脚するから、それ以前のものである。

「豊臣秀吉朱印池田輝政知行目録」（史料19）、「池田輝政宛豊臣秀吉朱印状」（史料16・史料21）と一緒に四通が一つの包紙に包まれ、包紙に「大納戸　ハね蓋」の書込がある。

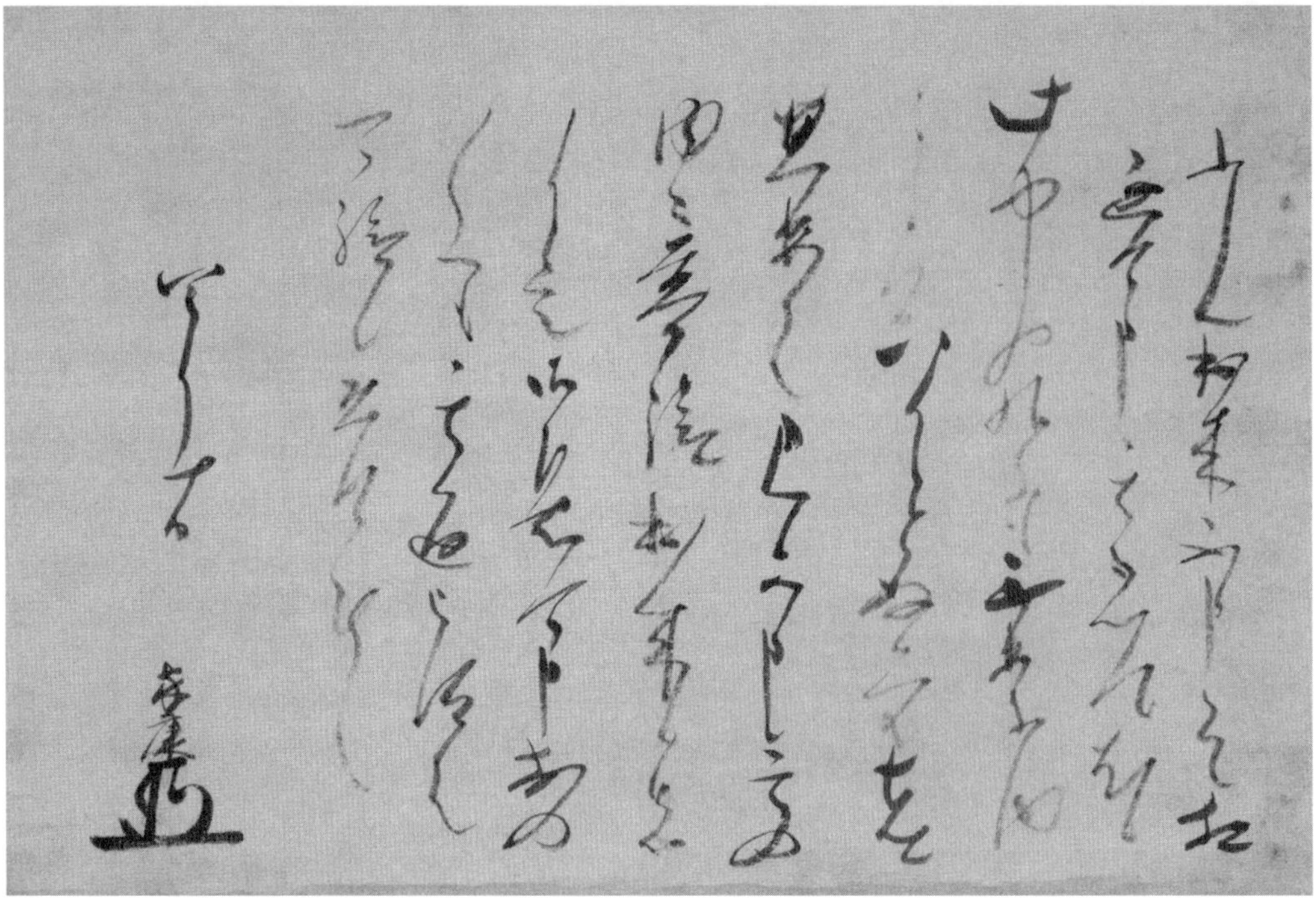

史料23 長束正家宛徳川家康書状〔林15〕〔文禄三年(一五九四)ヵ〕四月一〇日

ふしん出来不申候ハヽ、相延可申候、其御心得尤候
此中の様子も無案内ニ候間、いかゝと存候へ共、先々思安候て見可申候、
その内ニ普請出来候者、自是御左右可申候、おの／＼へも其通被仰候て
可給候、恐惶謹言

四月十日　　家康(花押)

【現代語訳】

この間の様子がよくわかっておりませんので、どうかとは思いますが、これから先よく考えてみたいと思います。そのうちに普請もできましたならば、こちらからお指図申し上げます。それぞれの方にもそのようにおしゃってください。よろしくお願いします。以上恐れ謹んで申し上げます。

なお、普請が完成しないようでしたら、延期をしてください。そのように心得ていただくのがよいでしょう。

解説　元は竪紙で切封であったが、切り取られた宛所に「長大蔵様　人々御中　家康」とあり、大蔵大輔であった長束正家宛とわかる。長束正家は理財の才能を認められて豊臣秀吉に重用され、五奉行の一人となる。小田原攻めや朝鮮出兵では兵糧奉行を務め、肥前名護屋城や伏見城の普請も担当している。関ヶ原の戦いでは西軍に属し、退却後水口城に籠もったが、池田長吉に攻められて自殺した。文中の「普請」を伏見に建設中の家康の屋敷と考えれば、文禄三年(一五九四)のものか。

史料24　池田輝政宛養徳院遺言状〔林16〕慶長四年（一五九九）一一月一八日

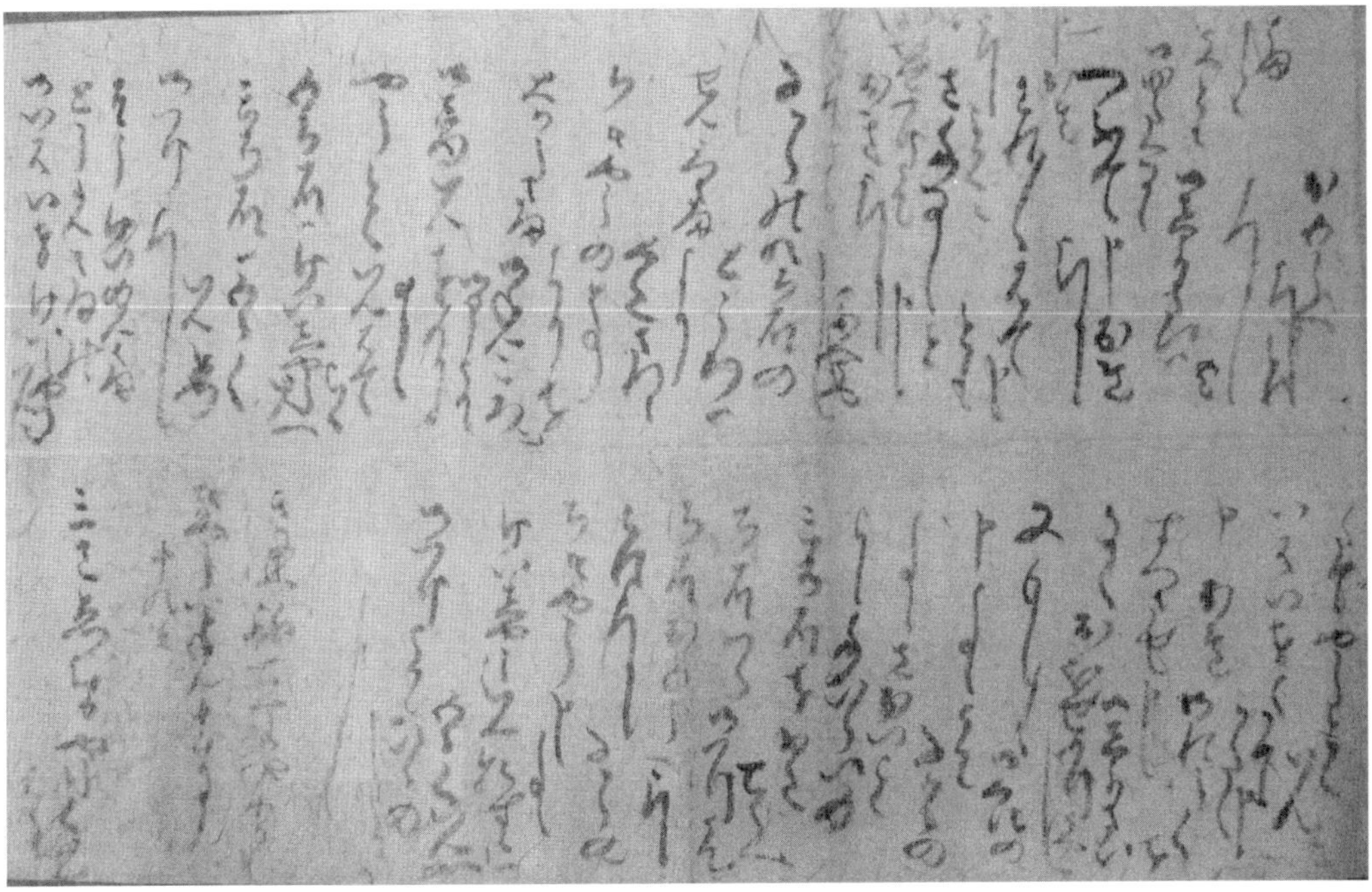

返々御しよさいハ候ましく候へとも、御ゆたんなく申おきまいらせ
候ことくニ、おほせつけ候て給候へく候、かしく

一ふて申おきまいらせ候、われ〳〵はて申候とも、さたなしと申おきまいらせ候、御心へ候へく候、なからの八百石のところハ、せん上さまよりくたされ候ちきやうの御事はりを、大かうさま御ねんころニ御申候て、御しゆいんを給候まゝ、やうとくいんはて候ハヽ、五百石ハけいしやういんへ、三百石ハ五こくいんゑ御つけ候へく候、そうけいゐんさま・とうかんさまの御いはいを、けいしやういんニたて、やうとくいんいはいをたて申、かたく申おき、御れうくをすへさせ申、御しよさいなくおほせつけ候へく候、又もし〳〵御くにの申事候て、なからの事さおい候ハヽ、よしたひらいの三百石をふたてらへ百石つヽ御つけ候て、百石お五うへまいらせられ候へく候、なからのちきやう、申事候す候ハヽ、けいしやういんと五こくいんへ御つけ候て、ひらの事ハお五うへまいらせられ候へく候

きのへねてんしやにち
きやう四ねん十一月
十八日　　やうとくゐん
三さゑ
まいる　　はゝ

【現代語訳】

一筆書き置きいたします。わたしが果てましても、特別なことはしないでください。よくよく心得ておいてください。わたしの長良郷の八〇

○石の知行は、先の上様である信長公から頂いた知行地であるという趣旨を太閤さまが懇ろに申し請けられて御朱印状を給わったものでありますので、もし私が果てたならば、五○○石は桂昌院へ、三○○石は護国院に寄進してください。総見院様(信長)・桃巌様(信秀)の御位牌を桂昌院に立て、わたしの位牌も立て、寺のものに堅く申し置いて、御供物を据えさせ、手落ちのないように仰せ付けておいてください。もし国元のほうで異論を申すものがいて、長良郷の知行に相違があるということであれば、吉田での平井村の知行三○○石のうち、桂昌院と護国院の二ヵ寺に一○○石ずつ、残る一○○石を「お五う」に与えるように計らってください。長良郷の知行について異論がなければ、それを桂昌院と護国院に寄付し、平井村の知行を「お五う」に与えてください。

重ねて申します。疎かにするようなことはないと思いますが、ご油断のないように申し伝えて置きますので、そのように仰せ付けてください。畏まって申します。

池田輝政画像(林原美術館)　制作時期は輝政没後まもなくと思われ，妙心寺桂昌院宙外玄杲の賛がある。輝政画像としては最も古いものであり，利隆が亡き父の姿を写させたものか。元は虎渓山東林寺に所蔵されていたもので，延享4年(1747)に池田継政が訪れて偶然に見出し，傷んでいたものを補修させたと箱書きにある。付属資料から，明治24年(1891)頃池田家の所有になったと考えられる。

解説　八五歳になった養徳院が孫の輝政に宛てた遺言状。日付は「甲子天赦日慶長四年十一月十八日」。天赦日は、陰陽道で一年中の極上の吉日とする日。冬は甲子の日があたる。桂昌院と護国院はいずれも養徳院が妙心寺に建てた塔中で、桂昌院は信長の、護国院は勝入の、それぞれ菩提を弔うために建てたものである。死後は両塔中に自分の知行地を寄進するよう輝政に指示している。長良郷の八○○石の知行は史料15に、平井村の三○○石の知行は史料17にそれぞれあるものである。「桃巌」は信長の父織田信秀のこと。養徳院の夫の恒利が仕えた。「お五う」は不明。前年八月には秀吉が亡くなり、この年には豊臣政権内で政争が激しくなっていることから、養徳院も行く末が気になっていただろう。

史料17「養徳院宛池田輝政書状」や他の遺言状とともに巻子に仕立てられており、写は池田家文庫「養徳院宛書状写」(C9-93)にも収められている。

史料25　池田輝政他宛徳川家康書状〔池9〕〔慶長五年（一六〇〇）〕八月一三日

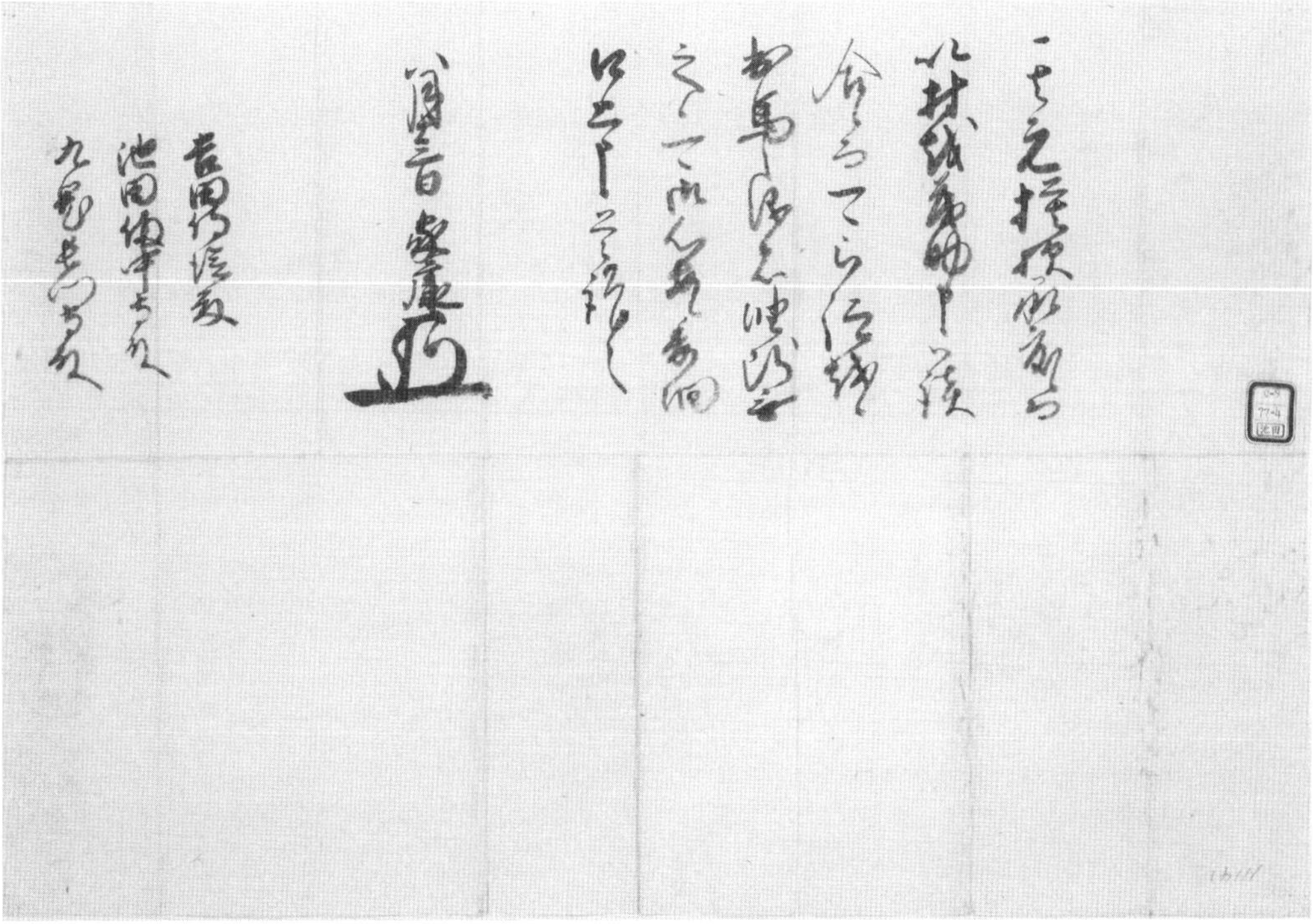

其元模様承度候而、以村越茂助申候、御談合候而可被仰越候、出馬之儀者、油断無之候、可御心安候、委細口上申候、恐々謹言

八月十三日　　　家康（花押）

吉田侍従殿

池田備中守殿

九鬼長門守殿

【現代語訳】

その地の様子が聞きたいので、村越茂助を使者として遣わし、申します。よく相談されたうえで、その内容を知らせてください。私が出馬することについては、油断はありません。ご安心ください。詳しいことは村越が口上で申します。以上恐れ謹んで申します。

解説　内容から関ヶ原の戦い直前の家康書状と判断される。「吉田侍従」は池田輝政、「池田備中守」は弟の池田長吉、「九鬼長門守」は九鬼守隆。九鬼守隆は父嘉隆が西軍に属したにもかかわらず家康に従い、上野出陣以来輝政に属していた。上杉攻めから取って返した東軍先鋒の諸大名は清洲城に集結、輝政もそれに加わった。江戸城に待機した家康は、清洲へ村越を使者として派遣した。村越茂助は幼少より家康に仕えた近臣で、名は直吉。同じ日付でほぼ同文の家康書状が五通確認されている。一三日に江戸を発した村越は一九日に清洲に到着。村越を交えた軍議の結果、岐阜城攻めと決する。

史料25・史料26・史料27・史料29は包紙に包まれ、三重の漆塗桐箱に入れられている。内箱の上書に金泥で「権現様御書」とあり、外箱蓋には貼紙朱筆で「三十九ノ十三ノ一」とある。

史料26　池田輝政宛徳川家康書状〔池10〕〔慶長五年（一六〇〇）〕八月二六日

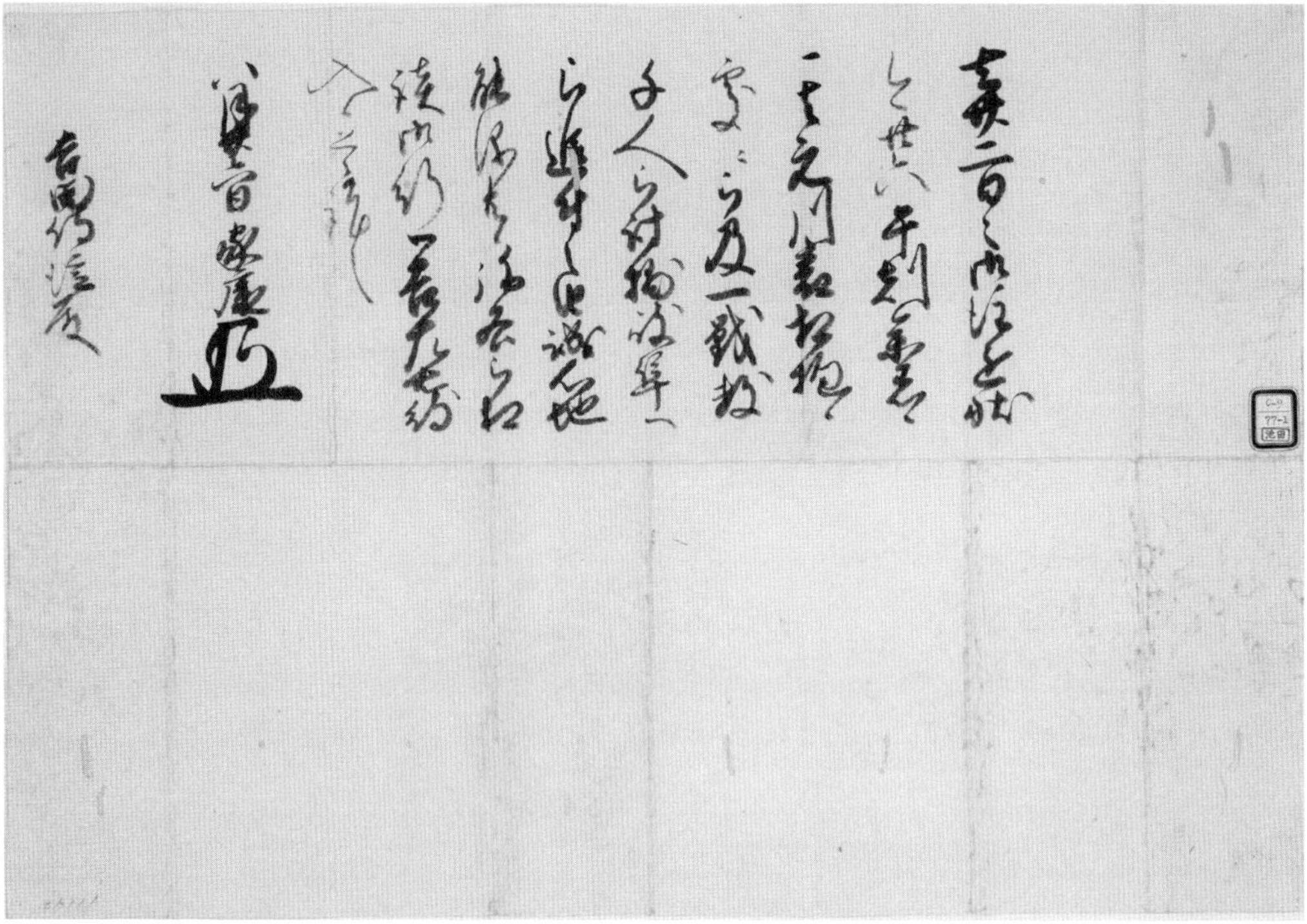

去廿二日之御注進状、今廿六午刻参着候、其元川表相抱候処ニ、被及一戦、数千人被討捕、岐阜へ被追付之由、誠心地能儀共候、弥各被相談御行、御吉左右待入候、恐々謹言

八月廿六日　　　　家康（花押）

吉田侍従殿

【現代語訳】

二二日の注進状が本日二六日正午ごろに着きました。岐阜城攻めのため木曾川に対陣しておられたところ、一戦となり敵数千人を討ち取り、城に迫って城兵を追い詰められているとのこと。誠に心地よいことであります。ますます諸侯とよく相談のうえ行動され、よい結果となることを心待ちにしています。恐れ謹んで申します。

解説　八月二一日、東軍は二手に分かれて木曾川を越えた。上流側の主将は池田輝政、下流側の主将は福島正則であった。西軍の兵二〇〇〇人ほどが城を出て川端に陣を張っていたが、東軍がこれを打ち破り、岐阜城に迫ったのである。輝政と福島は清洲での軍議以来先陣争いを繰り返しており、家康の軍目付として派遣されていた井伊直政・本多忠勝はその調整に苦労した。輝政は戦勝を直ちに家康に報告、井伊・本多も同日戦況を詳しく家康に報じている。輝政宛の二六日書状と同文の書状を家康は福島にも送っており、両者の軍功を平等に評価した。

史料25・史料27・史料29と一緒に三重の漆塗桐箱に入れられている。「三十九ノ十三ノ一」の一通である。

史料27　池田輝政宛徳川家康書状〔池11〕〔慶長五年（一六〇〇）〕八月二十七日

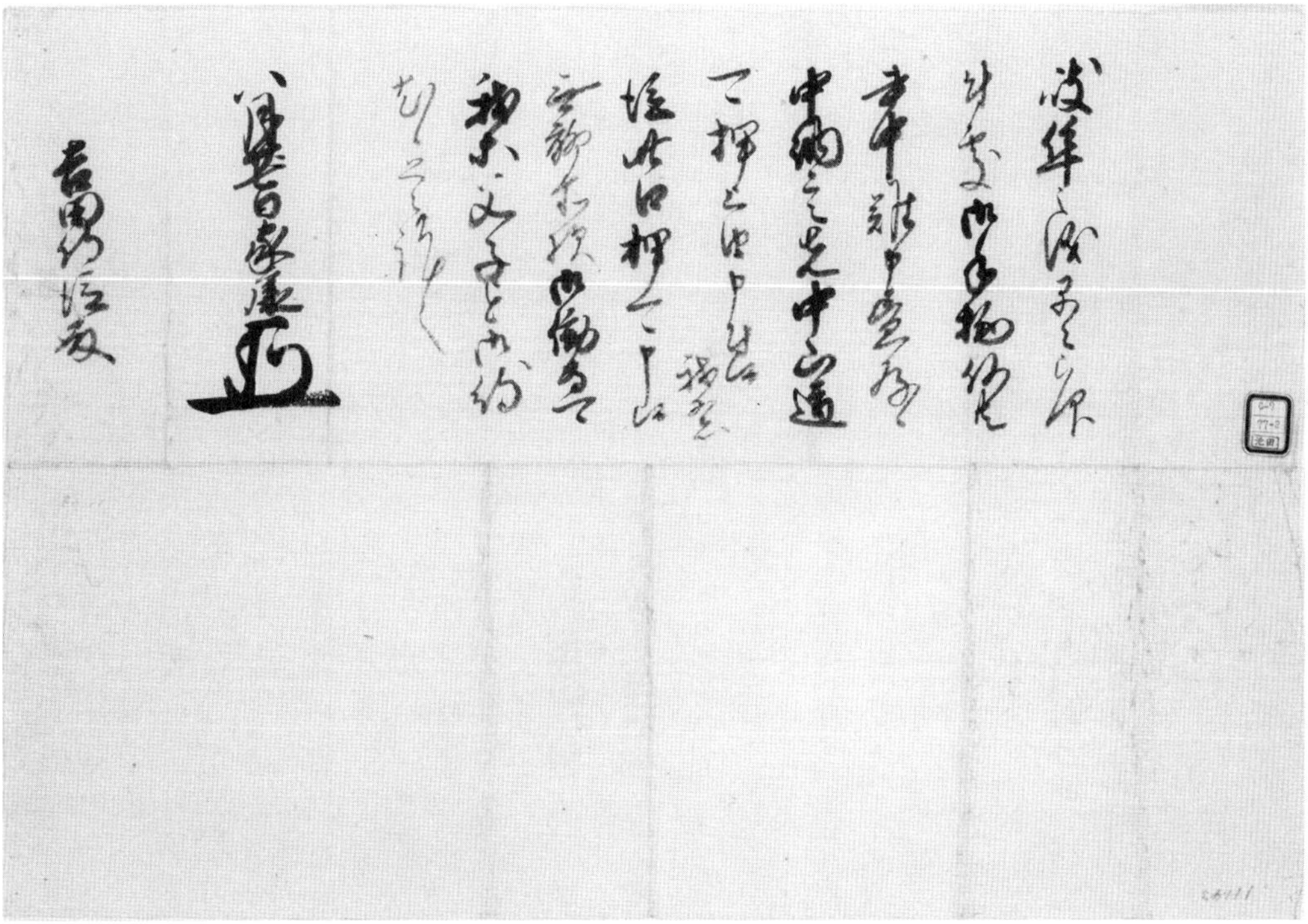

岐阜之儀、早々被仰付処、御手柄何共書中難申尽存候、中納言先中山道可押上由申付候、我等者、従此口押可申候、無聊爾様御働専一候、我等父子を御待尤候、恐々謹言

八月廿七日　　家康（花押）

吉田侍従殿

【現代語訳】

岐阜城攻めについては早速仰せ付けられ、陥落させられたとのこと。お手柄の次第は手紙では何とも申し尽くせないほど嬉しく思います。中納言（秀忠）には自分より先に中山道を押し上るよう申し付けました。自分は東海道から上るつもりです。軽々しくすることのないようにお働きになるのが肝要です。自分たち父子が着くまでお待ちになるのがよいと思います。恐れ謹んで申します。

解説　二三日、大手から福島正則が、搦手から池田輝政が城中に突入、岐阜城は陥落した。この報が二七日に江戸の家康に届いたのだろう。家康はただちに輝政と福島に同文の書状を送り、その功績をたたえた。黒田長政他八名宛の同文の書状もあり、家康が輝政と福島に対して特別の配慮を示していることが注目される。なお、池田長吉宛にも戦功をたたえる家康の書状（史料28）が残されている。

史料25・史料26・史料29と一緒に三重の漆塗桐箱に入れられている。「三十九ノ十三ノ一」の一通である。

史料28　池田長吉宛徳川家康書状〔林17〕〔慶長五年（一六〇〇）〕八月二七日

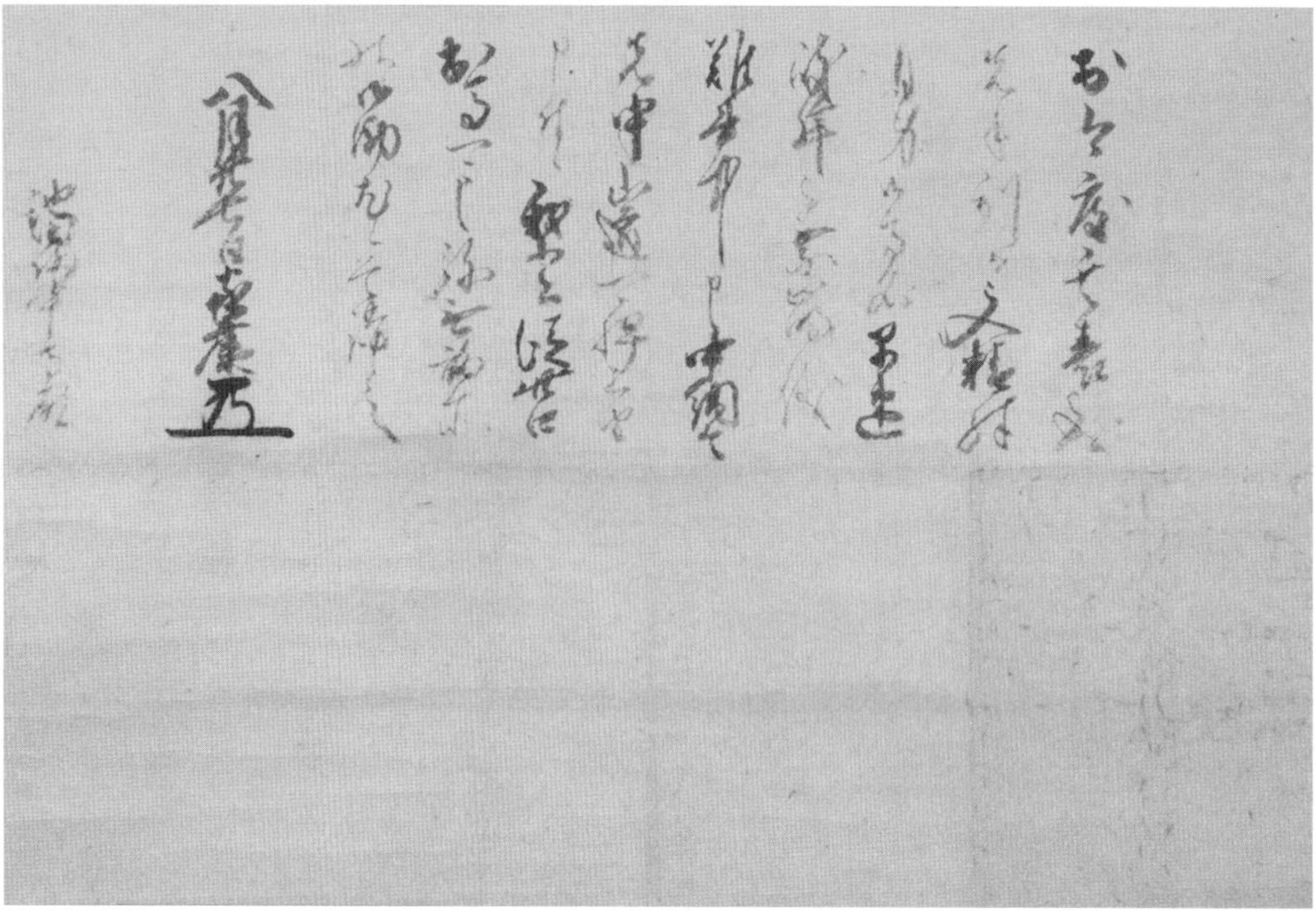

於今度其表被成先手、別而被入精、殊自身御高名、早速岐阜被乗崩儀、難書中申候、中納言先中山道可押上由申付候、我等者従此口出馬可申候、弥無聊爾様ニ御働尤候、恐々謹言

八月廿七日　　家康（花押）

池田備中守殿

【現代語訳】

このたび岐阜城攻めでは先手を勤められ、とりわけ精を出されて、ご自身も高名を立てられ、早速に岐阜城を攻略されたとのこと、その働きについては書中に申し述べることができないほどであります。中納言（秀忠）には自分より先に中山道を通って西に攻め上るよう申し付けました。自分のほうは東海道から出馬するつもりです。くれぐれも軽々しいことのないように働かれるのがよいでしょう。恐れ謹んで申します。

解説　岐阜落城の報を受けて、徳川家康が池田長吉（恒興三男）の戦功を称えた書状。「殊自身御高名」と記しているのは、岐阜城攻めの直前、米野の戦いにおける池田長吉の飯沼勘平討ち取り（『池田家履歴略記』）を称えたものか。

折紙をそのまま表装している。岡山藩主であった池田茂政が、明治二五年（一八九二）六月に池田長祐の家の者から買い上げた旨を記した書付が付属している。またそれを裏付けるように、茂政が亡くなった後に彼の所持していた遺物をまとめた目録である「茂政命御道具帳」（C12-192）に本史料が記載されているが、「故〇〇」という江戸期の管理を示す朱書はなく、「八号ノ百三」（『調度記』を後にまとめなおした『本調度記』の整理番号か）という朱書がある。

史料29　池田輝政他宛徳川家康書状〔池12〕〔慶長五年（一六〇〇）〕九月朔日

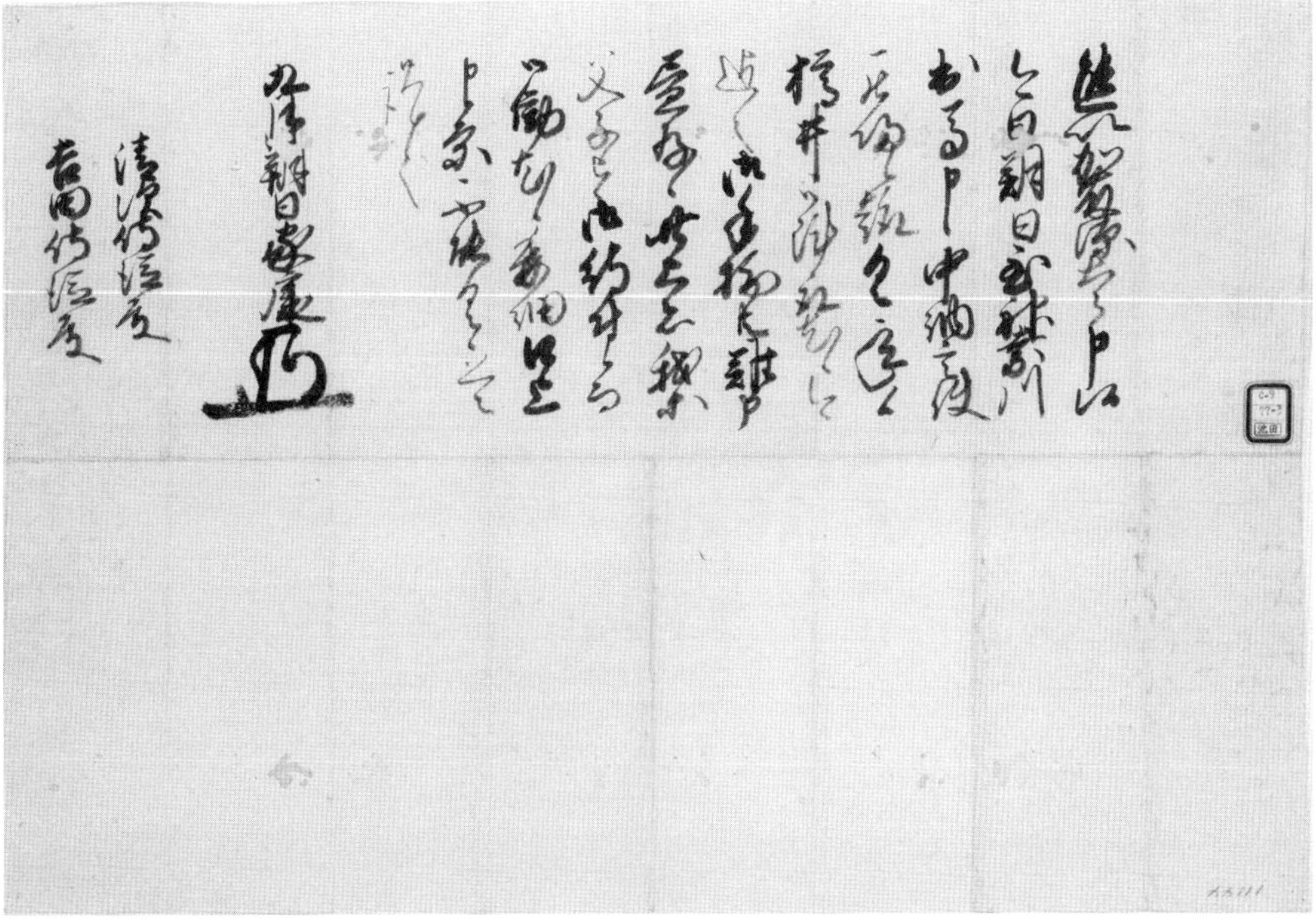

態以加藤源大郎申候、今日朔日至神奈川出馬申候、中納言使罷帰候趣、具承候、樽井御陣取尤候、今迄之御手柄共、難申尽存候、此上者、我等父子を御待付候而、御働尤候、委細口上申候条、不能具候、恐々謹言

九月朔日　　家康（花押）

清須侍従殿

吉田侍従殿

【現代語訳】

わざわざ加藤源太郎（成之）を使者として申し入れます。本日神奈川まで出馬しました。中納言（秀忠）の使いがそちらから帰ってきて伝えた様子を、詳しく聞きました。垂井に陣を張られたのは、よいことです。これまでのお手柄については、申し尽くすことができないほどだと思っています。このうえは、自分たち父子が着くまで待たれ、それから行動を起こされるのがよいと思います。詳しくは使者が口上で述べますので、書面ではこれ以上詳しくは書きません。以上恐れ謹んで申します。

解説　八月二三日に岐阜城を陥落した東軍は、二四日大垣城攻めに移り、赤坂・垂井に陣を張った。この報告を受けた家康は、自分たちが到着するまで軽々しく行動しないように諸将に命じるとともに、九月朔日江戸を出て西上した。加藤源太郎、名は成之。信長に仕えた後家康に召され、お側に近侍して奏者の役を勤めた。関ヶ原戦後、一〇〇〇石の旗本となる。同文の書状が輝政（吉田侍従）と福島正則（清洲侍従）に別々に出されたように記すものもあるが、池田家文庫の書状では両人連名宛になっている。

史料25・史料26・史料27と一緒に三重の漆塗桐箱に入れられている。「三十九ノ十三ノ一」の一通である。

史料30 池田輝政宛徳川家康書状〔林18〕〔慶長五年（一六〇〇）〕九月二日

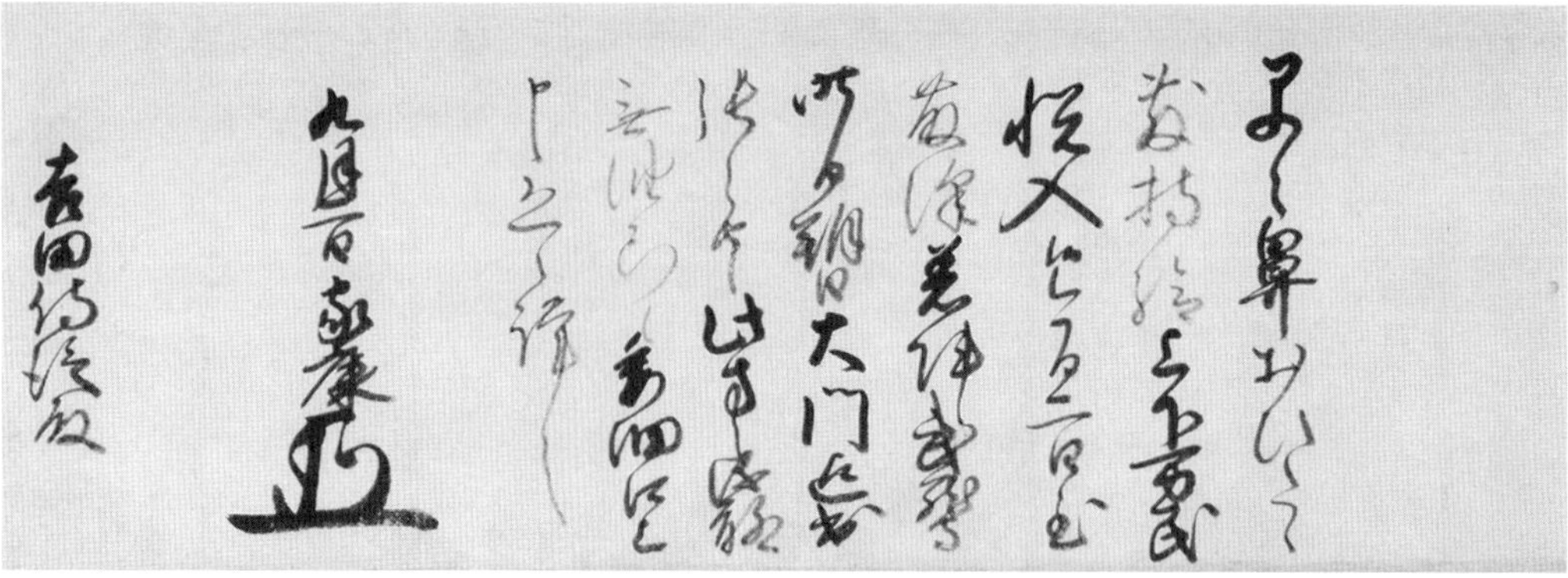

早々鼻おひたゝ敷持給、上下万民悦入候、今日二日至藤沢着陣候、武蔵守昨日朔日大門迄出張之由候、此方之儀聊無油断候、委細口上申候、恐々謹言

九月二日　　家康（花押）

吉田侍従殿

【現代語訳】

討ち取った敵軍の鼻を早々と多数送られ、皆々誰も大変悦び入っております。今日二日に藤沢に着陣いたしました。武蔵守（秀忠）は昨日九月朔日に信濃の大門まで出張したということです。こちらのほうも少しも油断などはありません。詳しいことは使者が口上で申します。以上恐れ謹んで申します。

解説　岐阜城攻めにおいて討ち取った敵の鼻を多数家康へ送り届けたところ、藤沢（現神奈川県）に到着した家康がその功を賞して送った書状。あわせて、東山道を進む徳川秀忠（武蔵守）と自身の状況について知らせている。秀忠は小県郡大門（現長野県長和町）まで到着したが、その後真田昌幸の動向を見定めるため小諸にとどまり関ヶ原の開戦に間に合わなかった。

もとは折紙であったものを半分に切り表装している。『調度記』四二（書画之部　懸物八）に記載されており、江戸期には「御廟宝庫」で管理されていたものであることがわかる。また、内箱蓋裏書に「寛延二己巳歳十二月廿八日表具出来」とあり、表装された時期もわかる。当時の藩主は継政。先祖の顕彰に熱心であり、その命によるか。

史料31　正木時茂宛徳川秀忠書状〔池13〕〔慶長五年(一六〇〇)〕九月一一日

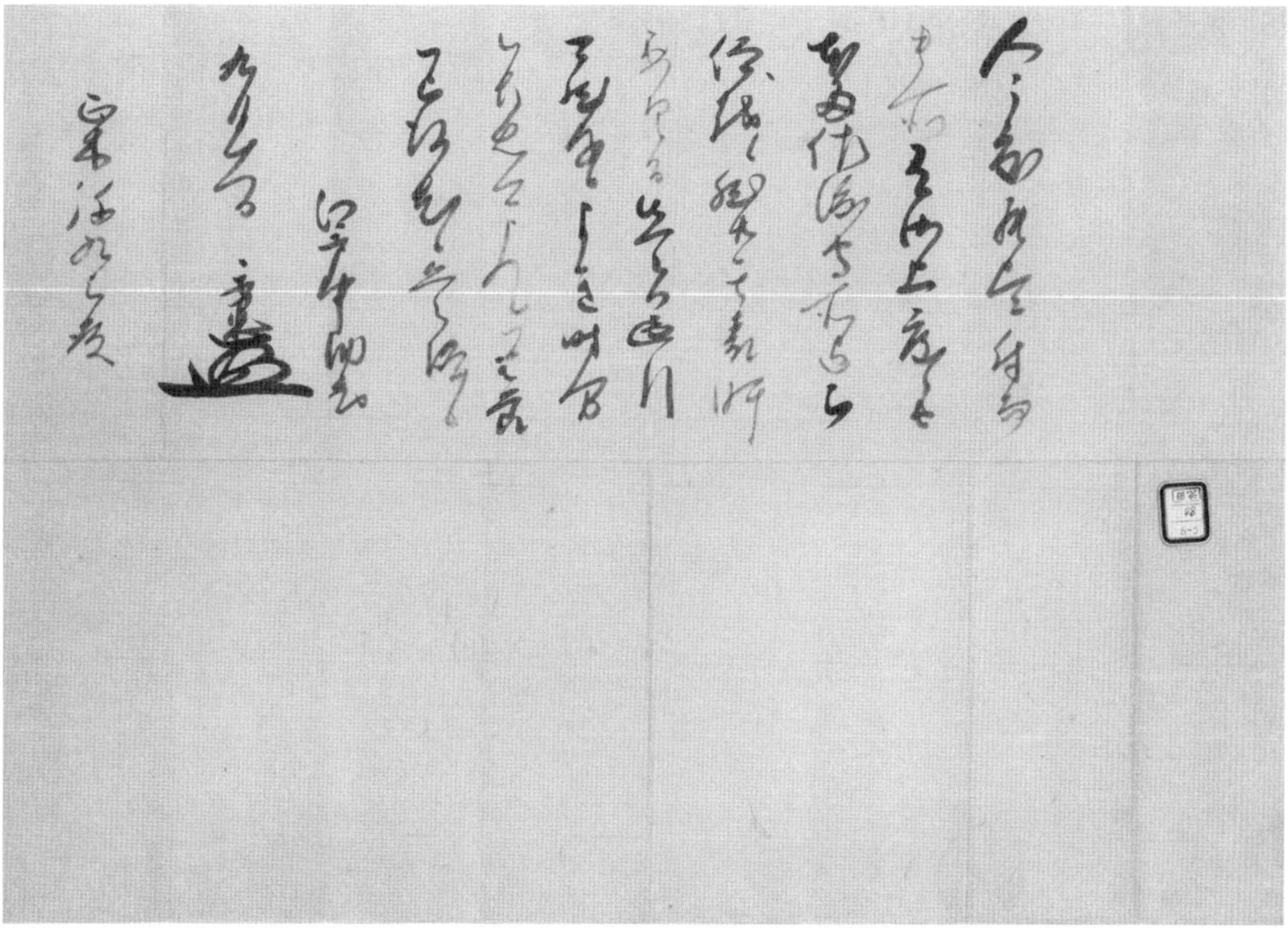

今度罷上ニ付而、貴所有御上度候由、本多佐渡守所迄被仰越候、然共、其表肝要存候間、先者延引可然存候、よき時分一左右可申入候、其節可被得、尤候、恐々謹言

九月十一日　　江戸中納言
　　　　　　　　秀忠(花押)

正木弥九郎殿

【現代語訳】

このたび西へ攻め上るにあたって、あなたも上りたいとの希望を本多正信のところまで仰せ越されました。しかしながら、そちらの押さえは大変重要な所ですので、まずは西上は延期されるのがよいと思います。適当な時期になりましたら、その指示を申し入れます。その時節を待たれるのがよいと思います。恐れ謹んで申します。

解説　内容から、関ヶ原の戦いのときのものと思われる。正木は安房の大名里見義康の家老で、「槍大膳」として知られる武勇の士であった。このとき里見義康は、結城秀康の指揮下で上杉景勝の西上を押さえるため、宇都宮に陣取っていた。秀忠に従って西上することを望んだのだろう。秀忠がそれを止めた書状である。秀忠の西上は遅れに遅れており、結局九月一五日の関ヶ原開戦に間に合わないのだが、この書状を書いた一一日には信濃諏訪あたりにあった。

その後、里見家は慶長一九年(一六一四)の大久保忠隣事件に連座して断絶。正木は元和八年(一六二二)に光政に預けられ、倉吉で寛永六年(一六二九)に亡くなった。大膳の養子の正木市正が光政によって家臣に召し抱えられている。

二重に包紙に包まれ、桐箱に入れられている。桐箱には「故大納戸方」と記した貼紙があり、外包紙には貼紙朱筆で「十三ノ十四」とある。

史料32 養徳院宛徳川家康書状〔林19〕〔慶長五年（一六〇〇）〕

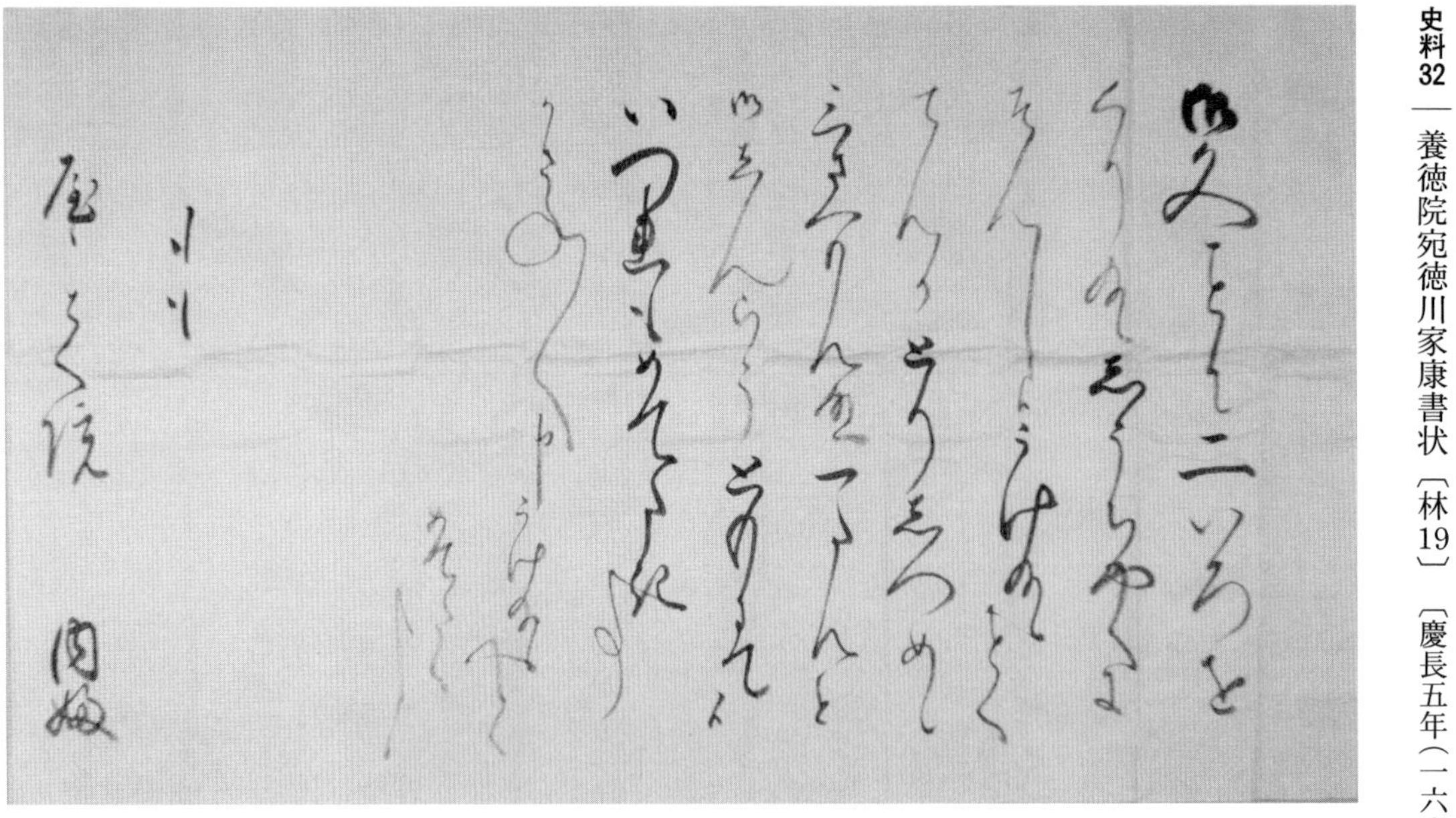

御文ことに二いろをくり給候、しうちやくにそんし候、うけ給候ことく、てんかとりしつめ候、三さへもん殿一たんと御しんらうともにて候、いつれもめてたき事、かさねく〳〵申うけ給候へく候、めてたくかしく

「（切封上書）（切封墨引）
やうとく院　　　内ふ　」

【現代語訳】

お手紙および贈り物を二品もお送りいただき、ありがたく思います。仰せのとおり、天下を取り鎮めることができました。三左衛門殿（輝政）も格別にご心労の多かったことと察します。何にしても目出度いことであり、重ねて祝い申してくださる通りであります。目出度く畏まって申します。

解説　養徳院が関ヶ原の戦いに勝利したことを祝った書状に対する家康の返書。養徳院が池田家の発展のために気を配っていること、家康も養徳院に一目置いていることがうかがえる。戦いの終結からあまり日にちの経っていないときのものと推定される。「てんかとりしつめ候」という文面に、得意満面の家康の様子がうかがわれる。

包紙に包まれたままで所蔵しているが、貼書には什器の管理番号が付されている。写が池田家文庫「養徳院宛書状写」（C９-93）に収められている。

史料33 ― 池田輝政宛徳川秀忠書状〔林20〕〔年月未詳〕一三日

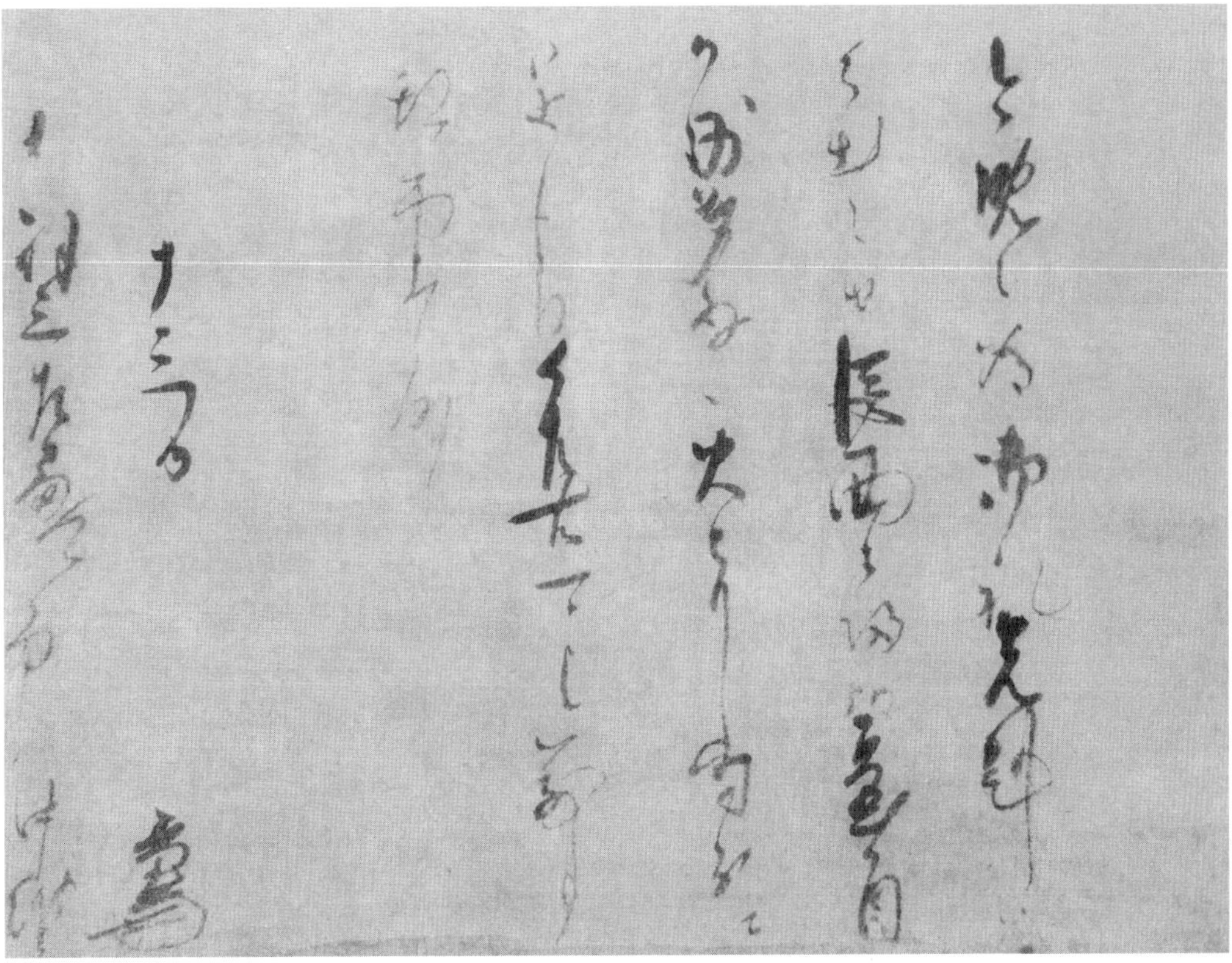

今晩之為御礼、先剋ハ御出之由、従西之帰故、不懸御目御残多存候、火ともし時分ニ是より御左右可申候、万事期面上之時候

十三日　　　　　　秀忠（花押）

（切封上書）
「（切封墨引）
羽三左さま　人々
　御中　　　　　　中納言
　　　　　　　　　　　　」

【現代語訳】

今晩のお礼のために先ほどお越しくださったとのこと、「西」より帰るところでありましたので、お目に懸かることができずに残念です。もう夕暮れ時分ではありますが、こちらからお便りいたしました。詳しくはすべてお会いしたときにお話ししたいと思います。

解説　徳川秀忠から池田輝政への書状。秀忠が中納言であったのは文禄元年（一五九二）九月から慶長六年（一六〇一）三月までである。「西」を大坂城西丸と解釈すれば、両者が関ヶ原戦後に大坂城にいた時期のものと推定される。『池田家履歴略記』などによれば、慶長六年二月三日に秀忠が輝政邸を訪問したとの記事があるから、そのころのものか。ただし、史料31・史料34とは花押が異なり、なお検討を要す。両者の親密な様子がうかがえるとともに、書き出しから丁寧で少し緊張感を漂わせ、形式に則った格調の中にも秀忠の人柄がしのばれる。

表装された時期は不明だが、「茂政命御道具帳」（C12-192）に本史料が記載されており（八号ノ八十一）、池田茂政旧蔵だったことがわかる。

史料34　池田輝政宛徳川秀忠書状〔林21〕〔年未詳〕七月二三日

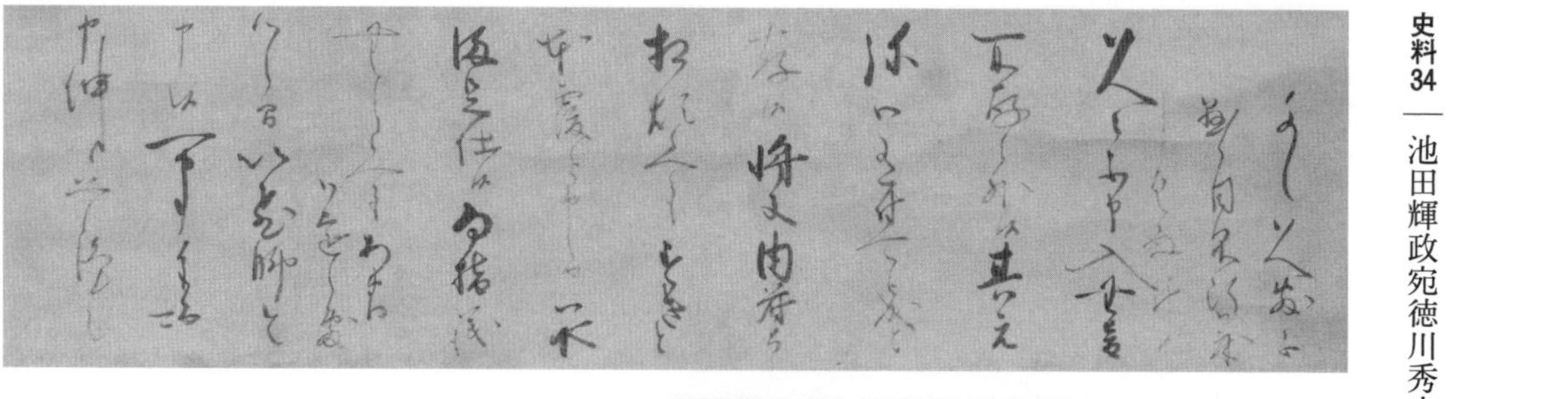

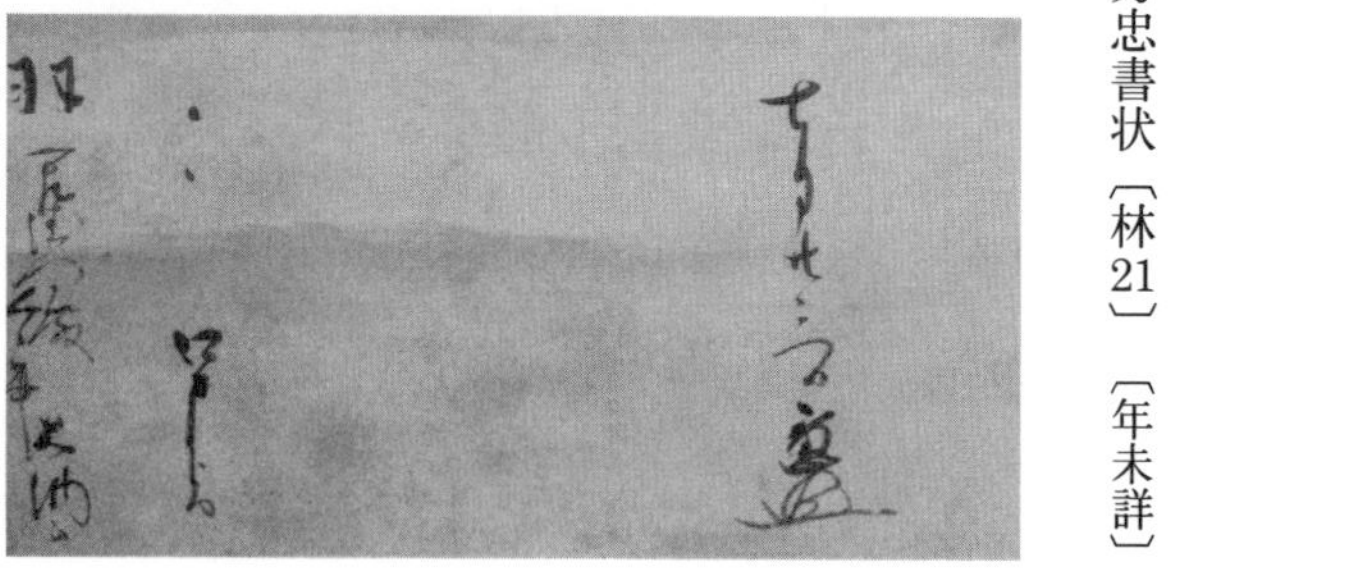

猶々、久敷不懸御目、不断御床しく存計候

久々不申入、無音所存之外候、其元弥御有付可被成与存候、将又、内府公相煩候へとも、すきと本覆被申候由承、満足仕候、為指義も無之候へとも、あまり御遠々敷候之間、以飛脚令申候、一筆に而可申伸候、恐々謹言

七月廿三日　　秀忠（花押）

（切封上書）

「（切封墨引）　　江戸にて

羽三左衛門殿　　大納言

人々御中　」

【現代語訳】

長くお便りもせず、無沙汰を致しておりますが、本意ではありません。お許しください。あなたはますます落ち着いてお暮らしのことと思います。はたまた、内府公は病気とのことでしたが、すっきりと快復されたとうかがい、満足に思います。とりたてて大事なことがあるわけではありませんが、あまりにご連絡が途絶えたようになっても申し訳ありませんので、飛脚によってこのように申しました。要用だけを一筆申し上げました。以上謹んで申します。

なおなお、長い間お目に懸からずにおりますが、いつも変わらずにあなたにお会いしたいと思っています。

解説　秀忠が大納言を称しているから、慶長六年（一六〇一）三月から将軍となる慶長一〇年四月までのもの。文中の「内府公」（内大臣）を家康と考えると、将軍宣下の慶長八年二月以前。慶長六年六月下旬に伏見に居た家康が病気になっているから、それに対応しているか。同年四月には秀忠は江戸に帰っていた。史料33に見られたような、目上の輝政に対する秀忠の懇切丁寧な態度がうかがえる。

箱蓋裏書に「天和元」とあり天和元年（一六八一）に表装されたことを示すか。当時の藩主は綱政、隠居した光政も健在であった。表装はいずれかの指示によるものだろう。『調度記』四三（書画之部　懸物八）に記載されている。

史料35　池田輝政宛養徳院遺言状〔林22〕　慶長七年(一六〇二)四月二日

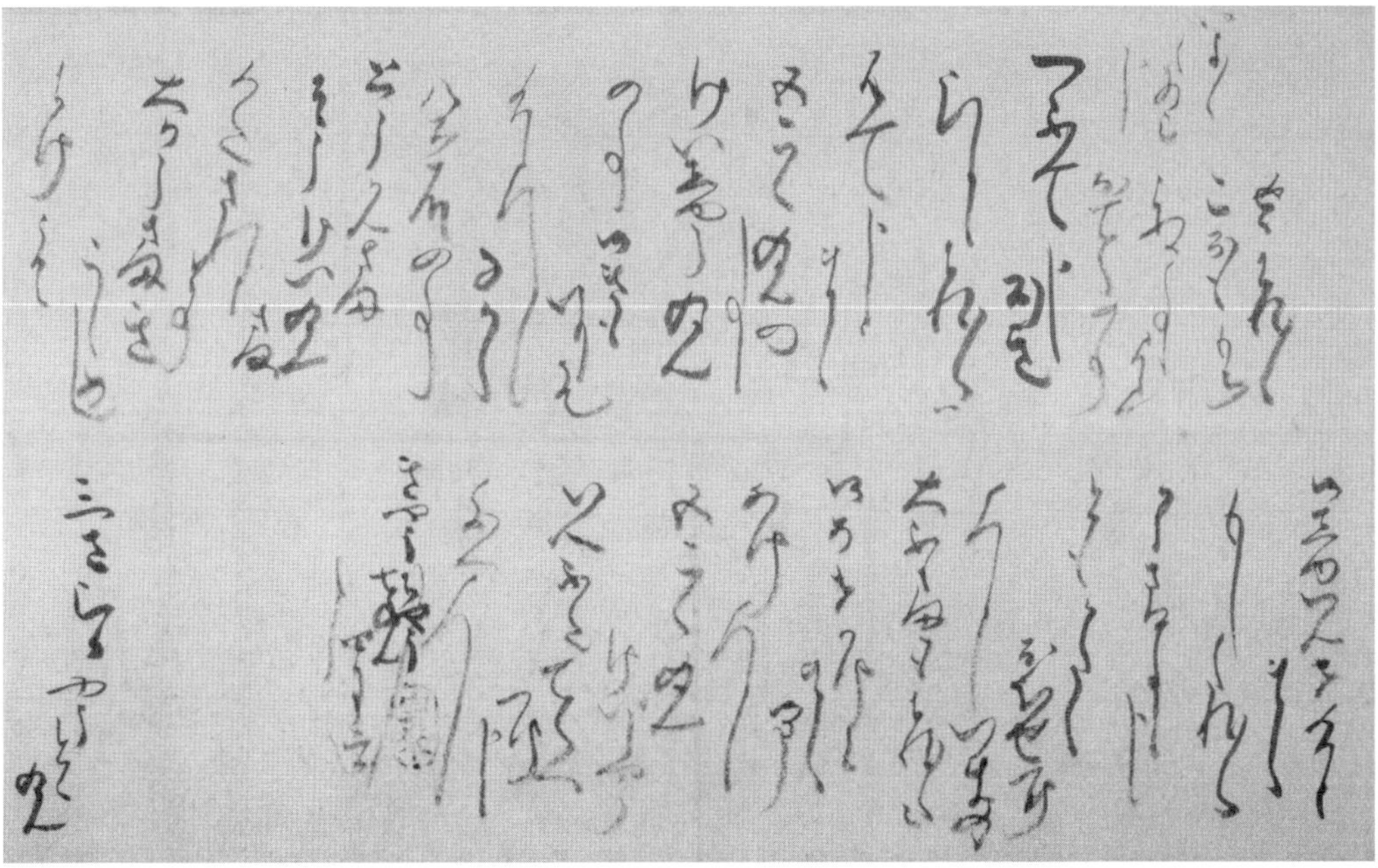

返〱われ〱こおもち候はぬ事にて候、おてらの事いよ〱たのミ申候

一ふて申おきまいらせ候、われ〱ハはて申候まゝ、五こくゐんの事、けいしやうゐんの事、御きもいり候て給候へく候、なから八百石の事、とうかんさま、そうけいゐんさま、くたされ候御事、大かうさまきこしめしわけ候て、御しゆいんを給り候まゝ、もしたれ〱いらさる事申候とも、かたくおほせつけ候へく候、いまの大ふさまも、われ〱ニ御めをかけ候まゝ、御申あけ候へく候、五こくゐん・けいしやういんふたてらへつけ申候、御心へ候へく候、かしく

きやうちやう
七ねん
四月二日　(印)
三さ
まいる　やうとくゐん

【現代語訳】

一筆書き置きいたします。もしわたしが果てましたならば、護国院および桂昌院のことを肝煎りくださるようお願いいたします。長良郷のわたしの知行地八〇〇石は、桃巌様(織田信秀)・総見院様(信長)がくださったものです。そのことを太閤様(秀吉)もよくご理解になって、御朱印状を給わったものですから、もし誰かが余計なことを申すようなことがあっても、護国院と桂昌院への寄進のことは堅く仰せ付けてください。今の大府様(家康)も私にお目を掛けてくださっているので、何かあれば申

し上げてください。護国院・桂昌院の二ヵ寺に寄進することについては、よくよく承知しておいてください。畏まって申します。

かえすがえすも、わたしには死後のことを頼むような子はもういません。お寺のことだけをとにかくお頼みいたします。

解説 関ヶ原の戦いの後、池田輝政も播磨姫路に転封になり、状況が大きく変わった。そのため養徳院は改めて自分の知行地を護国院・桂昌院に寄進するように輝政に遺言している。長良郷の知行地は引き続いているようだが、輝政が養徳院に与えた三河平井村の知行地には言及されていない。家康は「われ〳〵ニ御めをかけ候」と親しい間柄を強調しており、問題があれば家康に言上するよう指示している。

史料17「養徳院宛池田輝政書状」や他の遺言状とともに巻子(二四頁写真左)に仕立てられており、写は池田家文庫「養徳院宛書状写」(C9-93)にも収められている。

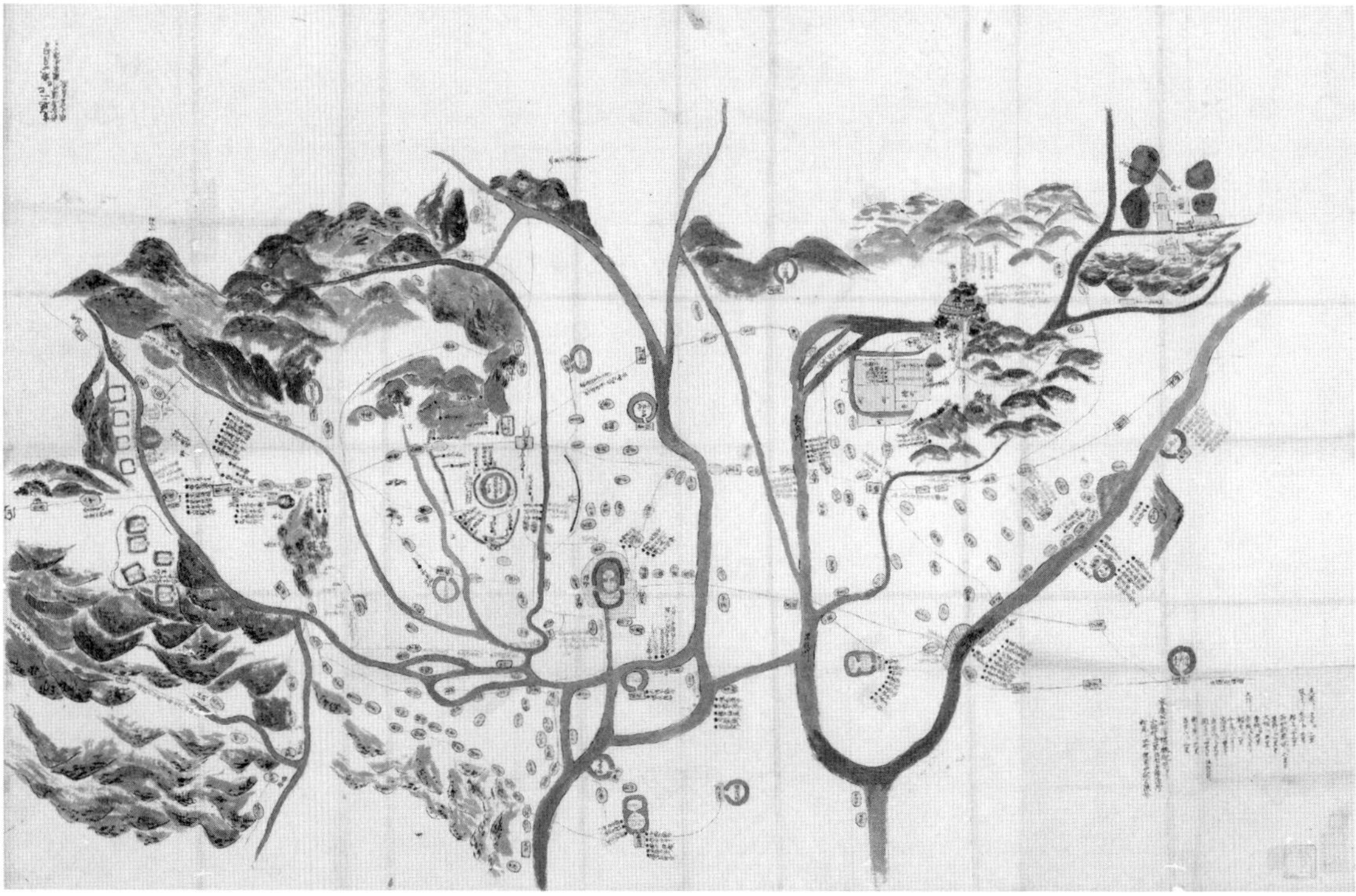

関ヶ原合戦之図(池田家文庫　T12-4)　岐阜城攻めから関ヶ原での決戦までを1枚に描いた大絵図。余白の書込から，関ヶ原宿本陣にあったものを寛延2年(1749)に写したものであることがわかる。右上方の岐阜城周辺には，池田三左衛門(輝政)の陣所や攻め口も記されている。

史料36　池田輝政宛養徳院遺言状〔林23〕　慶長七年（一六〇二）四月二日

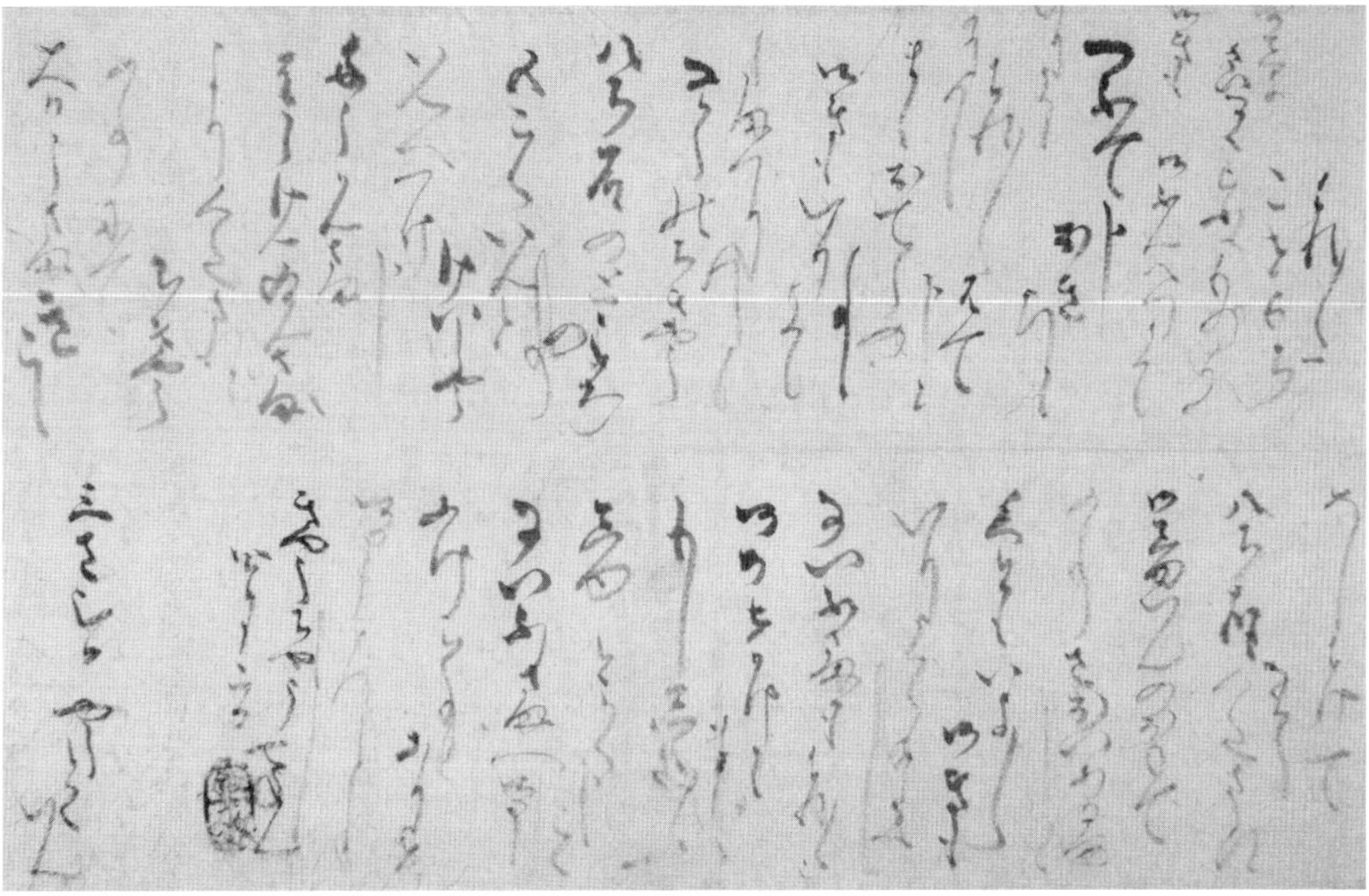

われ〳〵ハこをもち候ハぬものにて候、御ふんへつ候て、御しよさいなく御きもいり候て給候へく候、かしく

一ふて申おきまいらせ候、われ〳〵はて申候まゝ、おてらの事、御きもいり候てたまハり候へく候、なからのちきやう八百石のところの事、五こくいんとけいしやういんへつけ申候、たうかんさま、そうけんゐんさまよりくたされ候ちきやうの事にて、大かうさまきこしめしわけて、なから八百石ニくたされ候御しゆいんのおもての事、さおいあるましく候へとも、いよ〳〵御きもいり候て給候へく候、ないふさまも、われ〳〵ニ御めをかけ候まゝ、もし、した〳〵のしゆ、とかく申候ハヽ、ないふさまへ御申あけ、御事わりを御申候へく候、かしく

きやうちやう七ねん

四月二日　（印）

やうとくいん

三さ

まいる

【現代語訳】

一筆書いて申し置きます。もしわたしが果てましたならば、お寺のことを肝煎りくださるようお願いいたします。長良郷の八〇〇石の知行地を護国院と桂昌院に寄付いたします。桃巌様（信秀）・総見院様（信長）より頂いた知行であるということを、太閤様（秀吉）もご理解され、わたしに下さった長良八〇〇石の朱印状のことについては、相違などないとは思いますが、あなたがますます肝煎りくださるようお願いいたします。内府様（家康）もわたしにお目を掛けてくださっていますので、もし現地

のものがとかく異論を申すようならば、内府様に申し上げて、筋道を立ててくださるようにしてください。畏まって申します。

わたしの子はみな亡くなってしまい、譲るべき子はありません。よくよくお考えくださって、疎かにすることなくお肝煎りください。畏まって申します。

解説　孫の池田輝政宛の遺言状で、内容は先の「池田輝政宛養徳院遺言状」（史料35）とほとんど同じである。なぜ同日付けで二通の遺言状があるかは、よくわからない。

史料17「養徳院宛池田輝政書状」や他の遺言状とともに巻子（二四頁写真左）に仕立てられており、写は池田家文庫「養徳院宛書状写」（C９-93）にも収められている。

池田恒利画像（林原美術館）　狩野古信の画に，池田継政が自筆で賛を書き込んでいる。箱書きに，享保11年（1725）10月29日の日付がある。160年前の祖先を想い，「うつしミる法の姿のきよければ，いかに心の月もすみけむ」と詠んでいる。

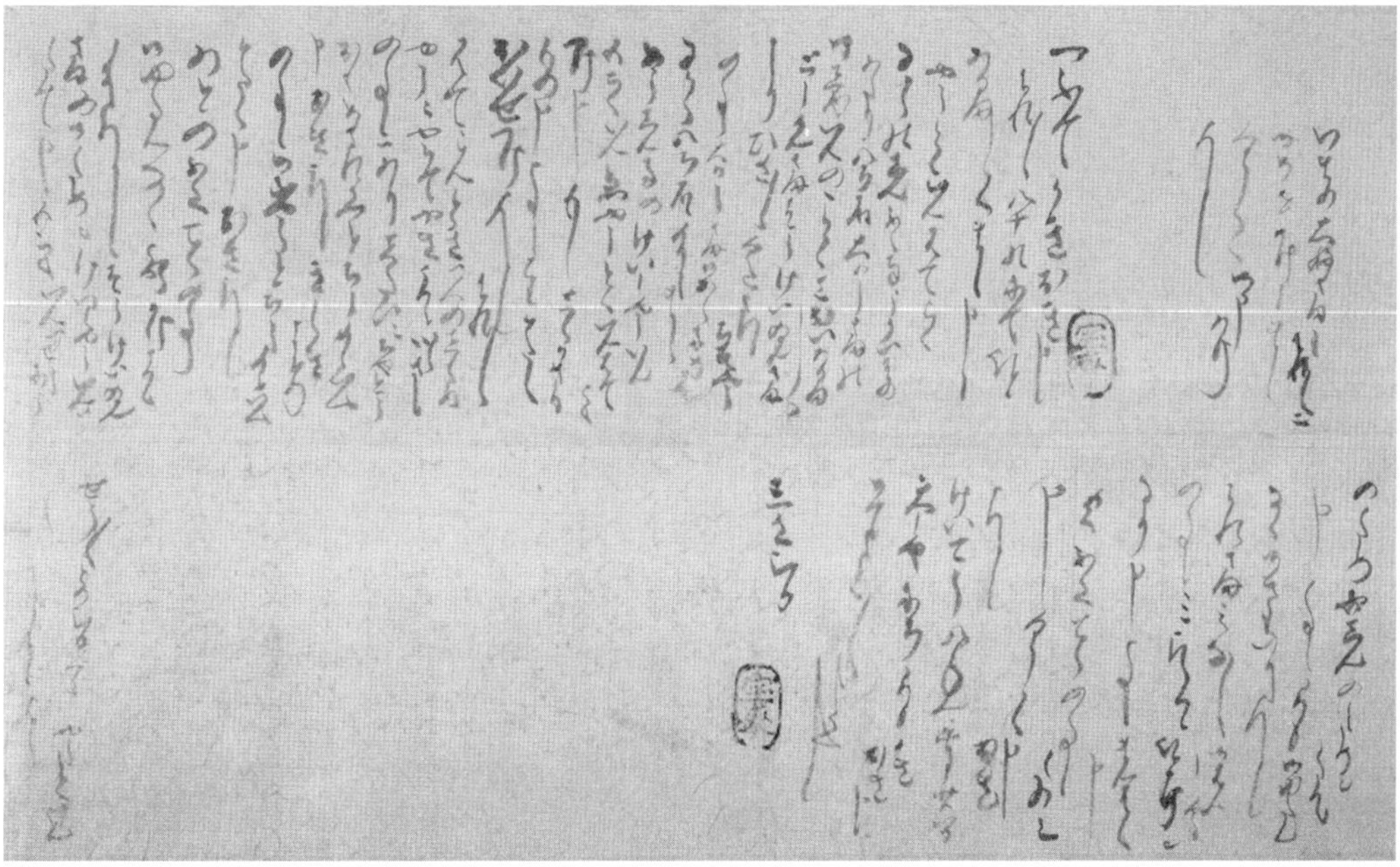

いまの大ふさまも、われ〳〵ニ御めをかけ候まゝ、くはしく御中あけ候へく候

（印）

一ふてかきおき申候、われ〳〵八十九にて、ほとあるましく候まゝ申候、やうとくいんはて候ハゝ、なからのしんふく寺・うかい、そのあたり八百石、大かうさまの御しゆいんのことく、さおいあるましく候、とうかんさま、そうけいゐんさまより、ひさ〳〵くたされ候ちきやうの事、大かうさま御あらため候て、なから八百石給り候まゝ、めうしん寺のけいしやういん・五こくいんゑ、やうとくいんはて候ハゝ、つけ申候、もしとゝかさるもの申事候ハゝ、かたくおほせつけ候へく候、われ〳〵はて候ハんときハ、人のしらぬやうニ、やかてやき候て、心さしの事ハ、ありしたひニちやとうおもめされ候へく候、ちうくわいへ申おきまいらせ候、きしきよろつの事、御むやうと、ちうくわいへかたく申おきまいらせ候、あとのふたてらの事、御ゆたんなく御心かけ候て給候へく候、そうけいゐんさまの御ためニ、けいしやういんハたて申候、五こくいんハ、せうにうのため、六しんのためニたて申事にて候、御ゆたんなく御きもいり候へく候、それさまミな〳〵御はんしやうの事、ミまいらせ候て、ほとけニなり申事、まんそく申候、返々ふたてらの事たのミ申、くはしく申おきまいらせ候、

けいてう八ねん三月廿一日、天しやにちにて候、かきおき申候、めてたく〳〵かしく

（印）

三さ

まいる

「（上書）せう〳〵との　まいる　人々
申給へ　　　やうとくいん　」

【現代語訳】

一筆書き置きます。わたしは八九歳になり、この先長くはないと思いますので、申しておきます。わたしが果てましたならば、長良郷の真福寺村・鵜飼屋村およびそのあたりの八〇〇石の土地は、太閤様（秀吉）の朱印状にあるように、わたしの知行地に相違ありません。桃巌様（信秀）・総見院様（信長）より長きにわたってくだされている知行地であることを、太閤様がお改めになって、長良の八〇〇石を賜っているわけですから、妙心寺の桂昌院と護国院へ、わたしが果てましたならば、その知行を寄付いたします。もし聞き届けないものがあったとしても、堅く仰せ付けるべきであります。わたしが果てましたならば、人の知らぬうちに早く荼毘に付し、志についてはあるだけのものを茶湯料としてお遣わしください。宙外和尚へも申しておきます。また、儀式などについてもすべて無用のことと宙外和尚に堅く申しておきます。わたくし亡き後の二ヵ寺のことは、油断なくせいぜい心懸けてください。総見院様のために桂昌院は建てました。護国院は勝入（恒興）と六親（多くの親族）のために建てました。くれぐれも油断なくお肝煎りください。あなた様をはじめ池田の一族皆が繁昌している様子を見ることが出来、そのうえで成仏できるのは大いに満足です。くれぐれも二ヵ寺のことをお頼み申し、このように詳しく申しておきます。

慶長八年三月二一日の天赦日に書き置きます。以上畏まって申します。

なお、今の大府様（家康）もわたしにお目を掛けてくださっていますので、わたしの考えを詳しく申し上げてください。

解説　養徳院八九歳の遺言状。葬儀などは無用とし、とにかく桂昌院と護国院が存続し、信秀・信長および勝入の菩提が弔われることだけを願っている。しかし、護国院は後に池田光政によって廃絶され、桂昌院のみが残った。宙外玄杲は桂昌院の住持。養徳院は妙心寺の天猷（大徹法源禅師）に帰依して護国院の開基としたが、桂昌院は天猷の法子である宙外を開基として文禄二年（一五九三）に創建されている。弔いなどを養徳院は桂昌院の宙外に託していたのである。なお、林原美術館には宙外玄杲の賛のある「池田輝政画像」（東林寺旧蔵）が所蔵されている（五〇頁）。宛名に「せう〳〵（少将）」とあるが、輝政が少将に昇進したのは、慶長八年（一六〇三）二月一二日、家康に将軍宣下がなされたのと同日のことである。

史料17「養徳院宛池田輝政書状」や他の遺言状とともに巻子（一二四頁写真左）に仕立てられており、写は池田家文庫「養徳院宛書状写」（C９‐93）にも収められている。

史料38 ― 池田利隆宛徳川秀忠御内書〔池14〕〔年未詳〕正月四日

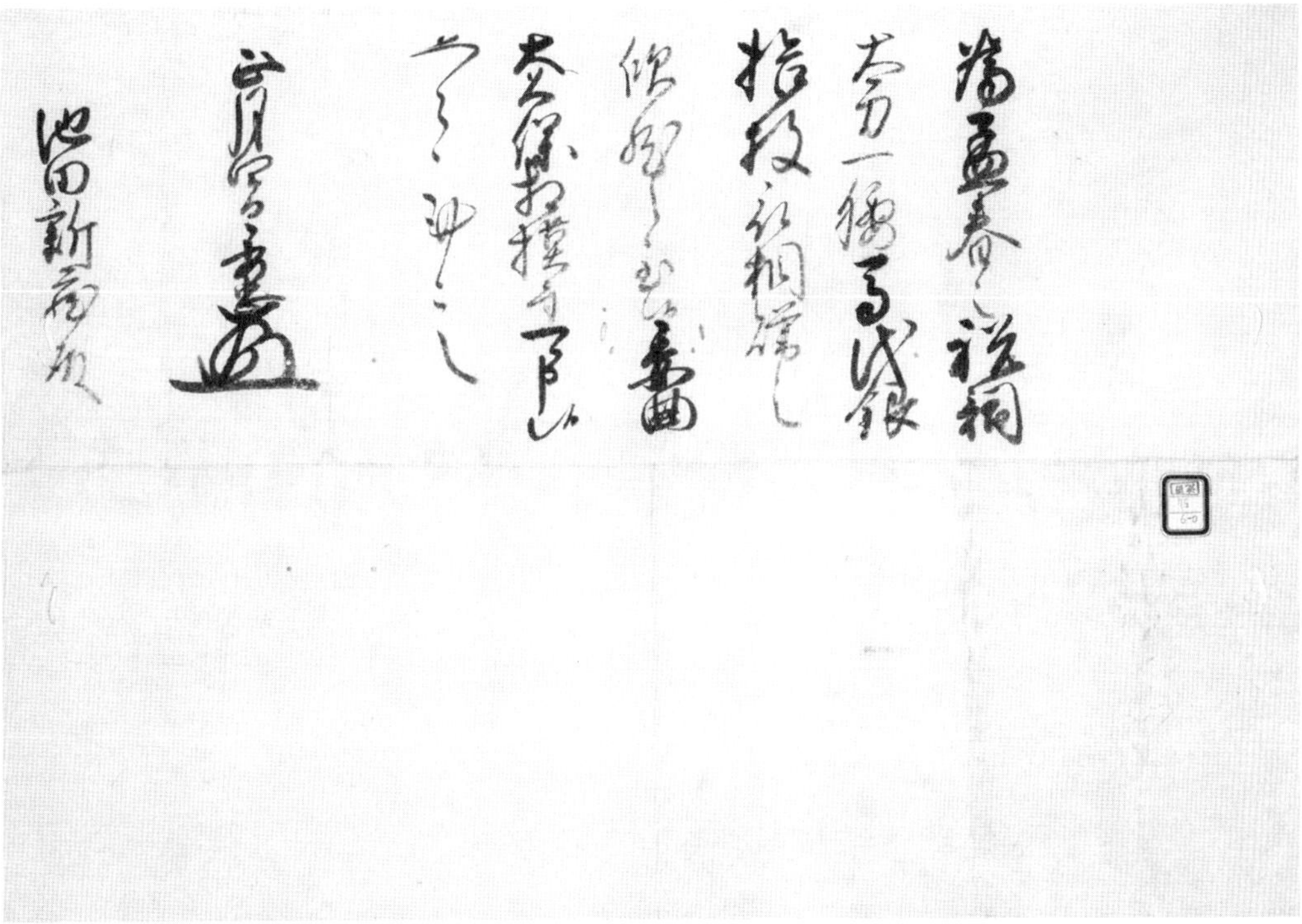

為孟春之祝詞、太刀一腰・馬代銀拾枚被相贈候、欣然之至候、委曲大久保相模守可申候、恐々謹言

正月四日　　　　　秀忠（花押）

池田新蔵殿

【現代語訳】

新春のお祝いとして、太刀一腰と馬代銀一〇枚をお贈りいただき、嬉しい限りであります。詳しくは大久保相模守（忠隣）が申すでしょう。以上恐れ謹んで申します。

解説　池田利隆が新春の祝儀を贈ったのに対する徳川秀忠の礼状。大久保忠隣は家康によって秀忠に付けられており、慶長五年（一六〇〇）に相模守に任官した。慶長一〇年四月一六日、秀忠が将軍職を襲い、同日利隆は従四位下侍従、右衛門督に任じられている。利隆が「新蔵」を名乗っているのはそれ以前であるから、この書状はその間のものである。

二重に包紙で包まれ、外包紙に「大納戸　ハね蓋」と書き込まれ、貼紙朱筆で「十三ノ四」とある。

史料39 ― 池田利隆宛徳川秀忠黒印状〔池15〕〔年未詳〕五月四日

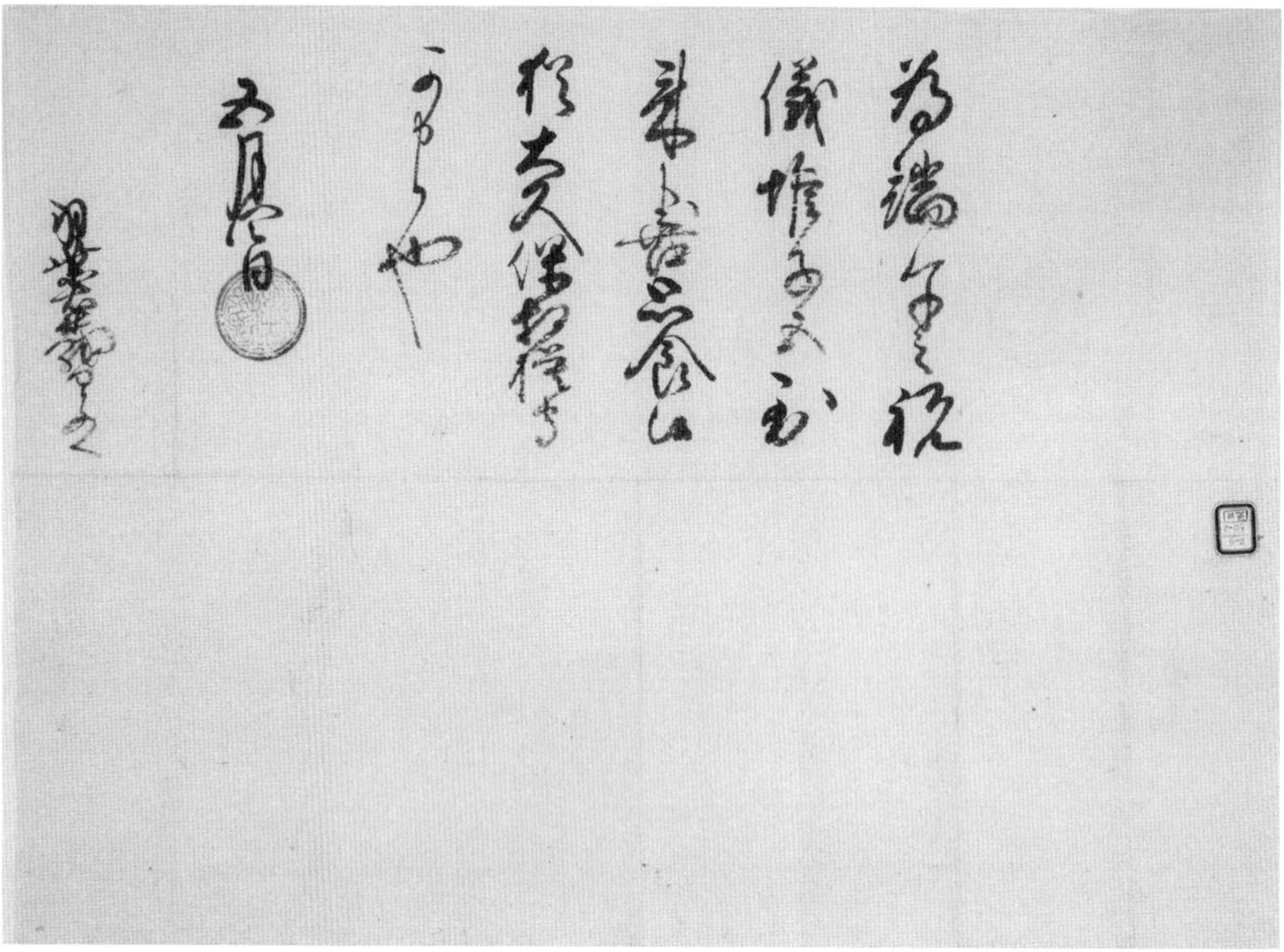

為端午之祝儀、帷子五到来、善思食候、猶大久保相模守可申候也

五月四日 (徳川秀忠)(黒印)

羽柴右衛門督とのへ

【現代語訳】

端午の祝儀として贈られた帷子五領が到来しました。嬉しく思います。
なお、詳しくは大久保相模守(忠隣)が申すでしょう。

解説 利隆が端午の祝儀を贈ったのに対する秀忠の礼状。利隆は慶長一〇年(一六〇五)四月一六日に右衛門督に任じられ、慶長一二年六月二日には松平姓を賜り、武蔵守に任じられる。この書状は、その間のものである。

包紙あり。史料40・史料65とともに三通が一緒に包紙に包まれており、その外包紙に貼紙朱筆で「十三ノ五」とある。

史料40　池田利隆宛徳川秀忠黒印状〔池16〕〔年未詳〕極月二七日

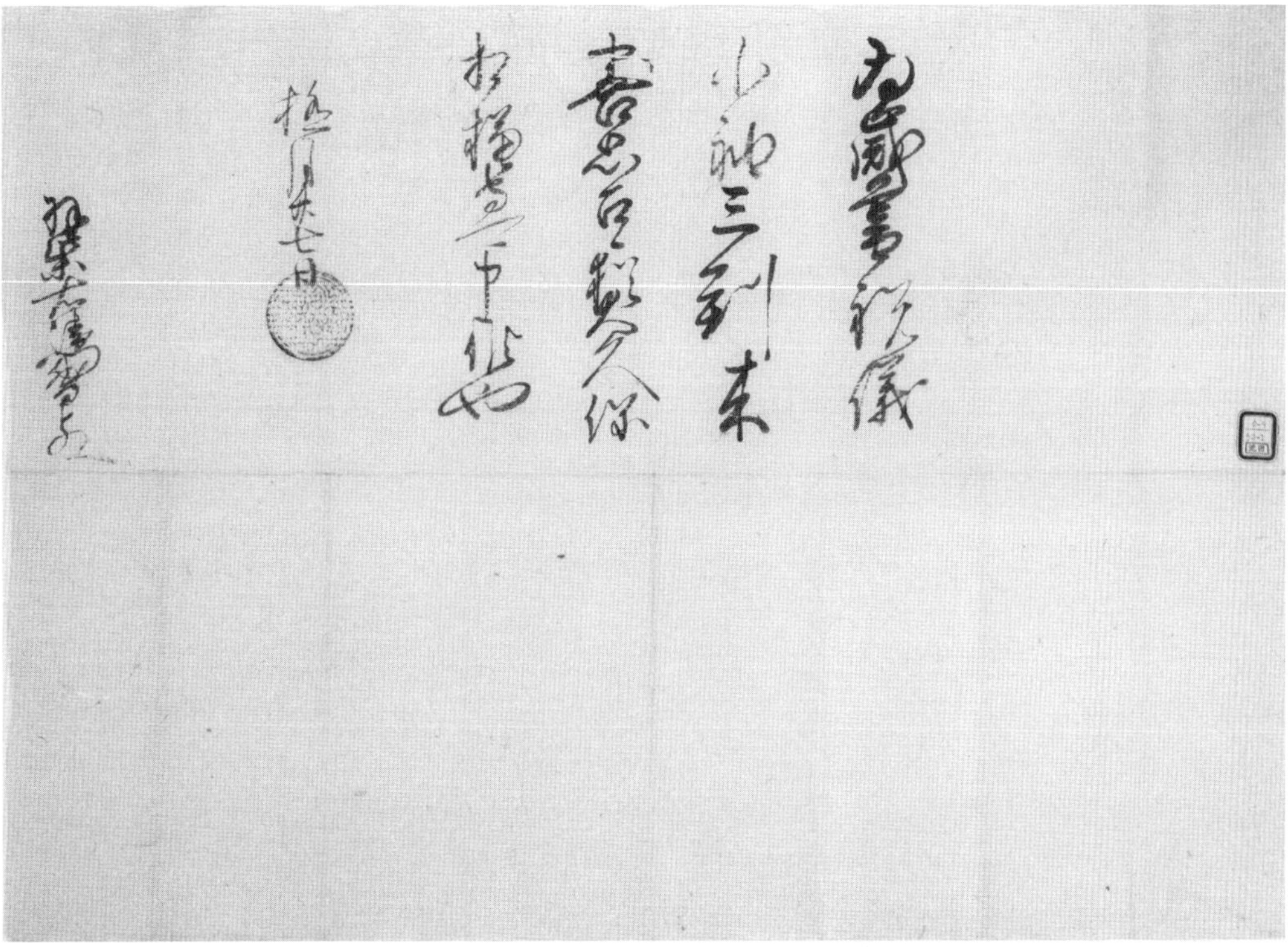

為歳暮祝儀、小袖三到来、善思召候、猶大久保相模守可申候也

極月廿七日　(徳川秀忠)(黒印)

羽柴右衛門督とのへ

【現代語訳】

歳暮の祝儀として贈られた小袖三領が到来しました。嬉しく思います。なお、詳しくは大久保相模守(忠隣)が申すでしょう。

解説　利隆が歳暮の祝儀として小袖三領を贈ったのに対する秀忠の礼状。「羽柴右衛門督」の呼称からして、慶長一〇年(一六〇五)か慶長一一年のものである。

包紙あり。史料39・史料65と一緒に包紙に包まれており、その外包紙に貼紙朱筆で「十三ノ五」とある。

史料41　池田長吉宛徳川秀忠御内書〔池17〕〔年未詳〕一二月一〇日

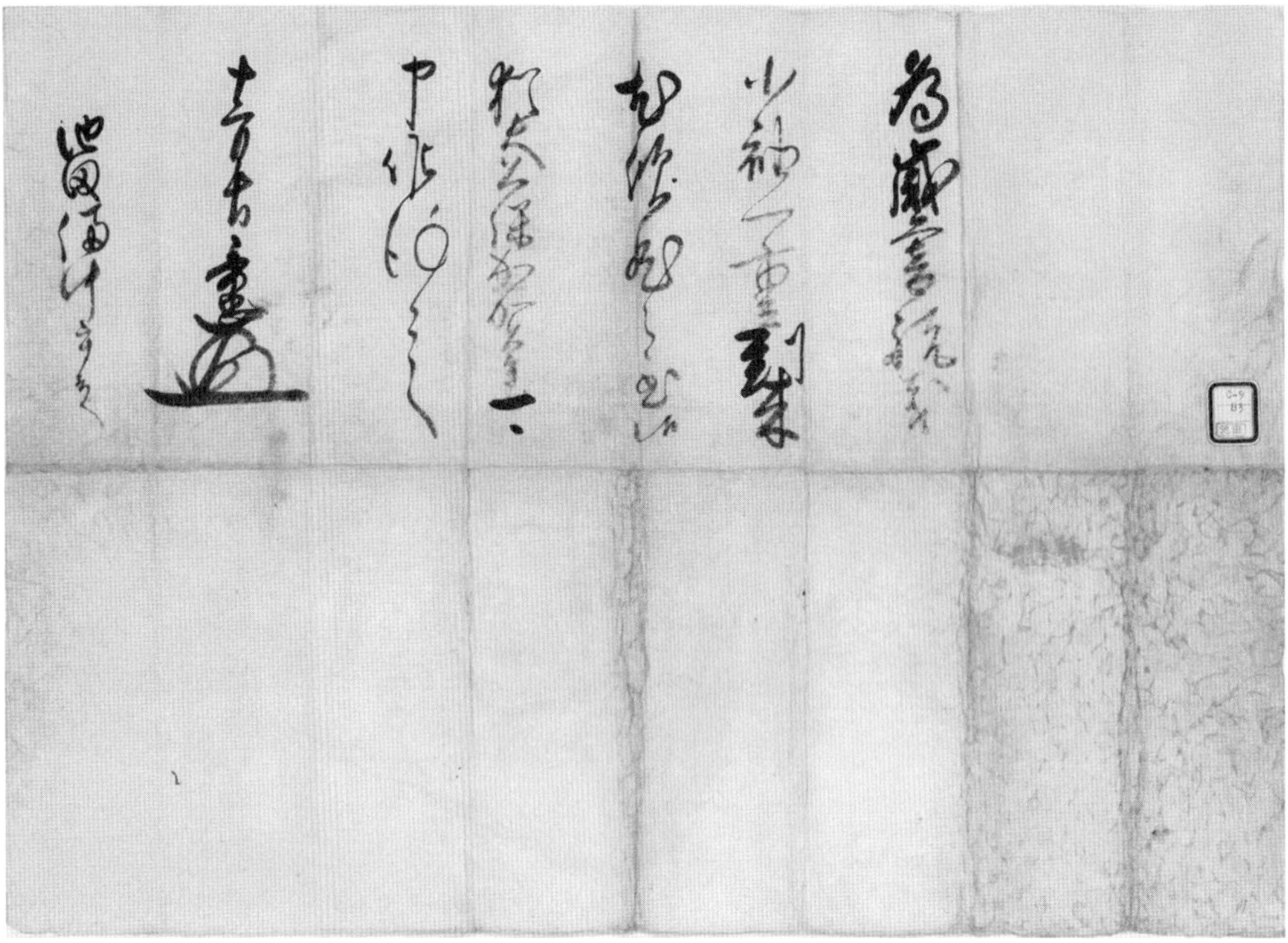

為歳暮祝儀、小袖一重到来、尤欣然之至候、猶大久保加賀守可申候、謹言

十二月十日　　　秀忠(花押)

池田備中守殿

【現代語訳】

歳暮の祝儀としてあなたが贈られた小袖一重が到来しました。大変喜ばしい限りです。なお、詳しくは大久保加賀守(忠常)が申すでしょう。以上謹んで申します。

解説　池田長吉が歳暮の祝儀を贈ったのに対する秀忠の礼状。大久保加賀守は、名は忠常、大久保忠隣の子。父とともに秀忠に仕えた。慶長五年(一六〇〇)に加賀守に任官し、慶長一六年一〇月一〇日に亡くなっている。長吉の鳥取時代のものである。

包紙に包まれ、その上書に「秀忠公御筆」とある。

史料42　徳川家康御内書〔林25〕〔年未詳〕五月三日

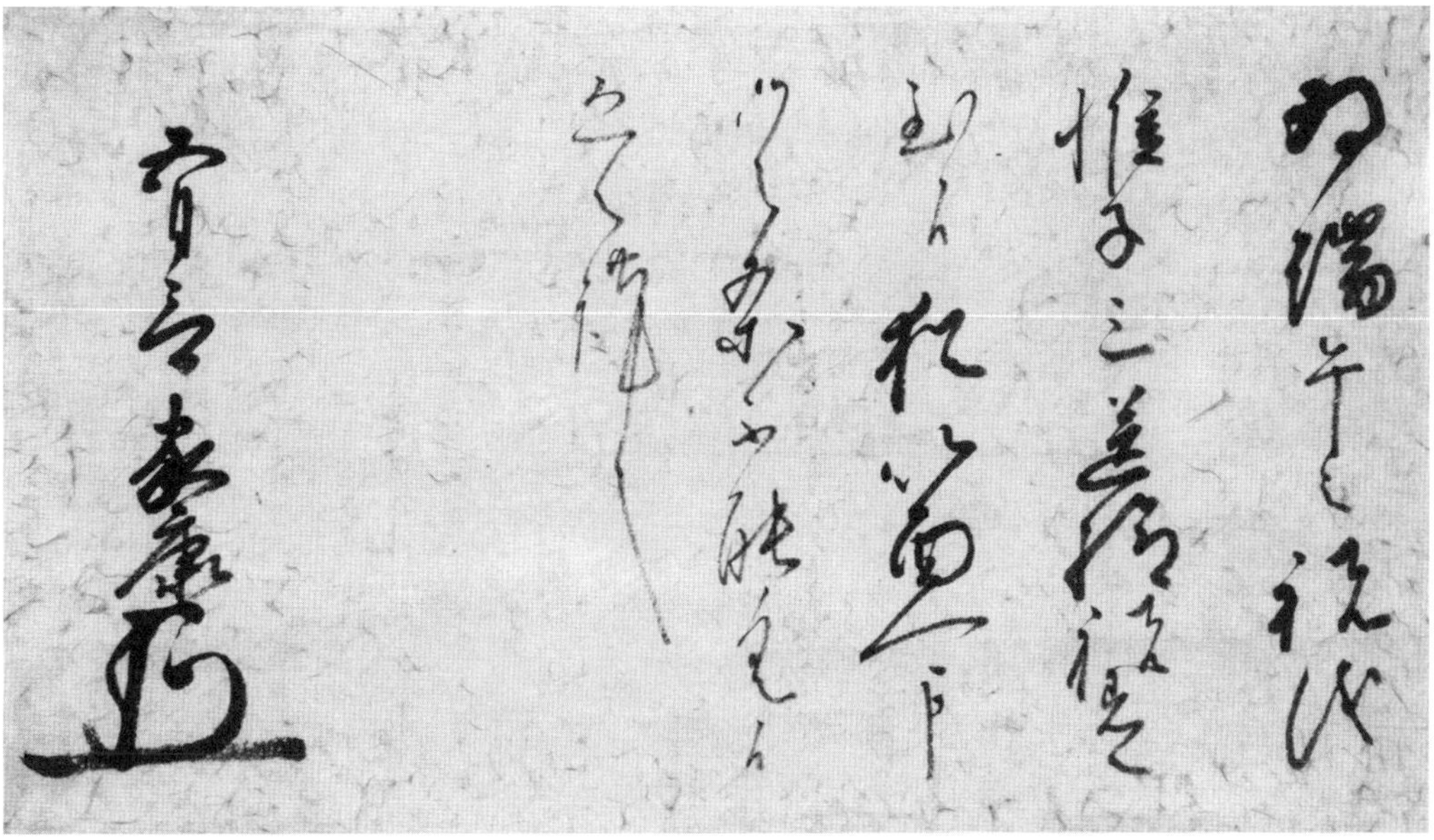

為端午之祝儀、帷子三送給、祝着之至候、猶以面可申候之条、不能具候、恐々謹言

五月三日　　　　家康（花押）

【現代語訳】

端午の祝儀として帷子三領をお送りくださり、大変嬉しく思います。なお、お目に掛かって申し上げたいと思いますので、ここでは詳しくは申し述べません。以上恐れ謹んで申します。

解説　端午の祝儀として帷子三領を贈られたことに対する家康の礼状。

軸装にされているため、元の形状や宛先がわからない。江戸時代、家康署判の掛幅は調度品として利用価値があった。宛所が切られているのは、史料23「長束正家宛徳川家康書状」と同じように、池田家以外の者への書状であったためか。

史料43 ― 池田輝政宛徳川秀忠書状〔林26〕〔年未詳〕七月二五日

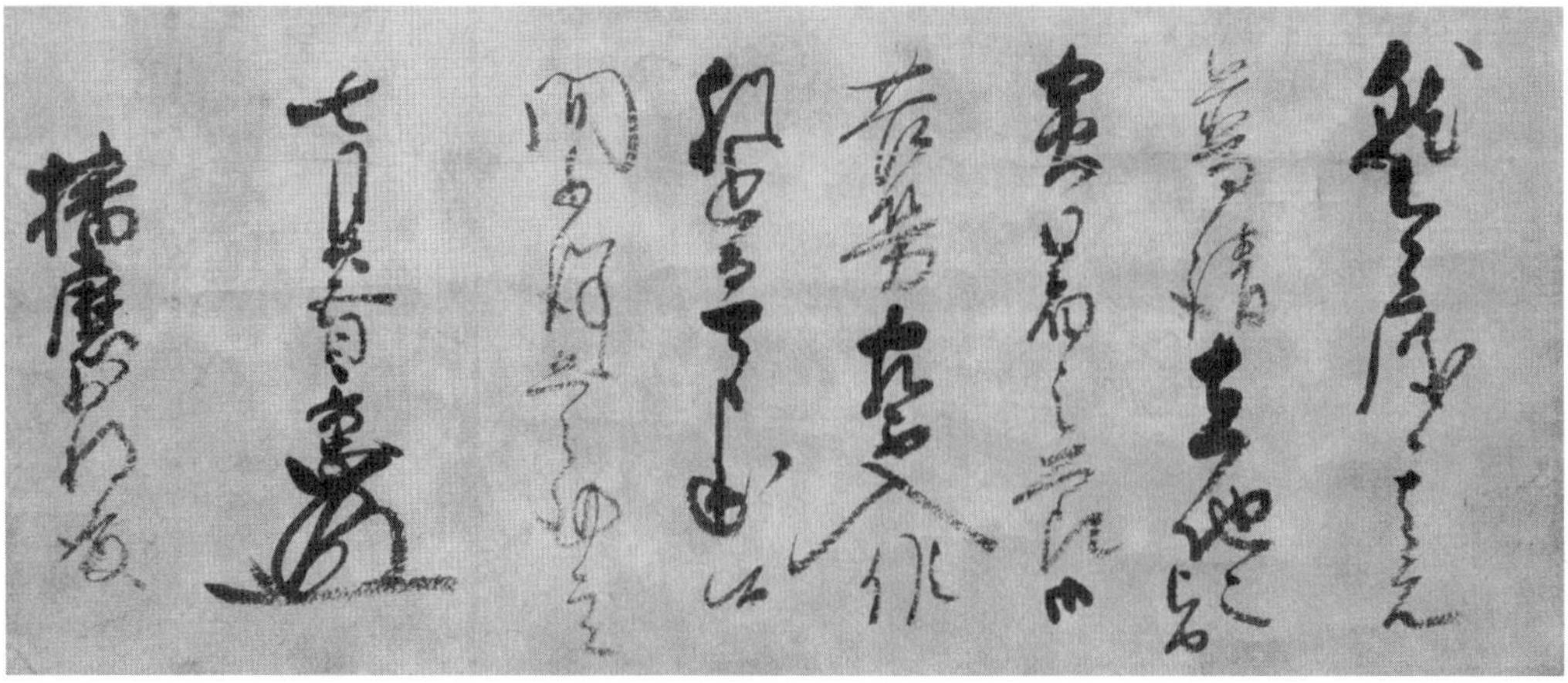

就今度其元普請、在地之旨、炎暑之節、御苦労察入候、猶追而可申述候間、不詳候、恐々謹言

七月廿五日　　　　　　秀忠（花押）

播磨少将殿

【現代語訳】

このたびはそちらでの普請のために滞在しておられるということですが、炎暑のおりから、ご苦労のご様子お察しいたします。なお、また後に申し述べることもあるでしょうから、ここでは詳しく書きません。以上恐れ謹んで申します。

解説　徳川秀忠から池田輝政に宛てた暑中見舞いの書状。輝政が少将に任官するのは慶長八年（一六〇三）二月一二日であるから、それ以降のものである。秀忠が輝政の苦労をねぎらっており、「其元普請」「在地」を駿府城の普請の御手伝いのために輝政が駿府に出向いていると解釈すれば、慶長一二年の駿府城普請の折の書か。または、「其元」「在地」は領国姫路を指すか。転封とともに始められた姫路築城は九年間かかって慶長一四年に完成する。

もとは折紙であったものを半分に切って表装している。二重箱に納められており、外箱蓋裏書に「享保六年辛丑陽月廿六日御裱具出来従京都来」とあり、表装された時期がわかる。藩主池田継政による先祖顕彰事業の一環か。

史料44　池田利隆宛徳川家康黒印状〔池18〕〔慶長一二年(一六〇七)〕一〇月四日

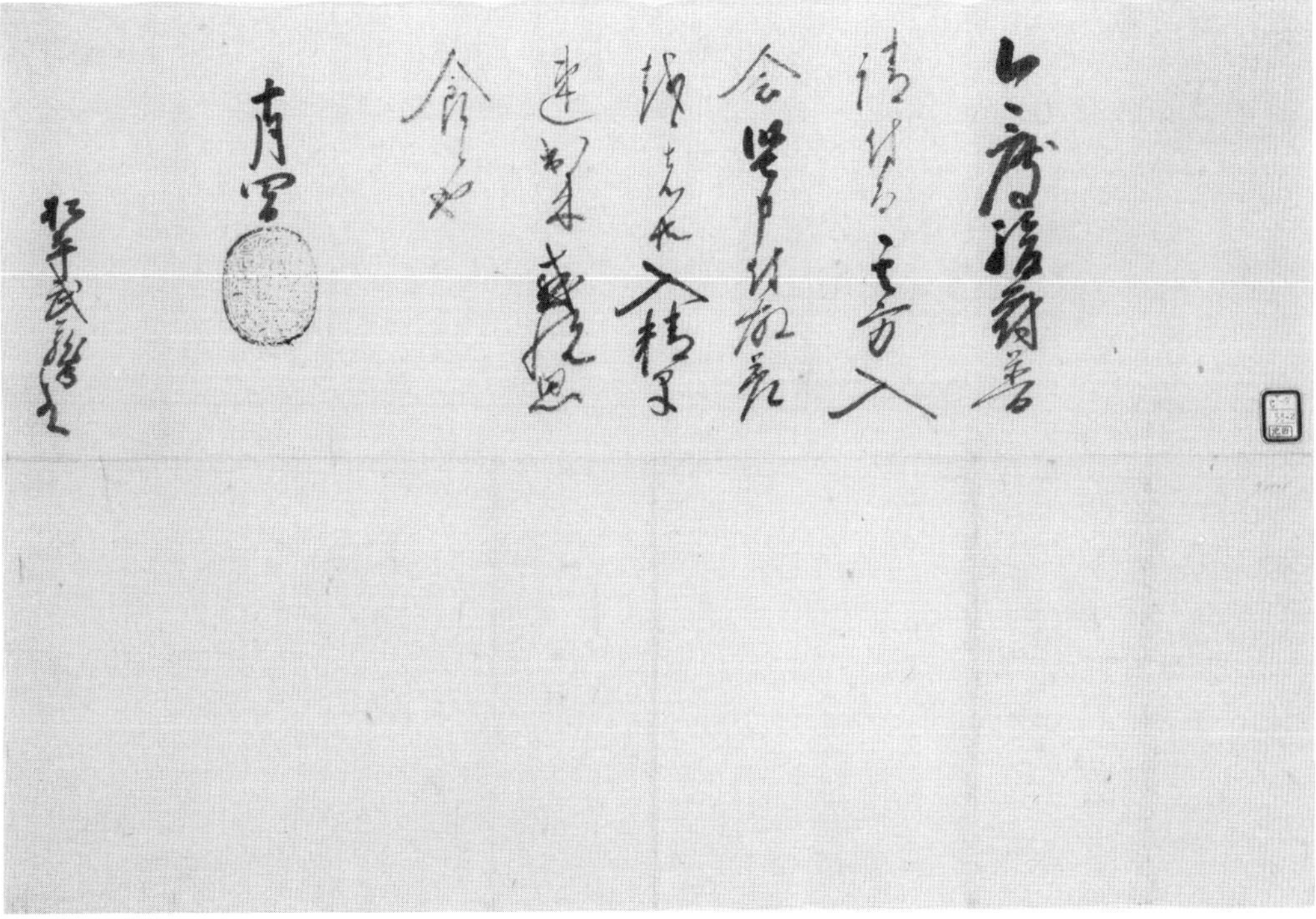

今度駿府普請付而、其方入念堅申付故、差越候者共入精、早速出来、感
悦思食候也

十月四日 (黒印)(徳川家康)

松平武蔵守とのへ

【現代語訳】

このたび駿府城の普請について、あなたが念入りに申し付けられたので、備前から差し越された者たちは精を出して働き、早速に普請は完成しました。大変嬉しく思います。

解説　駿府城普請に関する内容から、慶長一二年(一六〇七)のものと推定される。幕府は諸大名に御手伝を命じて、この年三月から駿府城の修築を行った。当時利隆は弟忠継の領地である備前国を「監国」しており、父輝政とともに助役を勤めた。この普請は七月三日に完成し、直接普請にあたった家老の池田出羽・池田河内も家康から賞賜されている(『池田家履歴略記』)。利隆への褒状が三ヵ月後なのはなぜか、理由はわからない。

史料45と一緒に二重の包紙に包まれている。外包紙に貼紙朱筆で「十一ノ四」とある。

史料45—池田利隆宛徳川家康黒印状〔池19〕〔慶長一三年(一六〇八)〕八月一〇日

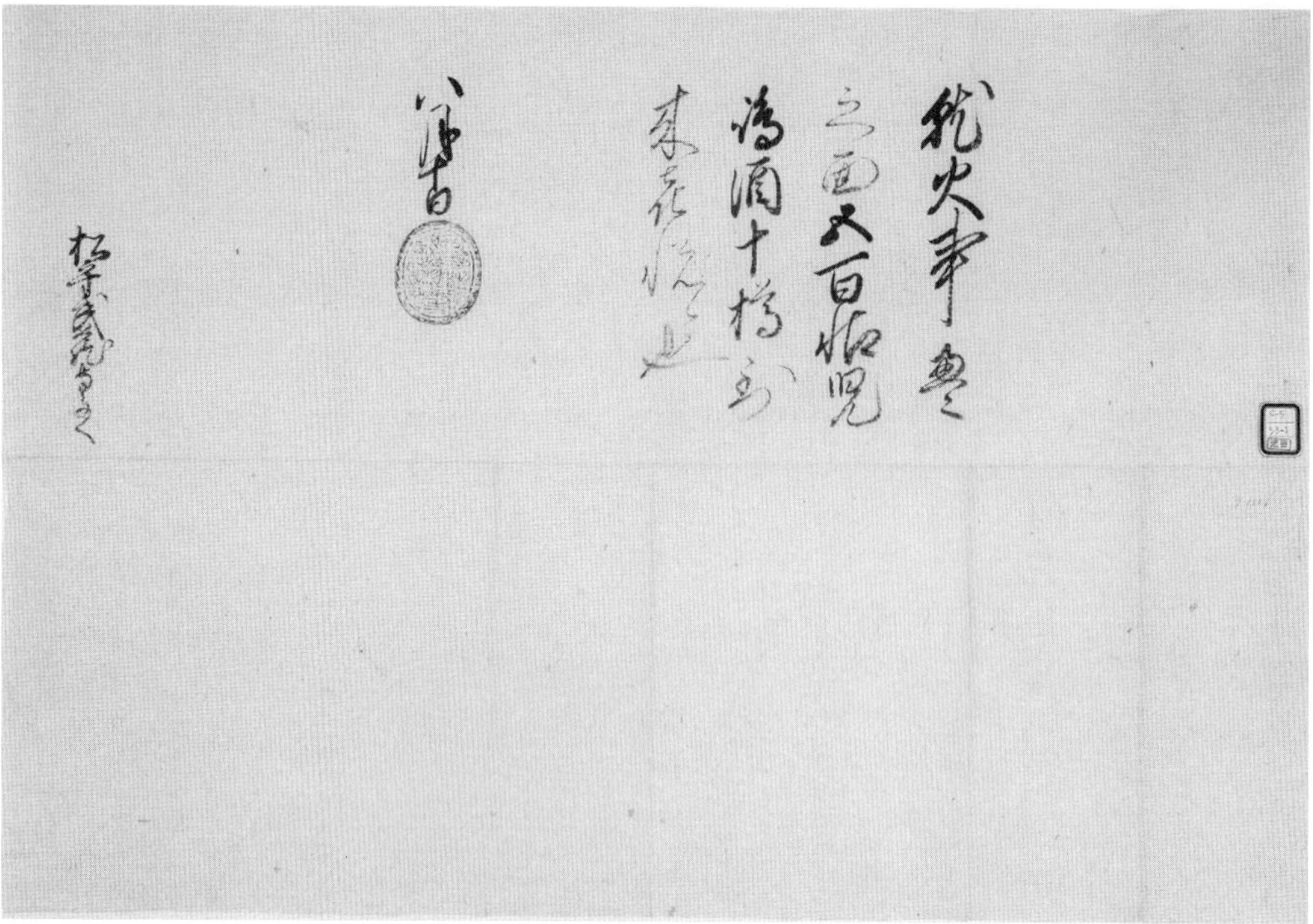

就火事、畳之面五百帖・児島酒十樽到来、喜悦候也

八月十日　(黒印)《(徳川家康)》

松平武蔵守とのへ

【現代語訳】

火事につき、あなたが贈られた畳表五〇〇帖と児島酒一〇樽が到着しました。嬉しく思います。

解説　慶長一二年(一六〇七)一二月二二日、完成したばかりの駿府城は火事によって全焼した。翌年諸大名の助役によって殿舎の再建が行われ、多くの献納品も贈られた。この書状はそれに関するものと思われ、慶長一三年のものと推定した。利隆が畳表と酒を贈ったことに対する礼状である。いずれも備前国の特産品として知られた物産であった。

史料44と一緒に二重の包紙に包まれている。外包紙に貼紙朱筆で「十一ノ四」とある。

史料46 ― 宙外和尚宛中村主殿助奉書〔林27〕〔年未詳〕一二月九日

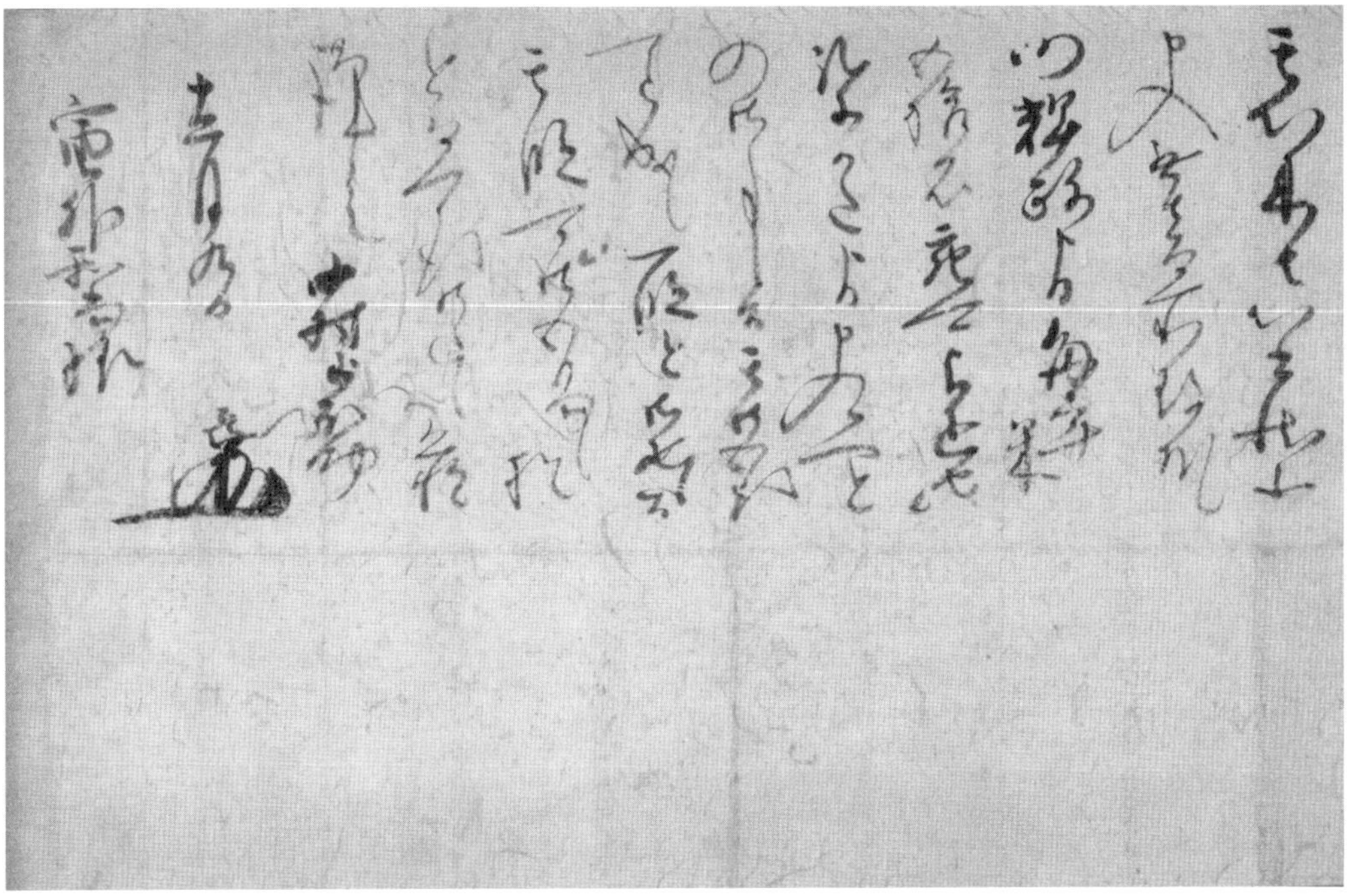

其以来者、以書状不申入、無音所存外候、仍輝政ゟ毎年米五拾石宛可被進由候、我等かたゟ申入候へとの御事候間、其御心得可被成候、一段と御懇候間、其段可御心易候、猶追而可得御意候、恐惶謹言

中村主殿助
正政（カ）(花押)

十二月九日

宙外和尚様

【現代語訳】

以前にご連絡して以来、書状をお送りすることもせず、ご無沙汰して申し訳ありません。主人の輝政より毎年米五〇石ずつを寄進するということです。わたしから申し入れるようにとの指示でしたので、そのようにお心得になってください。格別におねんごろに思われていますので、そのことはご安心なさってください。なお、あとで改めてお考えをうかがいたいと思います。恐れながら謹んで申します。

解説　池田輝政から妙心寺桂昌院の宙外和尚に毎年米五〇石を寄進することを知らせる奉書。先の遺言状(史料37)で養徳院は宙外和尚に後事を託したと述べており、それに基づく措置とすれば、養徳院は慶長一三年(一六〇八)一〇月二六日に九四歳で亡くなっているから、この年のことか。中村主殿は輝政に重用された出頭人で、若原右京とともに藩政を牛耳っていた。署名は難読。一般に「政忠」が知られるが、「まさただ」の同訓か。

史料17「養徳院宛池田輝政書状」および四通の「池田輝政宛養徳院遺言状」(史料24・史料35・史料36・史料37)とともに巻子に仕立てられており、写は池田家文庫「養徳院宛書状写」(C9-93)にも収められている。

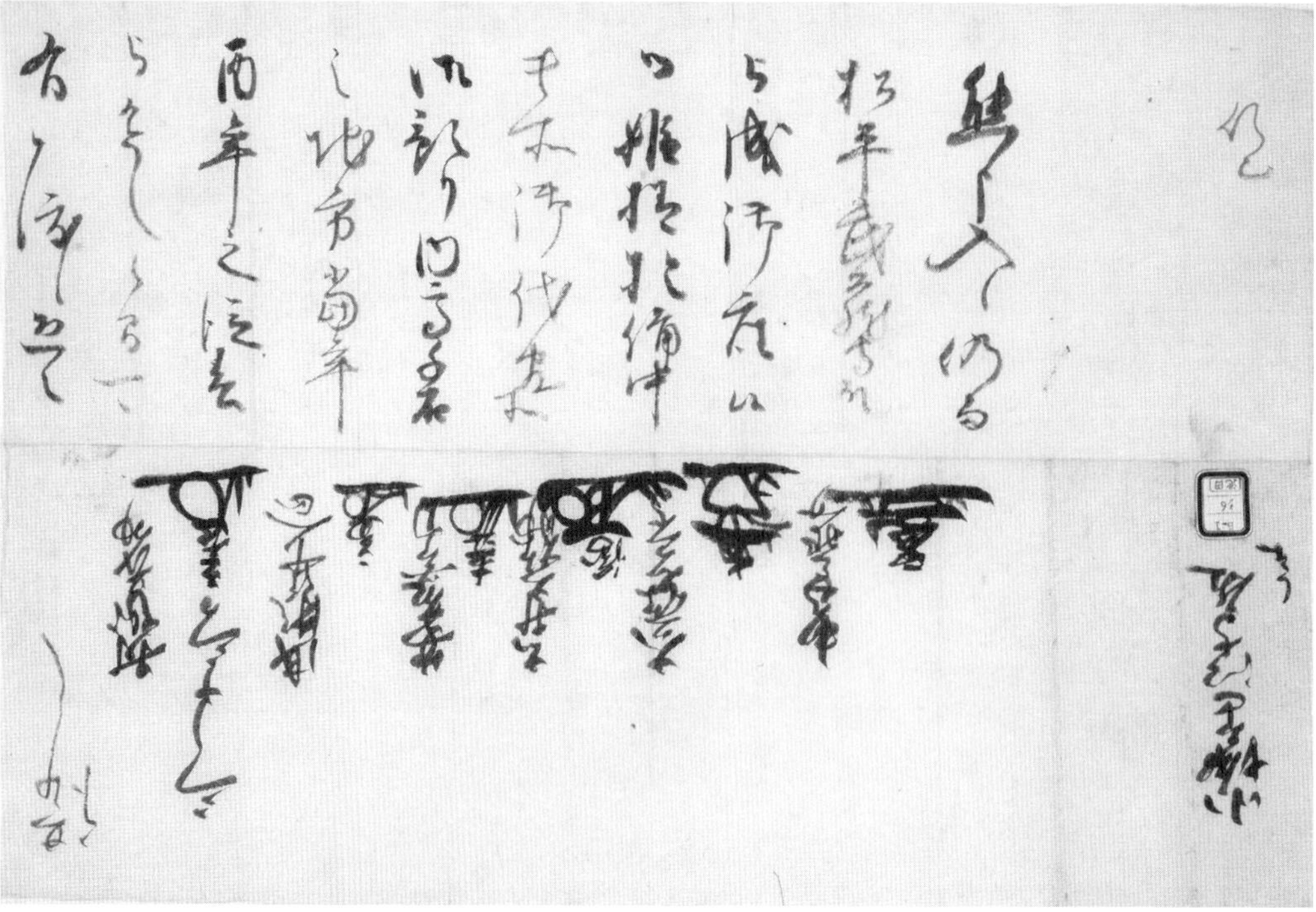

史料47　小堀政一宛本多正純等連署書状〔池20〕〔慶長一四年（一六〇九）〕三月一三日

以上

態申入候、仍而松平武蔵守殿被成御座候御姫様、於備中貴所御代官所御預り内、高千石之地方、当年酉年之従春、被進之候間、可有御渡候、恐々謹言

三月十三日

村越茂助
直吉（花押）
成瀬隼人正
正成（花押）
安藤帯刀
直次（花押）
土井大炊助
利勝（花押）
大久保石見守
長安（花押）
本多上野介
正純（花押）

小堀遠江守殿
参

【現代語訳】

わざわざ申し入れます。池田利隆の妻となっている御姫様に、あなたが預かっている備中の代官所の内で一〇〇〇石の土地を、当年の春から化粧料として進上することになりましたので、お渡しください。以上恐

れ謹んで申します。

解説　利隆は慶長一〇年(一六〇五)に秀忠の養女となった榊原康政の女鶴子(福照院)を妻に迎えた。二人の間の最初の子は女子であったが、慶長一一年二月二三日に早世した。二番目の子が嫡男となる光政で、慶長一四年四月四日に岡山城で生まれている。「当年酉年」は慶長一四年にあたるから、その誕生に先だって、秀忠が鶴子に化粧料を与えたことになる。本多正純以下六人は秀忠側近の奉行人で、この書状は秀忠の意志を伝えるものである。小堀政一は備中国奉行で、国内の行政全般を総括していた。「備中国十一郡帳」(正保郷帳)によれば、小田郡山口村九五二石四斗三升、高皆村四七石五斗七升が福照院領となっている。福照院は寛文一二年(一六七二)一〇月二六日に亡くなる。七九歳であった。

三重に包紙で包まれていて、外包紙に朱筆で「記三十九ノ十一ノ三」と書き込まれている。中包紙裏書に「寛文十二年十一月廿九日、以板市正指上候ニ付、申上候刻、御老中御書付披見候て、其儘所持仕可然旨被仰渡候事、御知行ハ奉指上候様ニとの事」とある。

和意谷墓所二之御山　寛文７年(1667)池田光政は先祖を儒教式で祀る墓地を領内和気郡和意谷村(もと脇田村)に築いた。造営に当たったのは閑谷学校や後楽園も造った津田重二郎(永忠)である。

前年から「排仏興儒」政策を本格的に開始していた光政は，その12月に家臣を京都に遣わして，妙心寺護国院に葬られていた輝政・利隆らの遺骸を改葬するために掘り起こして持ち帰らせた。片上に上陸された遺骸は一旦八木山の宮(現備前市鏡石神社)に安置された後，明けて寛文７年正月に和意谷に移された。津田は和意谷山全体を墓所とする大土木工事を行い，「一之御山」に輝政,「二之御山」に利隆が祀られたのである。

寛文９年３月に光政は初めて和意谷に参詣し，儒教式の墓前祭を挙行した。以後墓前祭は毎年３月に行われる。寛文12年に福照院が亡くなると，光政は母を丁重に「二之御山」に祀った。

現在和意谷墓所には「七之御山」まで設けられており，光政自身は妻の円盛院(勝子)とともに「三之御山」に祀られている。備前市教育委員会提供。

史料48　池田利隆宛豊臣秀頼黒印状〔池21〕〔年未詳〕九月五日

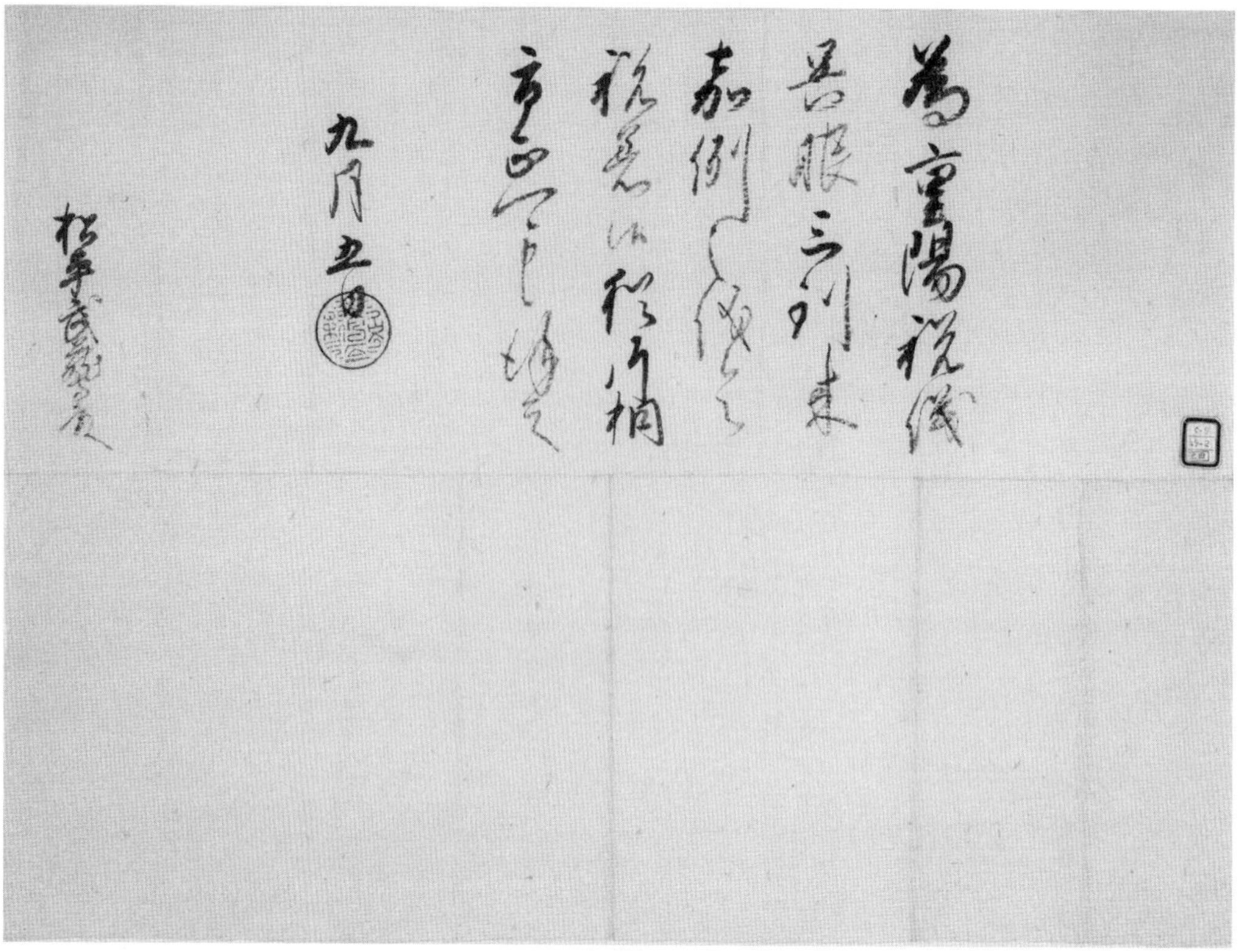

為重陽祝儀、呉服三到来、嘉例之儀令祝着候、猶片桐市正可申候、謹言

九月五日　（豊臣秀頼）（黒印）

松平武蔵守殿

【現代語訳】

重陽の祝儀としてあなたが贈られた呉服三領が到来しました。恒例の目出度いこととはいえ、満足に思います。なお、詳しくは片桐市正(且元)が申すでしょう。以上謹んで申します。

解説　利隆が重陽の祝儀を贈ったのに対する豊臣秀頼の礼状。年代は不明だが、「松平武蔵守」の名乗りから慶長一二年(一六〇七)六月以降のものである。片桐且元は秀吉に仕え、関ヶ原の戦い後は秀頼の名代や使者を務め、豊臣方にあって徳川方との調整にあたったが、大坂の陣の直前に大坂城を退去した。

史料49と一緒に包紙に包まれている。包紙に「大納戸　ハね蓋」と書き込まれており、貼紙朱筆で「十三ノ三」とある。

史料49　池田利隆宛豊臣秀頼黒印状〔池22〕〔年未詳〕一二月一七日

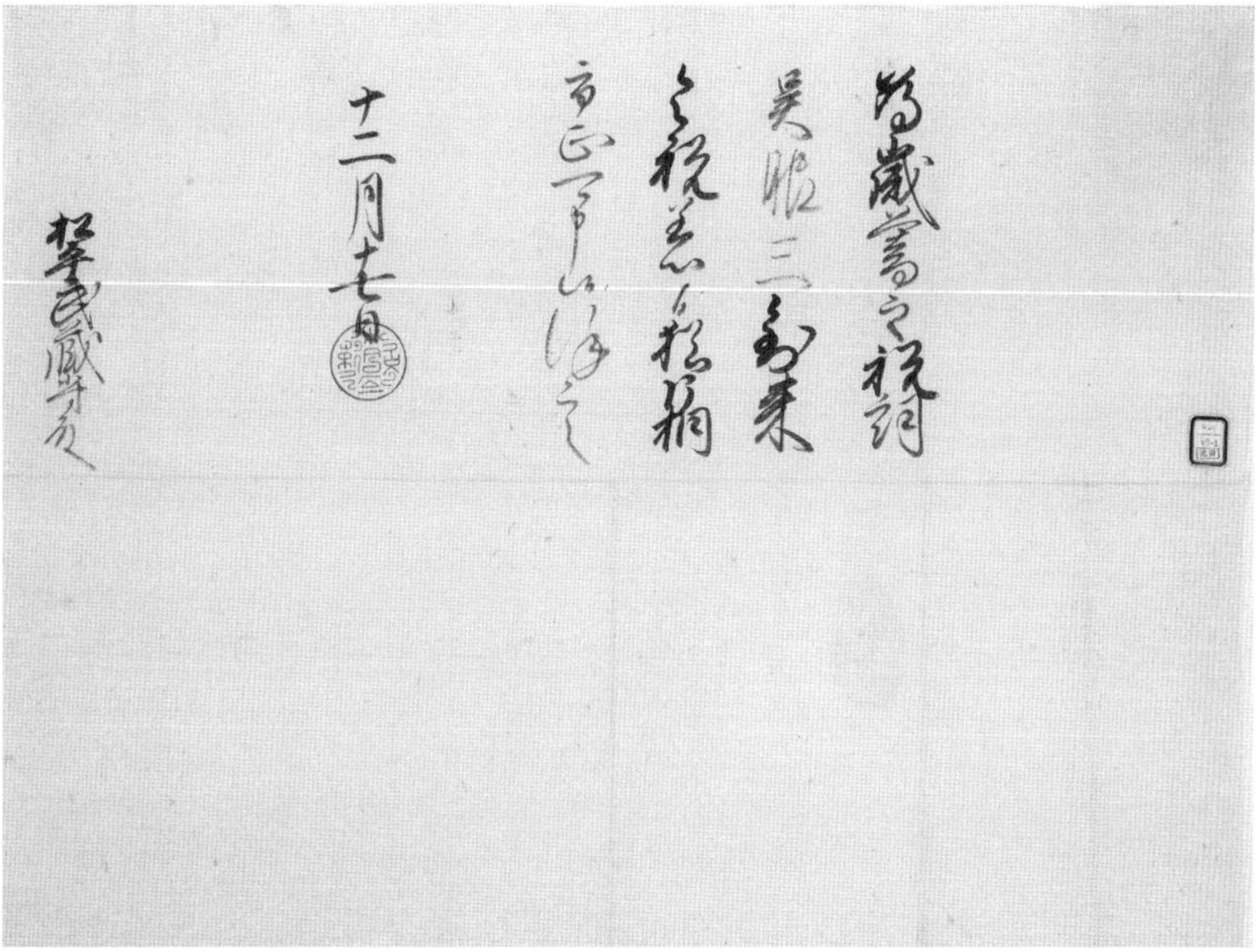

為歳暮之祝詞、呉服三到来、令祝着候、猶片桐市正可申候、謹言

十二月十七日　(豊臣秀頼)(黒印)

松平武蔵守殿

【現代語訳】

歳暮の祝儀としてあなたが贈られた呉服三領が到来しました。満足いたしました。なお、詳しくは片桐市正(且元)が申すでしょう。以上謹んで申します。

解説　利隆が歳暮の祝儀を贈ったのに対する豊臣秀頼の礼状。年代は不明だが、やはり「松平武蔵守」の名乗りから慶長一二年(一六〇七)六月以降のものである。

史料48と一緒に包紙に包まれている。包紙に「大納戸　ハね蓋」と書き込まれており、貼紙朱筆で「十三ノ三」とある。

史料50——池田利隆宛徳川秀忠黒印状〔池23〕〔年未詳〕三月二一日

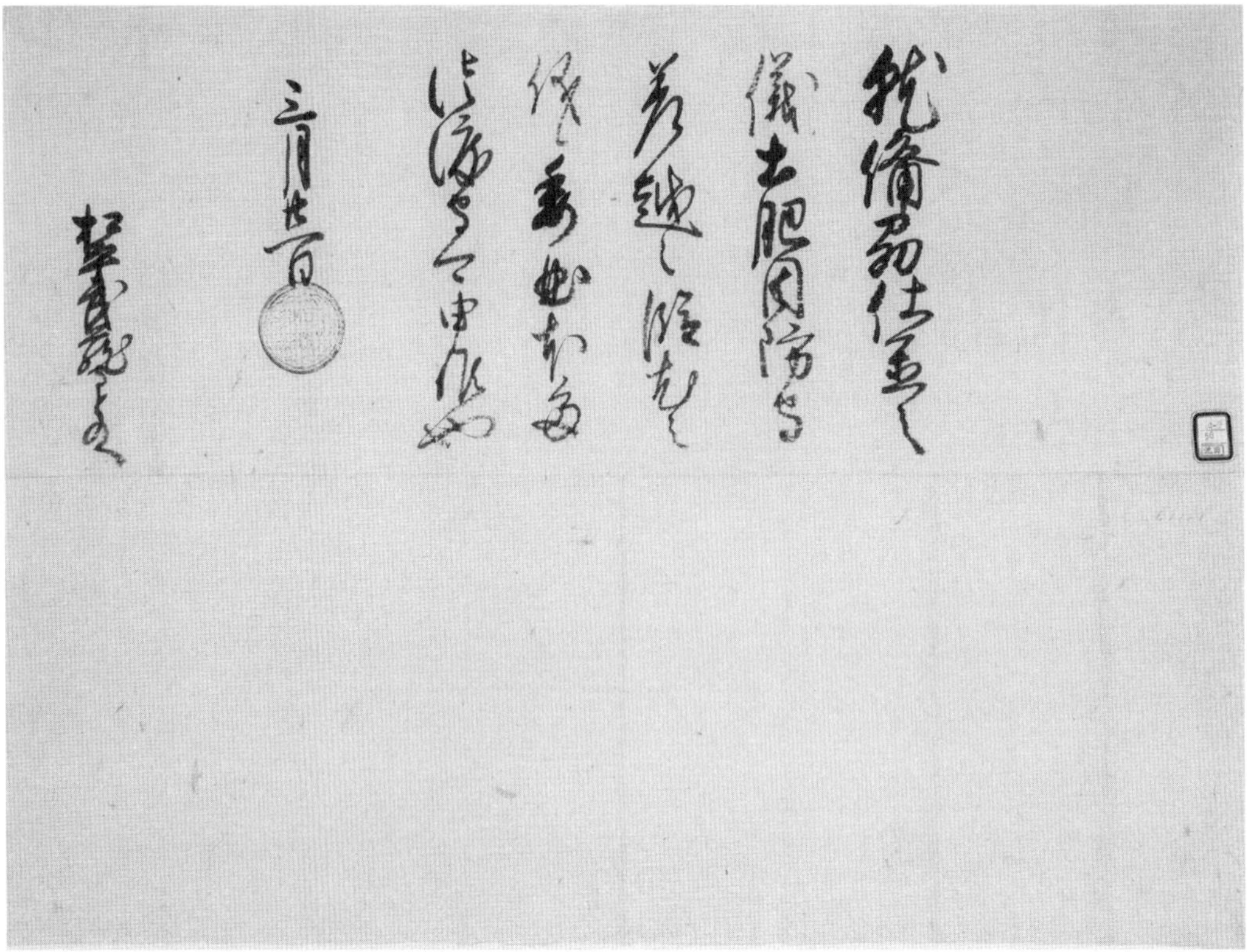

就備州仕置之儀、土肥周防守差越之段、尤之儀候、委曲本多佐渡守可申候也

三月廿一日　(徳川秀忠)(黒印)

松平武蔵守とのへ

【現代語訳】

備前国の仕置について、土肥周防守を差し越されたのは、尤もなことであります。詳しいことは本多佐渡守(正信)が申すでしょう。

解説　弟の忠継が慶長八年(一六〇三)に備前一国を与えられたが、幼少であったため、兄の利隆が「監国」した。その仕置について相談するために土肥周防守を江戸に送った。土肥は尾張国の出身で、初め信長に仕えたが、その後輝政に召し出され、利隆に付けられた。利隆は土肥に五〇〇〇石を与えて重用した。本多正信は三河以来の老臣で、家康により秀忠に付けられていた。やはり「松平武蔵守」の名乗りから慶長一二年六月以降のものである。二重に包紙で包まれており、外包紙に貼紙朱筆で「十一ノ五」とある。

史料51—池田利隆宛池田輝政書状〔林28〕〔年未詳〕七月一三日

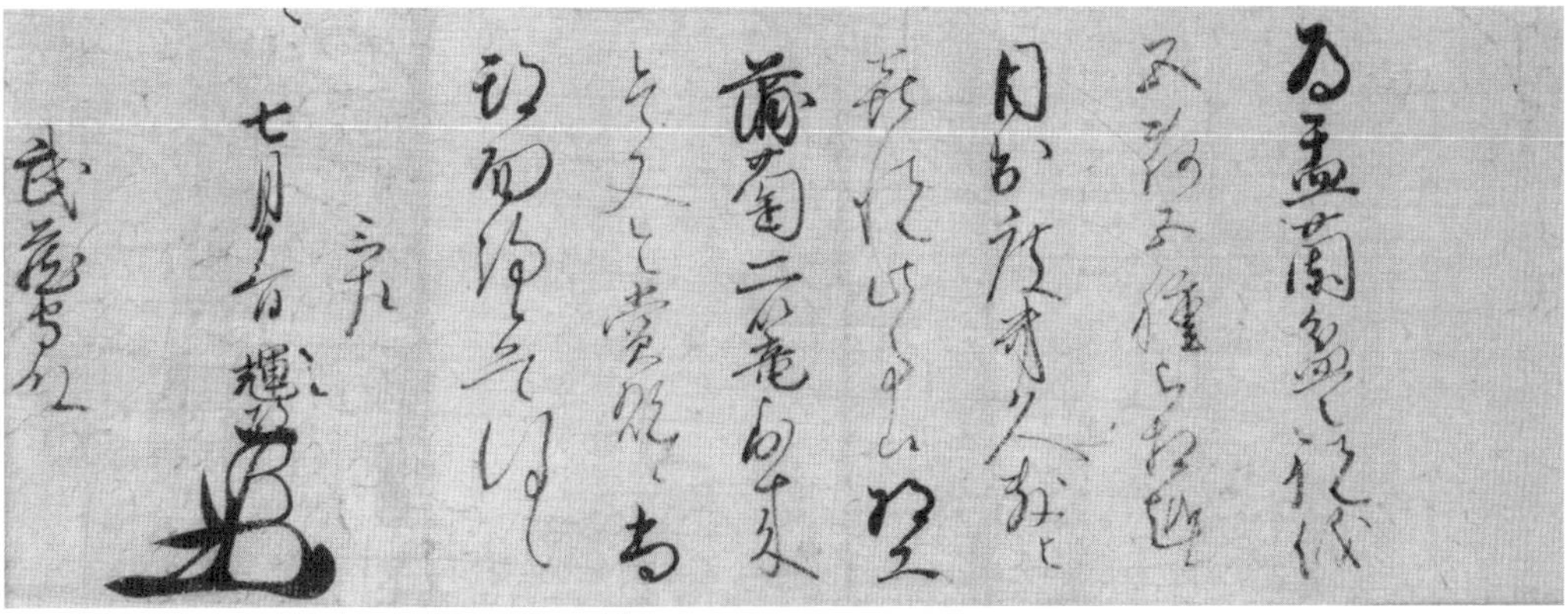

為盂蘭盆之祝儀、五荷五種被相越候、目出度幾久敷与喜悦此事候、将又、
葡萄二篭到来、是又令賞翫候、尚期面得候、恐々謹言

三左

七月十三日　輝政（花押）

武蔵守殿

【現代語訳】

盂蘭盆会の祝儀として、五荷五種（酒五樽と肴五桶）をお贈りいただきました。この慶賀がいつまでも続くようにと願い、喜ばしさも限りなく思います。また、葡萄二籠も届きました。これもおいしくいただきました。お会いしたときに改めて申します。以上恐れ謹んで申します。

解説　「武蔵守」は利隆のこと。輝政が姫路を本拠にしたのに対して、嫡男の利隆は、弟忠継の領地を「監国」するため岡山に居ることが多かった。子の利隆が父に進物するなど、気を遣っている様子がうかがえる。葡萄は当時から岡山の名産であったのだろうか。やはり慶長一二年（一六〇七）六月以降のものである。

未表装の横切紙で、包紙の朱書から明治期に池田家が購入したものであることがわかる。

史料52　池田利隆宛池田輝政黒印状〔林29〕〔年未詳〕五月二一日

烏賊之漬物一桶送給、令満足候、則賞翫不斜候、我等機色弥能候之間、可被御心安候、猶追而可申候、恐々謹言

三左

五月廿一日　　輝政（黒印）

武蔵守殿

【現代語訳】

烏賊の塩漬け一桶をお贈りくださり、満足いたしました。ただちにおいしくいただきました。ありがとうございました。わたしの機嫌も大変よいので、ご安心ください。なお、改めて申し上げるでしょう。以上恐れ謹んで申します。

解説　利隆が烏賊の塩漬けを贈ったのに対する輝政の礼状。やはり烏賊も当時の岡山の名産か。利隆が父を気遣う様子がうかがえる。同じく慶長一二年（一六〇七）六月以降のものである。輝政の病気見舞への礼状とすれば、慶長一七年のものか。

包紙から明治期に池田家が購入したものであることがわかるが、もとは表装してあったものをはがしたものかもしれない。

史料53　池田利隆室鶴子宛池田輝政書状〔池24〕〔慶長一六年（一六一一）五月一五日

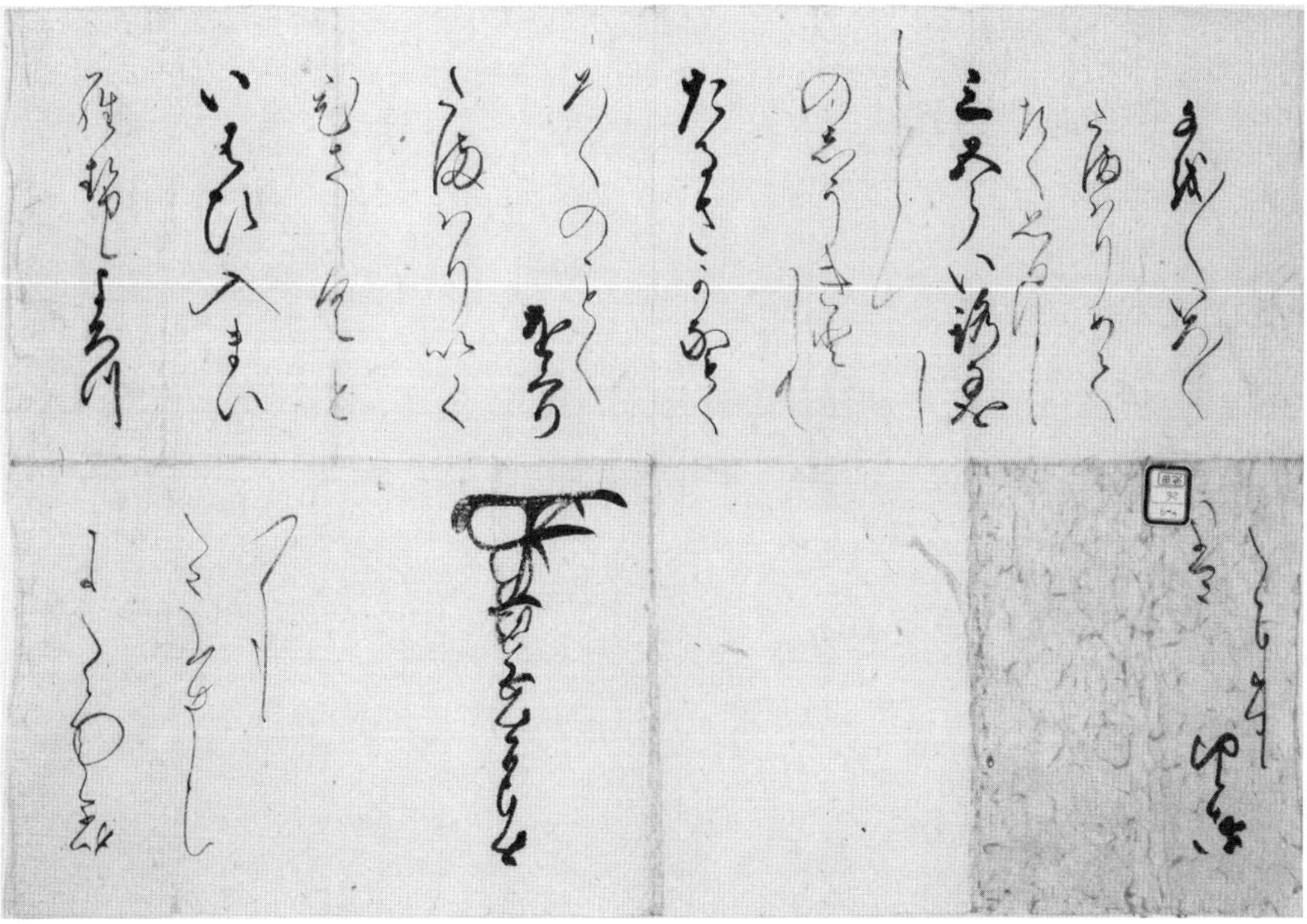

なを〳〵、いろ〳〵たまハり、めてたく思給候へく候、かしく

三五郎いろなをしのしうきとして、たるさかなもくろくのことくをくりたまハり、いくひさしくといはひ入まいらせ候、よろつかさねて申候へく候、めてたくかしく

五月十五日　てる政（花押）

（上書）「おか山　まいる　申給へ　三さ」

【現代語訳】

三五郎（恒元）の色直しの祝儀として、酒と肴を目録の通りに贈ってくださり、この子がいつまでも元気で育つようにと祝っています。このほかに申したいことは、改めて申します。目出度く畏まって。

なお、色々とお贈りくださり、本当に目出度く思います。畏まって申します。

解説　「三さ」（三左衛門）は輝政。息子の利隆が岡山城で備前国を「監国」していた。女性の手紙の体裁をとっているから、宛先の「おか山」は利隆の妻の鶴子（福照院）としておく。「三五郎」は利隆の次男の恒元。「いろなをし」（色直し）は、出産後百一日目に産婦と赤子がそれまで着ていた白小袖を色物に着替えること。三五郎は慶長一六年（一六一一）に岡山城で生まれているから、その年の書状と思われる。利隆と輝政の親密な様子がうかがえる。

二重に包紙で包まれている。外包紙に「御廟」と書込があり、貼紙朱筆で「十二ノ四」とある。

史料54　池田利隆宛徳川秀忠黒印状〔池25〕〔慶長一七年（一六一二）〕三月四日

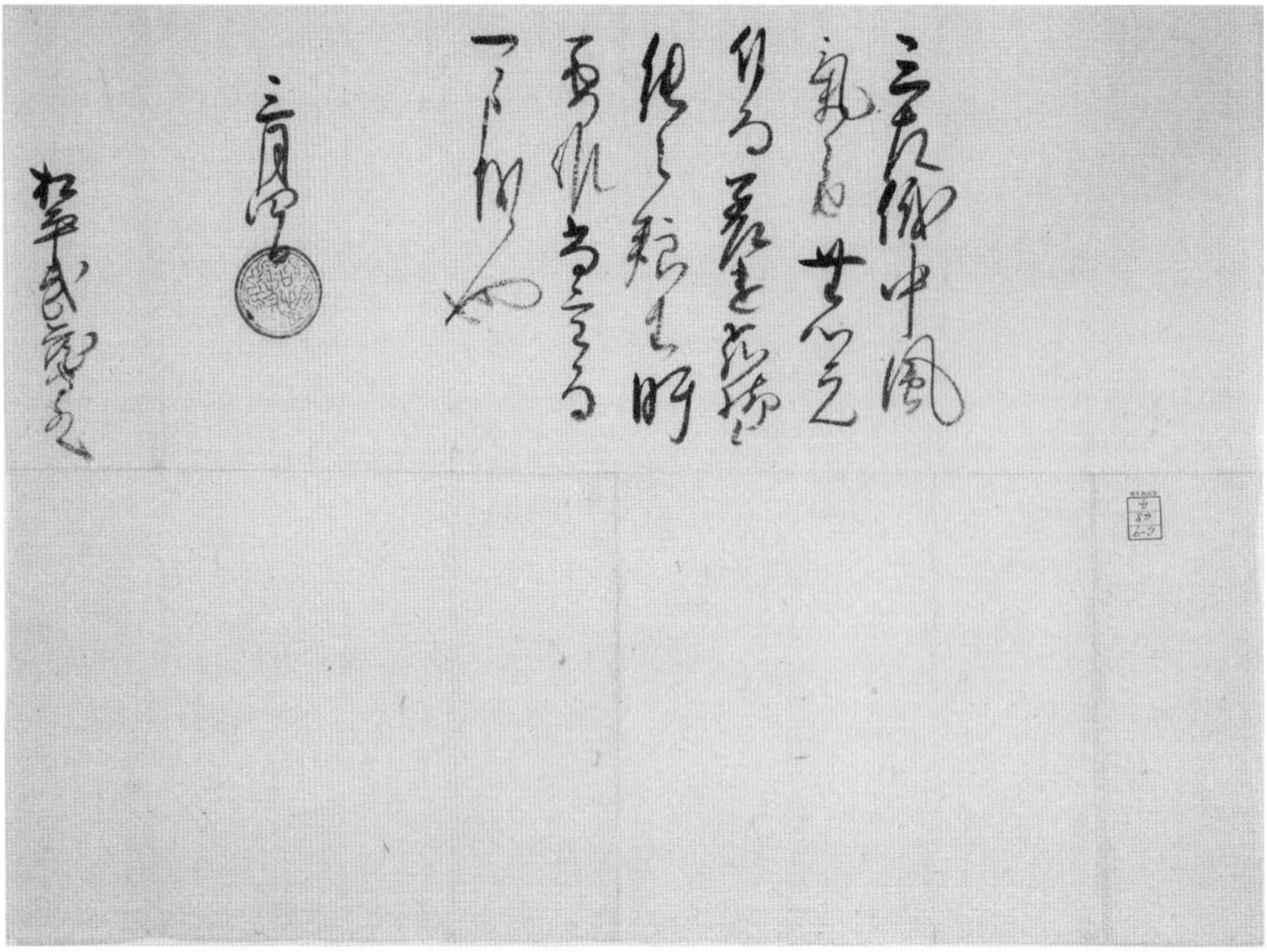

三左儀中風気之由、無心元付而、差遣飛脚候、能々養生肝要候、尚重而
可申越候也

三月四日　（黒印）（徳川秀忠）

松平武蔵守とのへ

【現代語訳】

三左衛門（輝政）が中風（脳卒中による半身不随の症状）を患っているとのこと、心配ですので、飛脚を差し遣わしました。よくよく養生されることが肝要です。なお、今後もたびたび様子をお知らせください。

解説　慶長一七年（一六一二）正月に輝政は脳卒中で倒れ、中風を患った。その見舞いに秀忠が息子の利隆に出した書状。

包紙あり。史料55・史料56・史料57と一緒にさらに包紙で包まれており、その外包紙に「大納戸　ハね蓋」と書き込まれ、貼紙朱筆で「十三ノ七」とある。

史料55　池田利隆宛徳川秀忠黒印状〔池26〕〔慶長一七年（一六一二）〕三月五日

三左中風気、無心元付而、重而申越候、医師之事則驢庵かたへも申進候、能々養生肝要ニ候、猶朝倉藤十郎可申候也

三月五日　（徳川秀忠）（黒印）

松平武蔵守とのへ

【現代語訳】

三左衛門（輝政）の中風の病状が心配なので、重ねて申し越します。医師のことについては、半井驢庵のところにも申し伝えておきました。よくよく養生されることが肝要です。なお、詳しくは朝倉藤十郎が申すでしょう。

解説　前日に続いて輝政の病気を見舞う秀忠の書状。半井驢庵は、名は成信、法名瑞桂。祖父澄玄以来代々驢庵を称し、父瑞策から通仙院の号を継いだ。秀忠の信任が篤く、たびたび薬を奉っている。朝倉藤十郎、名は宣正。家康によって秀忠に付属され、使番を勤めていた。後に徳川忠長の家老となるが、忠長が処罰されたのにともない、蟄居した。

包紙あり。史料54・史料56・史料57と一緒にさらに包紙で包まれており、その外包紙に「大納戸　ハね蓋」と書き込まれ、貼紙朱筆で「十三ノ七」とある。遺憾なことに墨で汚損されているが、それ以前の写真が『池田光政公伝』上巻二七五頁に掲載されている。翻刻はそれをも参考にした。

史料56　池田利隆宛徳川秀忠黒印状〔池27〕〔慶長一七年（一六一二）〕三月六日

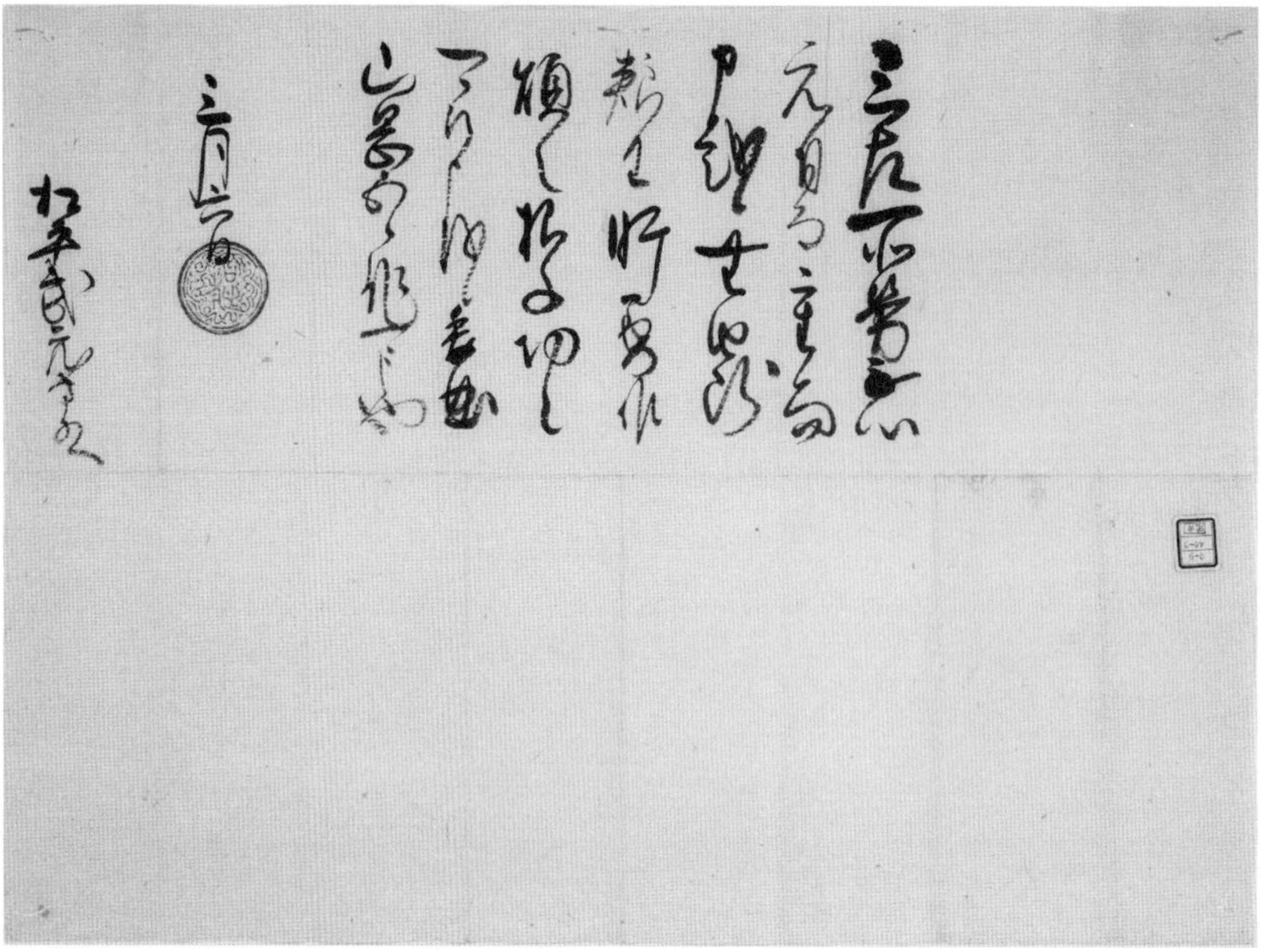

三左所労無心元付而、重而申越候、無由断養生肝要候、煩之様子切々可
被申越候、委曲山岡五郎作可申候也

三月六日　（徳川秀忠）（黒印）

松平武蔵守とのへ

【現代語訳】

三左衛門（輝政）の病気が心配なので、重ねて申し越します。油断なく養生されることが肝要です。病気の様子をたびたびお知らせください。詳しくは山岡五郎作が申すでしょう。

解説　三日続けて秀忠が輝政の病状を見舞った書状。山岡五郎作、名は景長。初め信長に仕え、後に家康に召されて一五〇〇石を与えられ、使番を勤めた。包紙あり。史料54・史料55・史料57と一緒にさらに包紙で包まれており、その外包紙に「大納戸　ハね蓋」と書き込まれ、貼紙朱筆で「十三ノ七」とある。

史料57　池田利隆宛徳川秀忠黒印状〔池28〕〔慶長一七年（一六一二）三月八日

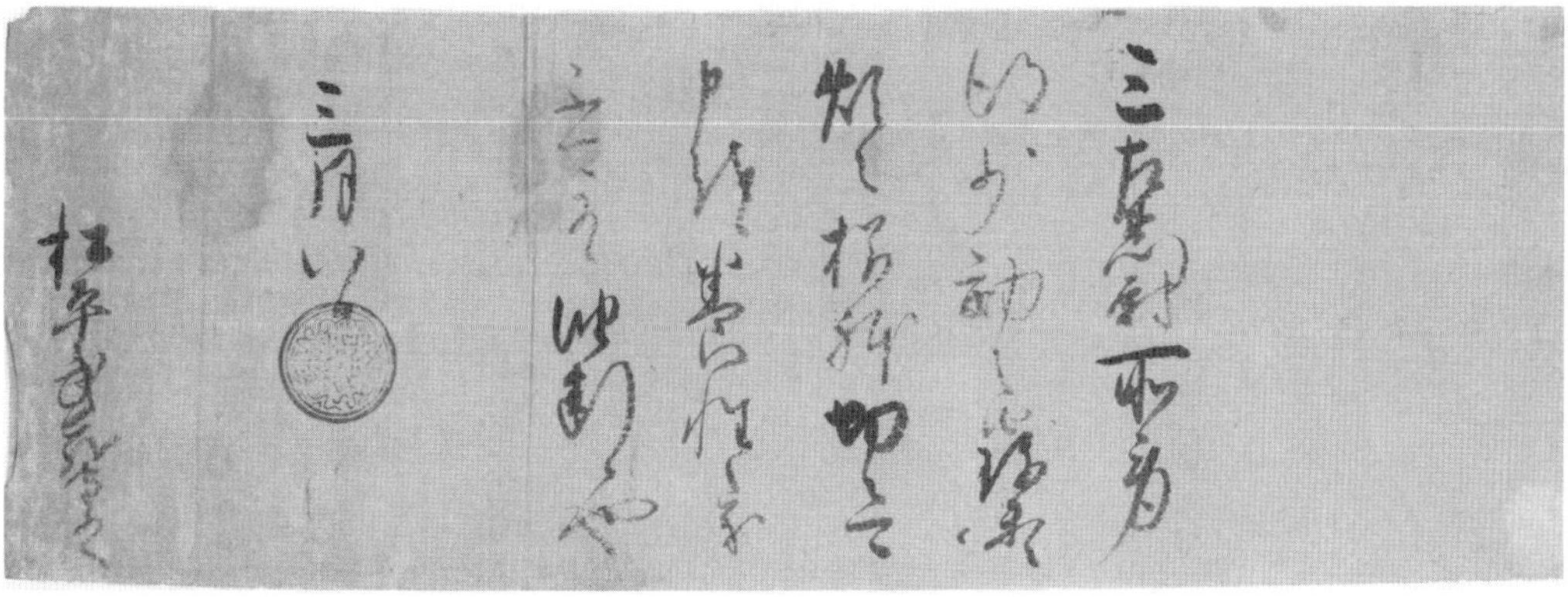

三左衛門尉所労得少勘之由、弥重候、煩之様躰切々可申越候、養性之義
不可有油断候也

三月八日　（徳川秀忠）（黒印）

松平武蔵守とのへ

【現代語訳】

三左衛門尉（輝政）の病気は少し持ち堪えているとのこと、目出度いことです。病気の様子をたびたびお知らせください。養生については油断なさらないようにしてください。

解説　利隆が輝政の病状を知らせたのに対する秀忠からの返事。引き続き養生肝要と述べている。

包紙あり。現在は切紙の形で伝わっているが、その事情は定かではない。史料54・史料55・史料56と一緒にさらに包紙で包まれており、その外包紙に「大納戸　ハね蓋」と書き込まれ、貼紙朱筆で「十三ノ七」とある。

史料58—池田輝政宛徳川秀忠書状〔池29〕〔慶長一七年(一六一二)〕六月二六日

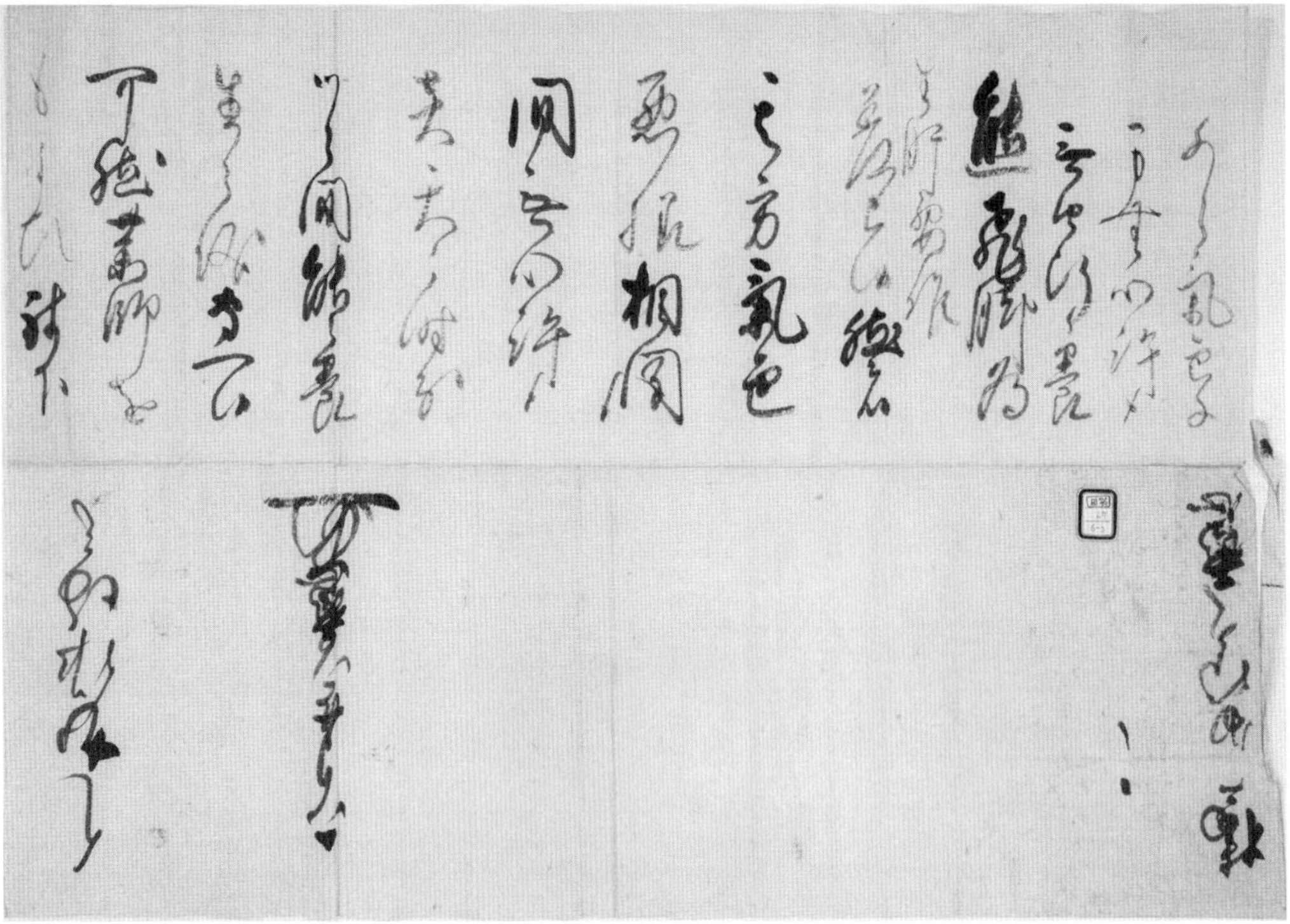

尚々、気色千万無心許候、無由断御養生肝要候

態飛脚為差上候、然者其方気色悪様相聞候間、無心許候、炎天之時分候之間、能々養生之儀専一候、可然薬師をもよひ被下候て、尤候、謹言

六月廿六日　　秀忠(花押)

(切封上書)
「(切封墨引)
播磨少将とのへ　　秀忠　」

【現代語訳】

わざわざ飛脚を差し上げます。あなたの体調がよくないと聞いています。心配です。炎天の時分ですので、よくよく養生に専念してください。適当な医者をお呼びなさるのがよいでしょう。以上謹んで申します。

なおなお、あなたの様子が大変心配です。油断なく養生されるのが肝要です。

解説　秀忠が輝政に直接宛てたお見舞いの手紙。養生の甲斐あって、このころには病状も大分改善されたようだ。八月には本復し、駿府と江戸に出掛けて、家康・秀忠に見舞いの礼をしている。しかし、翌慶長一八年(一六一三)正月に再び病に倒れ、同月二五日亡くなった。

三重に包紙で包まれていて、外包紙に「大納戸　ハね蓋」と書き込まれている。

史料59　薄田七兵衛宛池田利隆書状〔池30〕〔慶長一九年（一六一四）〕六月七日

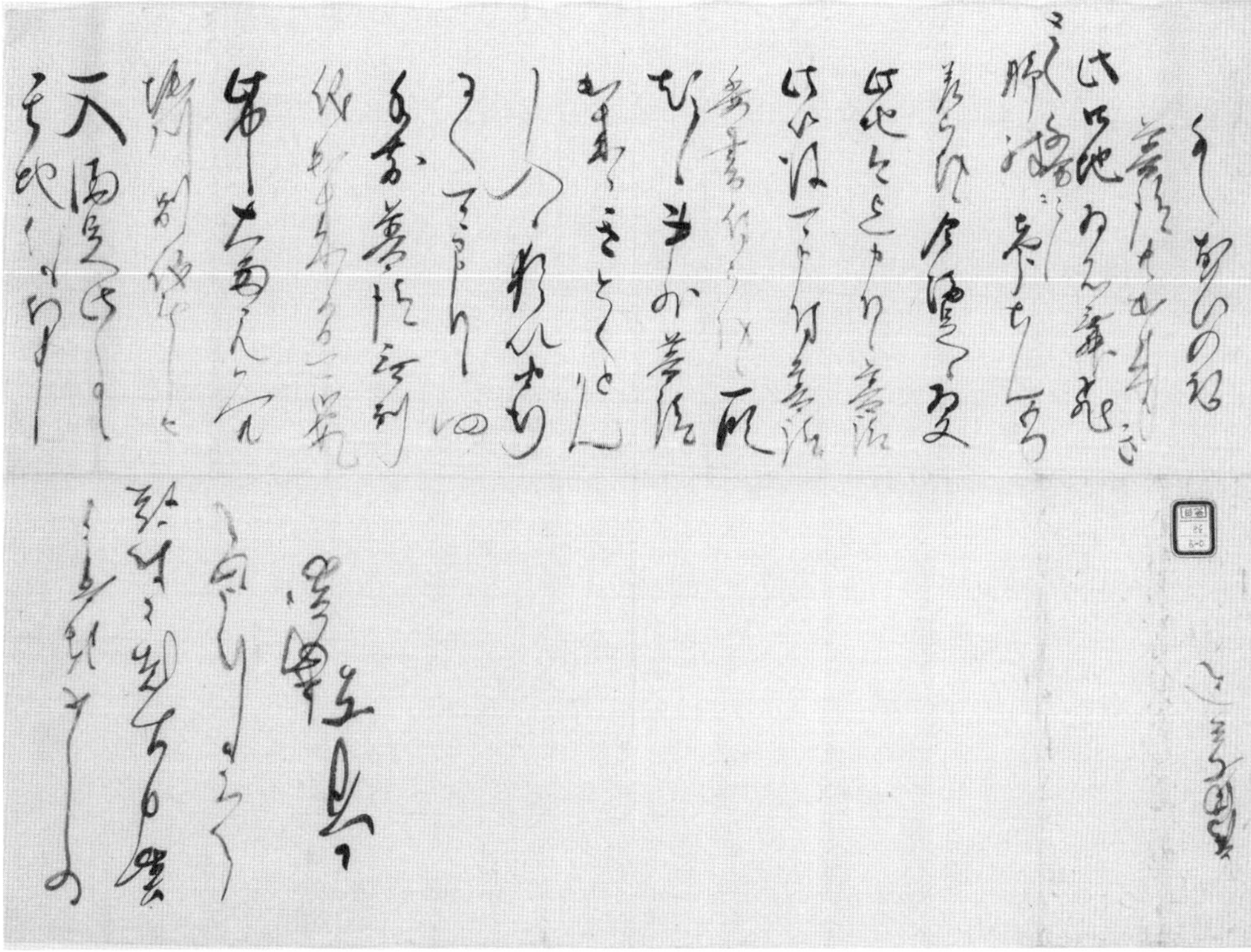

尚々、おもひのほか普請共出来申候、きとく千万ニ候

此御地為見舞飛脚、殊ニちやうちん五つ差被越候、令満足候、将又、此地今迄申付候普請、此以後可申付普請、委書付被越候、一段尤ニ候、事外普請出来候、きとくとかんし入候、猶以由断なく可被申付候、仍手前普請無別儀出来候間、可心安候、此中大雨ニて候へ共、堀川別儀無之由、一入満足此事候、其地何も何事無之由、珎重ニ候、万事大膳と相談候て可申付候、謹言

六月七日　　　　　　　　　武蔵

薄田七兵へ殿

【現代語訳】

この地のお見舞いとして飛脚でお手紙くださり、殊に提灯五つをお贈りくださって、大変満足いたしました。さらに、この地で今までに申し付けていた普請、およびこれ以後申し付けるべき普請について、詳しい書付を送ってくれました。とりわけ良いことであります。思ったより普請も出来上がっています。奇特なことと感じ入りました。これからも油断なく申し付けられるべきだと思います。こちらの普請は特に問題もなく出来上がることでしょうから、どうかご安心ください。この間、大雨が続きましたが、堀川に特別変わったこともなかったとのこと、大変満足に思います。その地では皆々にも変わったことはないとのこと。目出度いことだと思います。すべて番大膳と相談して申し付けるべきです。謹んで申します。

なお、思っていた以上に普請は出来上がっています。このうえなく感じ入りました。

解説 内容から、慶長一九年(一六一四)に利隆が江戸城普請のお手伝いのために、江戸に赴いたときの書状と思われる。家臣たちのがんばりで普請は順調に進んでいたようで、利隆も満足している。薄田七兵衛は、二五〇石の小姓。利隆と入れ替わりに姫路に戻ったか。この五月からは大雨が続き、全国で洪水が頻発していた。利隆は国元の様子を心配している。「堀川」とあるのは、姫路城周辺の「三左衛門堀」のことか。輝政が計画した姫路城と飾磨津をつなぐ運河だが、結局未完成に終わっている。番大膳は、利隆の信任篤い近臣で、一〇〇〇石の物頭。二人は姫路に残された利隆の家族を守る役割にあったのだろう。

史料64・史料66「横井養元宛池田利隆書状」と一緒に三通まとめて包紙に包まれている。その包紙に「御廟」と書き込まれており、貼紙朱筆で「十三ノ六」とある。

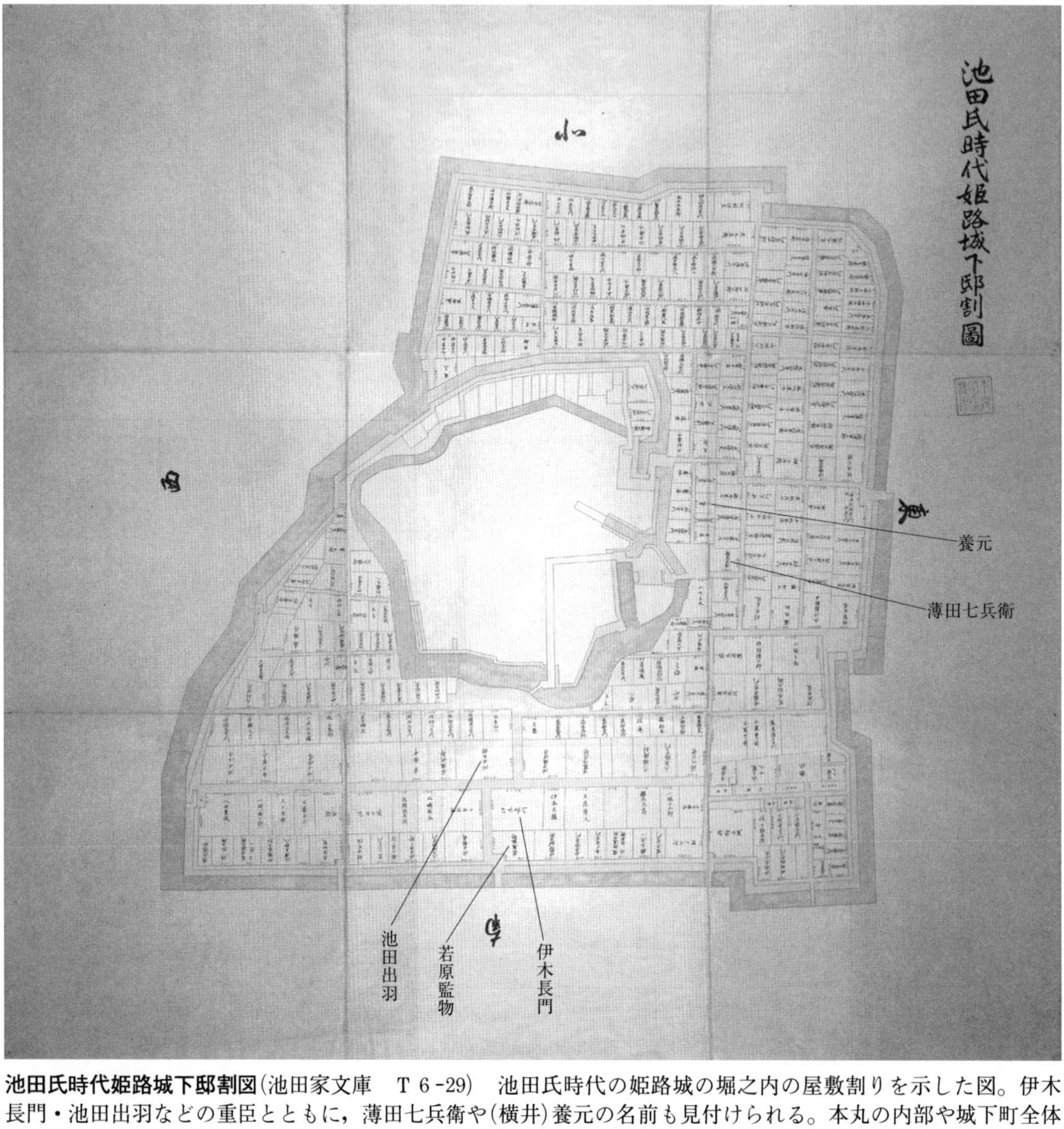

池田氏時代姫路城下邸割図(池田家文庫　T 6-29)　池田氏時代の姫路城の堀之内の屋敷割りを示した図。伊木長門・池田出羽などの重臣とともに，薄田七兵衛や(横井)養元の名前も見付けられる。本丸の内部や城下町全体を描いた「播州姫路城下図」とセットで作られた。

京極高広室茶々子宛池田利隆書状〔池31〕〔慶長一九年(一六一四)〕九月八日

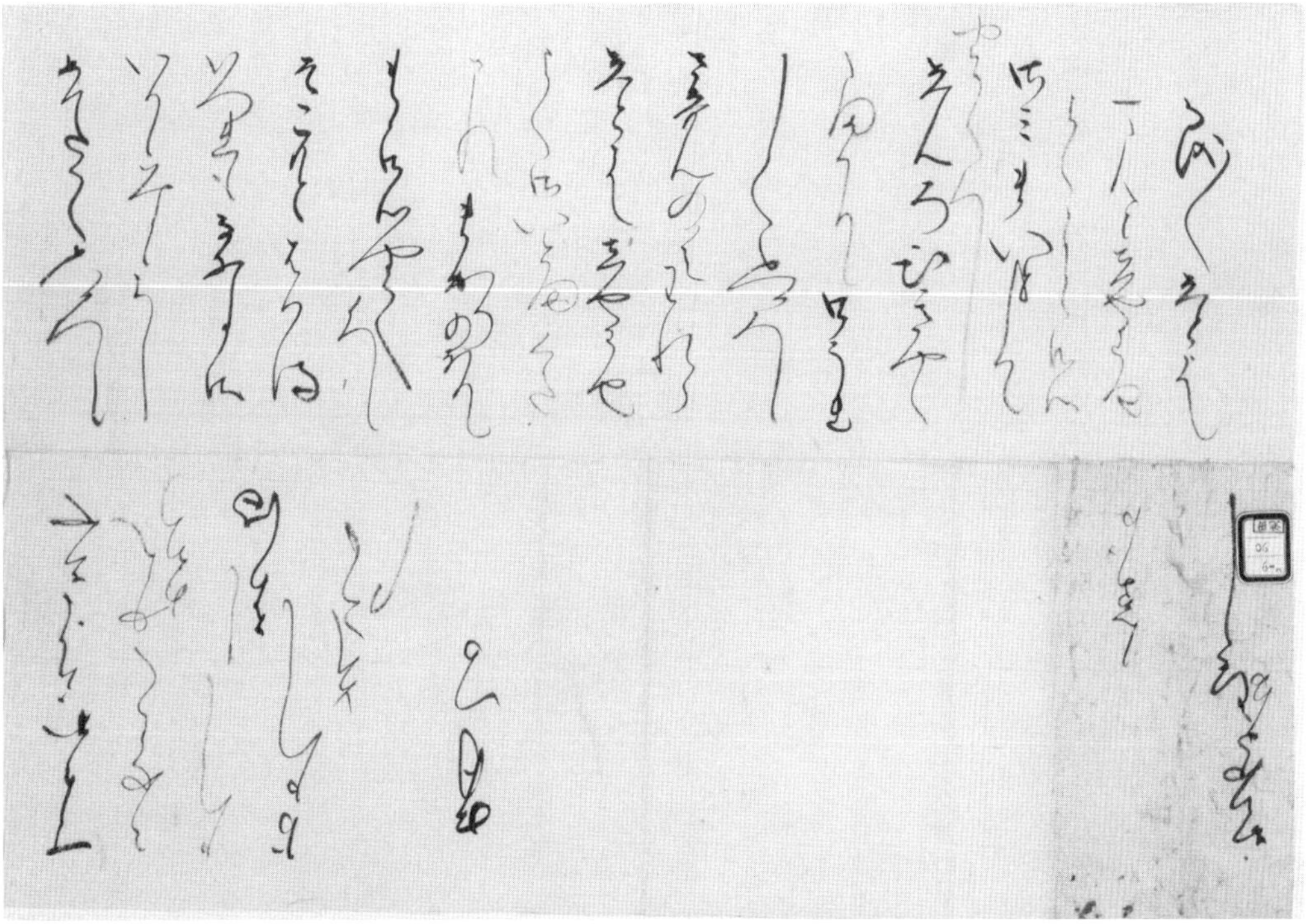

なを／＼えとニて一たんとしやわせよくまゝ、御心やすく候へく候
御ミまいとして、ゑんろひきやくたまハり候、御うれしく思ひ候へく候、さゑもんのかミ・われら、ゑとニてしやわせよく御いとまくたされ、まかりのほり候まゝ、御心やすく候へく候、そこもと・はりま、いつれもなに事仕、いかゝハんしまいらせ候、めてたく思ひ候へく候、するかニてもしやわせよく、やかてのほり申へく候まゝ、はりまゟ申へく候、めてたくかしく

九月八日　　　　かん原ゟ

「(上書)
おちゃ　　むさし
まいる　　　　　」

【現代語訳】

お見舞いとして遠くから飛脚をお送りいただき、嬉しく思います。弟の左衛門督(忠継)も自分も、江戸では何事もうまく進み、お暇をいただいて京に上るつもりですので、ご安心ください。そちらも播磨も、何事もうまくいっているだろうか、どうだろうかと思いめぐらしています。喜ばしく思います。駿府でも首尾よく事が済み、やがて京に向かいますので、その後は播磨からお知らせします。目出度く畏まって申します。

なお、江戸では本当に何事もうまくいきましたので、ご安心ください。

解説 輝政の死後、家督は利隆が継ぎ、遺領は利隆と忠継が分割して相続した。左衛門督は忠継のこと。慶長一九年(一六一四)三月、利隆と忠継は江戸城修築の御手伝いを命じられ、以後江戸に居た。普請は順調に進み、やがて暇を賜り、帰国することになるだろうと伝えている。実際には、この手紙の後の九月一七日に帰封の暇を賜り、翌一八日駿府に赴いて家康に拝謁した後、姫路に向かっている。この手紙は、江戸から駿府へ向かう途中の駿河国蒲原宿(現静岡市)から出されている。

茶々子は輝政の女で、利隆の妹、忠継の姉にあたる。輝政と富子の間に生まれた最初の子で、京極高広に嫁した。当時、高広の父高知は丹後宮津藩一二万三二〇〇石の大名であった。元和二年(一六一六)茶々子は高国を生み、宮津藩は高知—高広—高国と継がれる。

江戸や駿府での応対に気を遣う利隆の姿と妹を優しく思う文面が印象的である。

包紙あり。上書に「武州様ゟ茶々子様え之御書」とあり、「茶々子様ハ京極高広之室、輝政公御女」と書き込まれている。参考17および史料76の包紙(本紙は林原美術館所蔵)と一緒に包紙に包まれている。その外包紙に「御廟」の書込があり、貼紙朱筆で「十一ノ七」とある。

一条大政所画像(林原美術館)　池田家に伝わる３人の女性画像のうちの一つ。一条大政所は，池田光政の次女輝子。寛永13年(1636)生まれ，母は千姫(天樹院)の女本多勝子。慶安２年(1649)，徳川家光の養女となって摂関家の一条教輔に嫁した。画・賛とも池田継政で，享保２年(1717)４月15日は輝子の命日で，箱書きには享保11年４月とある。輝子に始まる池田家と一条家とのつながりは，幕末期まで続いた。

史料61　池田利隆宛戸川達安書状〔池32〕〔慶長一九年（一六一四）〕一〇月一六日

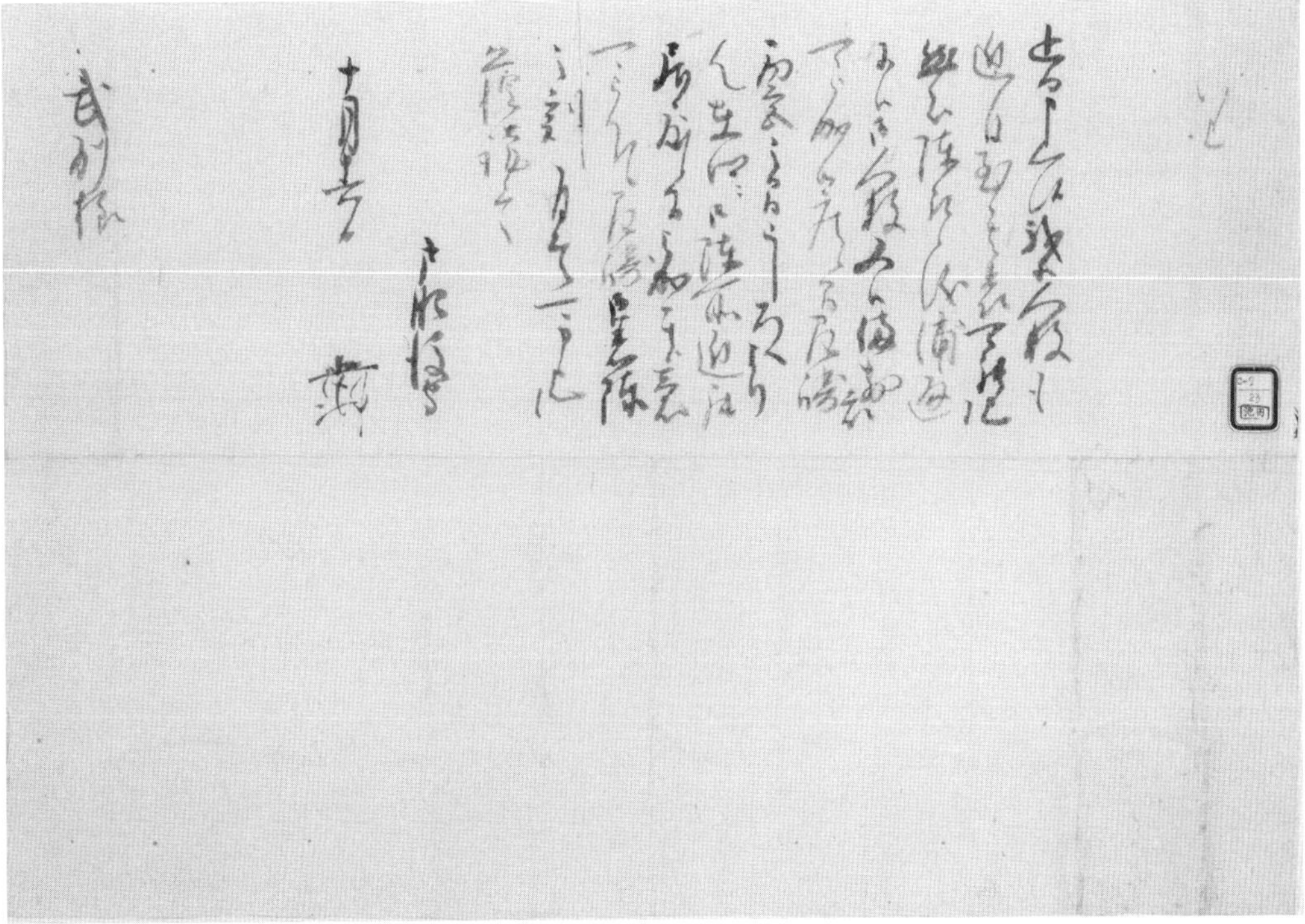

以上

追而申上候、我等人数も近日至其表可罷上候、然者陣取之儀、浦通にハ御人数又ハ備前衆可被成御座候間、尼崎・西宮之間、うしろへより候て、在郷ニ御陣所近罷居度候間、被成其意可被下候、尼崎御着陣之刻、自是可申上候、恐惶謹言

十月十六日　　戸肥後守（戸川達安）（花押）

武州様

【現代語訳】

追って申し上げます。自分たちの軍勢も近日中にそちらに上る予定で居ます。ついては、陣取りのことですが、浦辺の方にあなたの軍勢および備前衆（忠継勢）が居られますので、自分の軍勢は尼崎と西宮の間で、後方に寄って、在郷であっても御陣所の近くに居たいので、ご承知置きください。あなたが尼崎にご着陣されたときに、こちらから改めて申し上げます。以上恐れながら謹んで申します。

解説　大坂冬の陣のとき、利隆は忠継とともに尼崎に出陣した。そこへ庭瀬藩の戸川氏も加わることとなり、それを達安から利隆に知らせた書状。戸川達安は宇喜多氏の家老であったが、家中の不和から退去。関ヶ原の戦いでは東軍に属して戦功をあげ、戦後に備中庭瀬に二万九二〇〇石を与えられていた。

二重に包紙で包まれていて、外包紙に「大納戸」と書込があり、貼紙朱筆で「十二ノ七」とある。

史料62　栄寿尼宛池田利隆書状〔林30〕〔慶長二〇年（一六一五）〕四月二二日

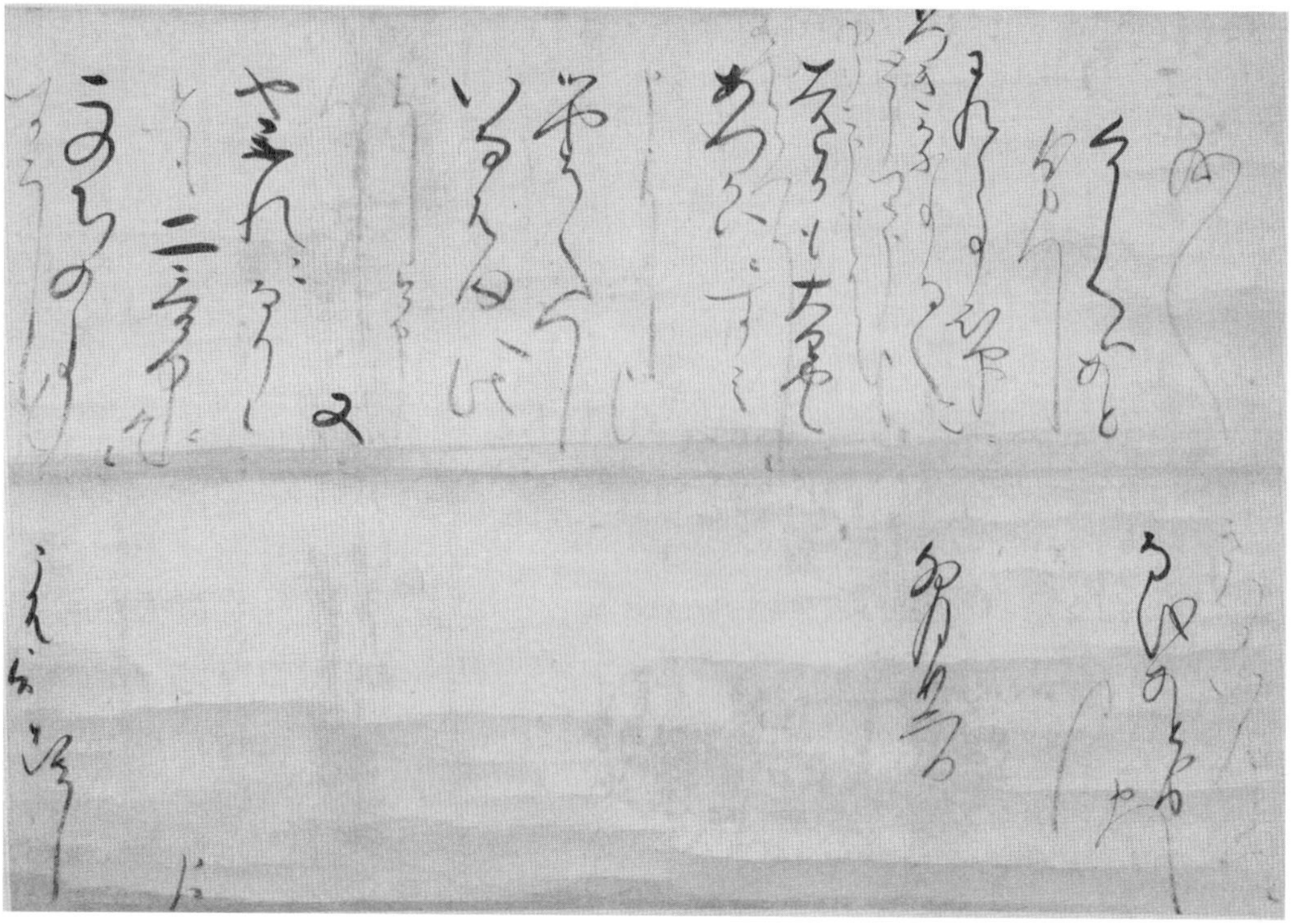

なを〳〵くハしくハあとゟ申候へく候、いつれなに事なくほうこう
申候へく候、心やすく候へく候
われら事、ひやうこニとうりう申候、大さかも大りやくあつかいニすミ
申よし申候、心やすく候へく候、いなはさまへ此よし御申候へく候、又
やふれニなり候とも二三日中にて候、このちの事すこしも〳〵きつかい
候ましく候、なをあとゟ申へく候、かしく

卯月廿二日

（上書）
「うは　　　　　むさし
　まいる　　　　　　ゟ　」

【現代語訳】

われらはいま兵庫に逗留しています。大坂方との戦争も多分和談で済むように言われています。ご安心ください。「いなばさま」にも、このことをお知らせください。また、もし破談になって戦闘が始まっても、二、三日で終わるでしょう。こちらのことは全く少しもご心配にならないでください。なお、詳しくはまた後から申します。以上畏まって申します。

なお、詳しくは改めて申したいと思います。いずれにしても何事もなく奉公いたすつもりです。ご安心ください。

解説「むさし」は池田利隆、「うは」は利隆の乳母の栄寿尼のこと。栄寿尼は家臣の古田甚内の妻で、利隆の乳母を勤めたのち、そのまま奥に留まって利隆の家族に仕えていた。この時期、利隆の妻鶴子(福照院)と次男三五郎(恒元)は「質」として江戸に居たが、栄寿尼は姫路に留まっていた。「いなばさま」は鳥取藩池田氏の家族のことか。利隆の叔父にあたる長吉は前年九月に亡くなり、跡を継いだ甥の長幸が利隆の下に属して従軍していた。鳥取への連絡を栄寿尼に頼んだのだろう。

もとは折紙であったものを半分に切り向きを揃えて表装している。箱蓋裏書きに「山田市郎左衛門指上、依之御表具被仰付、宝暦九己卯年正月廿二日出来」とあり、表装された時期がわかる。池田継政は宝暦二年(一七五二)に家督を宗政に譲り、空山と号していた。亡くなるのは安永五年(一七七六)。表装は空山の指示によるか。山田市郎左衛門は、四〇〇石、側児小姓の家臣。『池田光政公伝』には、これ以外の栄寿尼宛利隆書状が、古田家所蔵として五通収められている。

紺麻地泊蝶散し文様胴服(林原美術館)　胴服は，武家男性が小袖袴の上などに羽織る上着。池田利隆所用の一領。両胸に大きめの蝶を配して紋所とし，袖や裾にやや小さめの蝶を散らしている。泊蝶文は藩主の好みによって変化し，利隆時代は長い触覚を同じ方向に二本並べて描くのが特徴である。

史料63

下方覚兵衛宛池田利隆書状〔林31〕〔慶長二〇年（一六一五）五月一三日〕

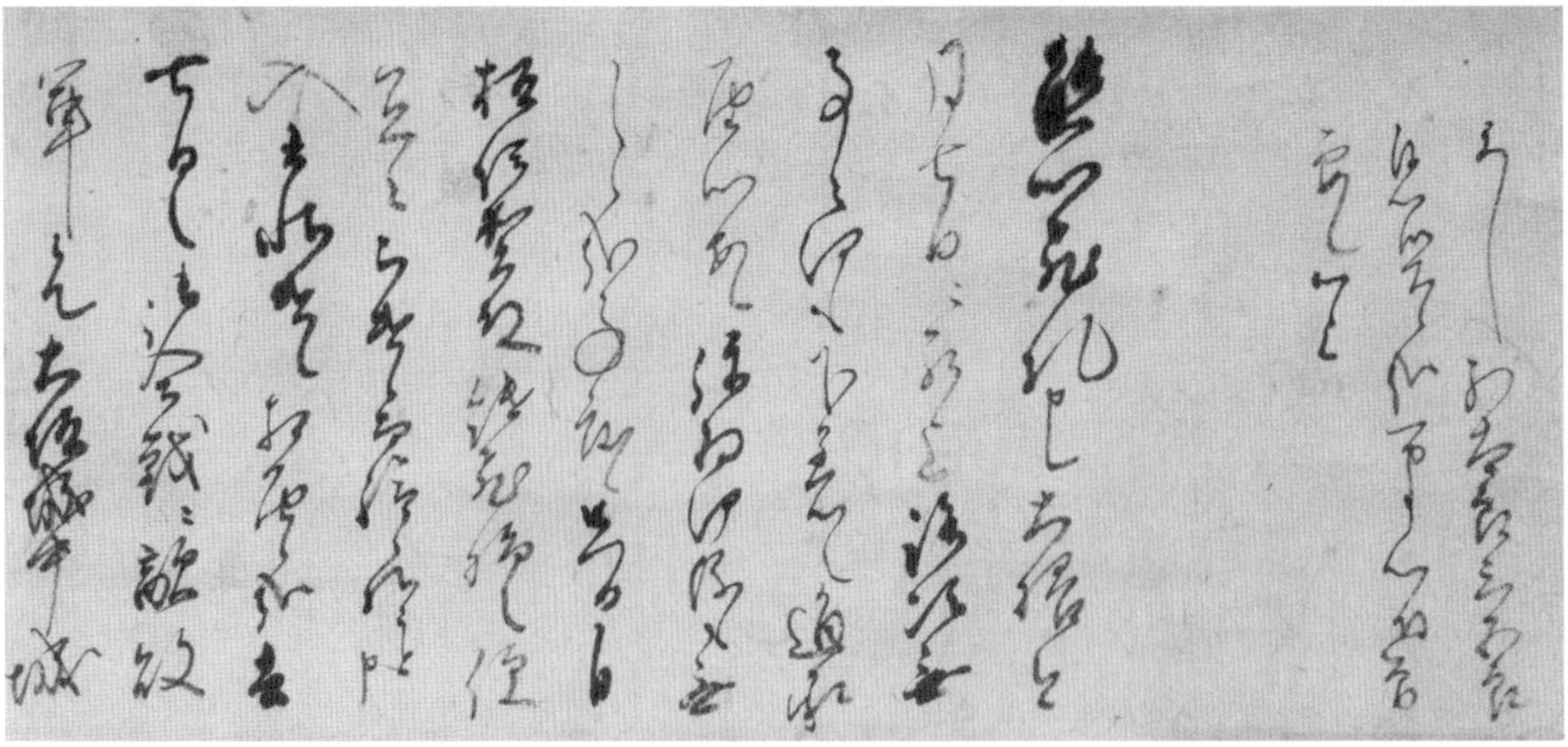

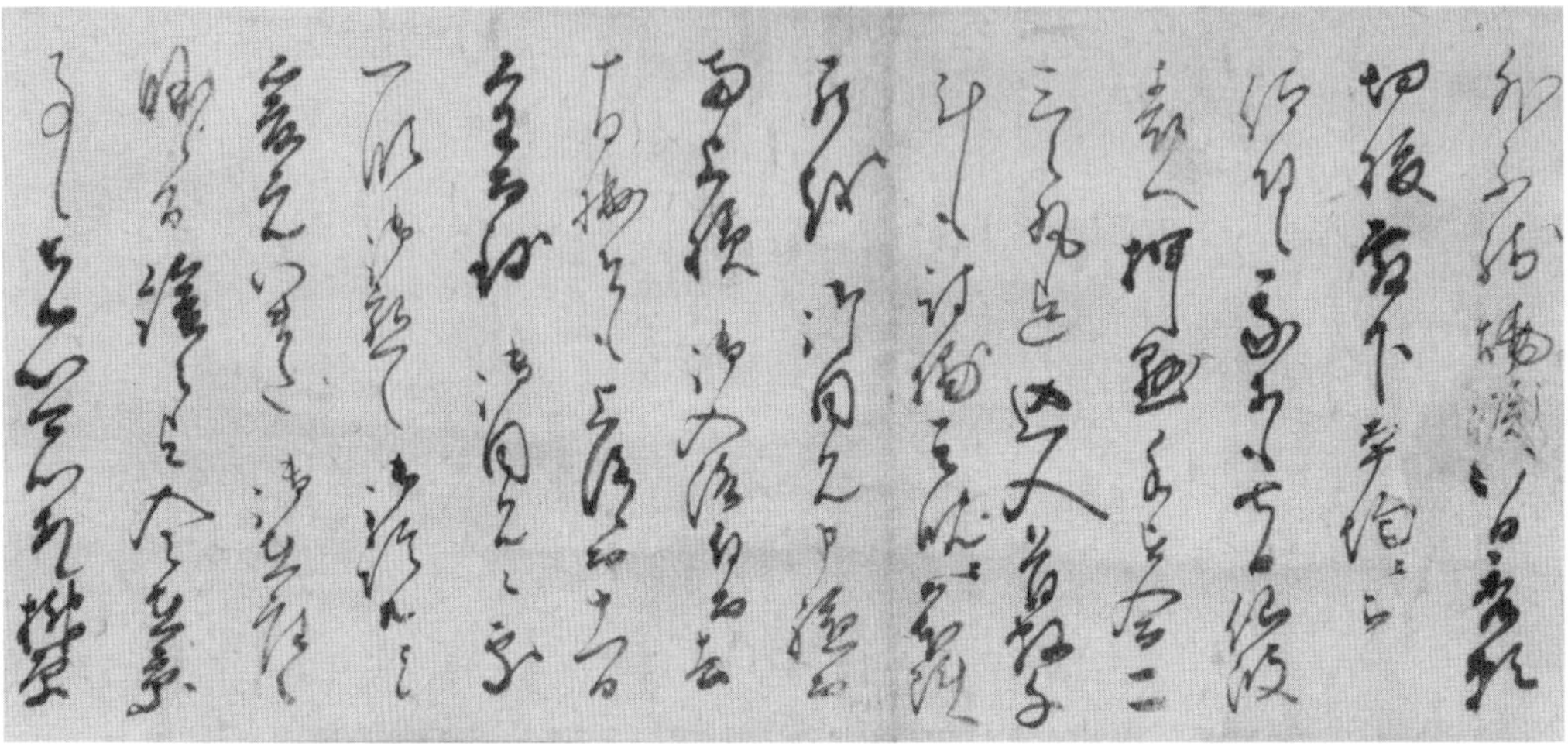

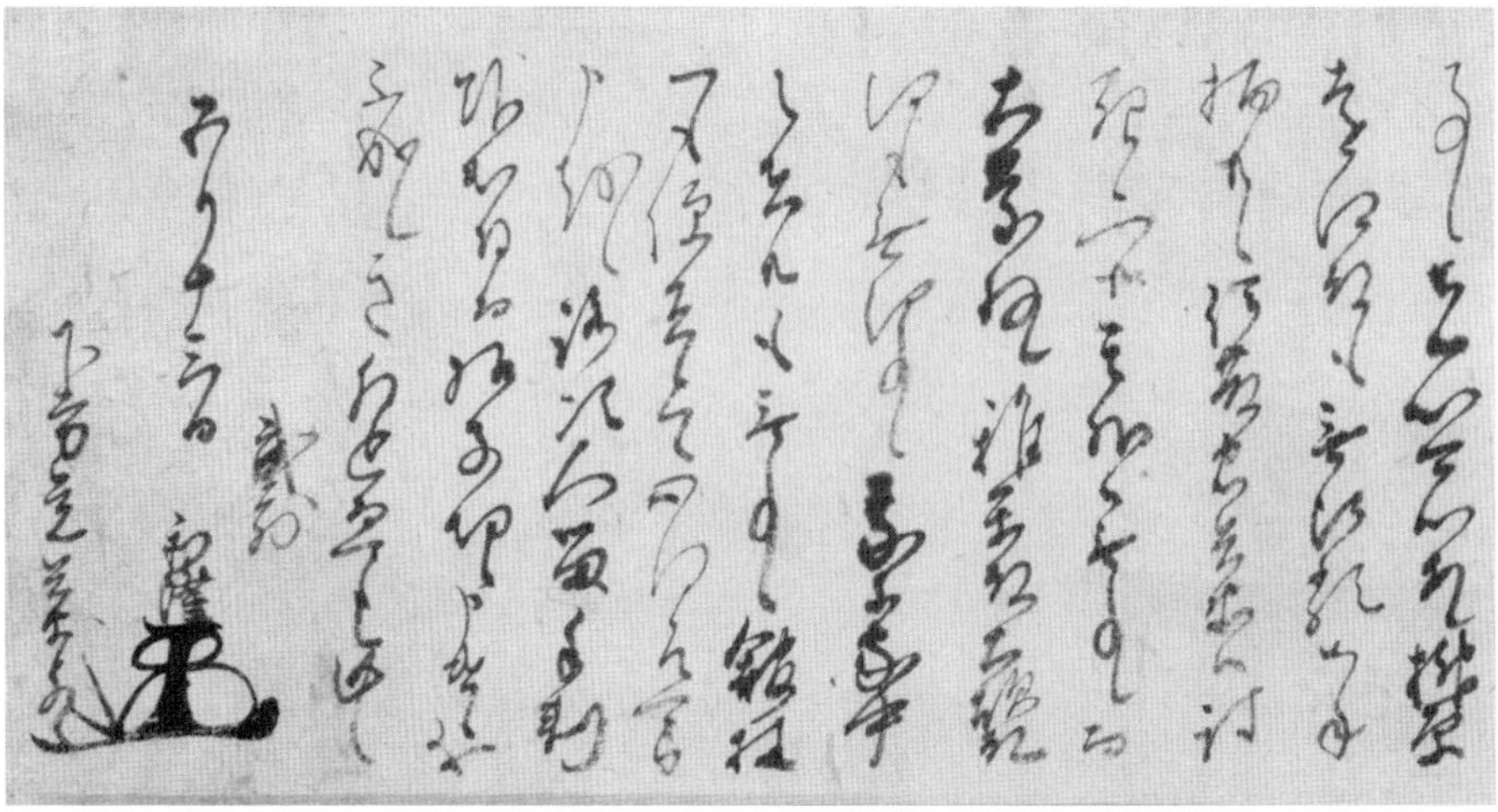

尚々新太郎・三五郎息災候哉、万事心付簡要候、以上

熊以飛札申候、大膳今月七日ニ罷上、路次無事ニ何も下着之通承届、心安候、弥為何儀も無之候哉、承度候、先日自板伊賀殿、継飛脚之便宜ニ被遣候而給候様ニと申入書状遣候、相届候哉、去七日之御合戦ニ敵敗軍候て、大坂城中、城外不残焼滅、八日秀頼切腹、命下平均ニ被仰付候、我等も七日仙波表へ押懸、手を合、二・三之丸迄込入、首数千計も討捕、其晩ニ御本陣へ罷越、御目見申、軈而両上様御入洛付而、去十日拙者も上洛候而、十一日重而致御目見候処、一段御懇之御談共ニ候、爰元いまた御在座之躰候間、緩々与令在京事候、先以可心安候、榊原遠江殿も無比類御手柄共候、伊藤忠兵衛ハ討死候へ共、其外御無事候而大慶存候、雅楽殿・大炊殿、何も無何事候、我等家中之者共も無事候、館林へも便宜候ハヽ、心得候て可被申越候、路次人留手判難出付而、様子切々申遣候義不成候き、猶追而可申候、謹言

五月十三日　　武蔵

利隆(花押)

下方覚兵衛とのへ

【現代語訳】

わざわざ飛札(急用の手紙)を遣わして申します。番大膳が今月七日に上京し、道中も無事で皆到着したと承り、安心いたしました。その後もいよいよ何も変わったことはありませんか。そちらの様子を聞きたいと思います。先日、板倉伊賀守(勝重)殿から継飛脚のよい便があればそれで送ってくださいと申し入れ、それによって書状を送りました。届いているでしょうか。先日七日の戦闘で敵方は敗北となり、大坂城の内外ともに焼き滅ぼされ、八日には秀頼も切腹し、この地は平定されました。わが軍も七日には仙波(船場)口へ押し詰め、敵方と戦闘に及び、さらに二の丸・三の丸にまで攻め込んで、敵の首を数千も討ち取りました。その晩には家康様の御本陣にうかがい、御目見もいたしました。やがて家康・秀忠の両上様はご上洛になったので、自分も去る一〇日には上洛し、一一日に重ねて御目見しましたところ、一段とお懇ろのお言葉を掛けて頂きました。両上様はいまだこちらにご滞在のご様子なので、わたしもゆっくりと在京するつもりです。まずはご安心ください。榊原遠江守(康勝)殿もほかに比べようもないほどのお手柄でありました。残念ながら伊藤忠兵衛は討ち死にしましたが、そのほかの者はみな無事で大変目出度く思っています。雅楽殿(酒井忠世)・大炊殿(土井利勝)も無事です。われらの家中の者も無事です。榊原の居城である館林のほうにも便宜があれば、以上の様子を心得て、よいように連絡してください。街道では「人留め」が行われているため手紙を出すことが難しい状況でしたので、こちらの様子をたびたびは伝えることもできませんでした。なお、また改めて申します。以上謹んで申します。

なお、息子の新太郎(光政)と三五郎(恒元)は息災でしょうか。何事についてもよく心配りをすることが肝要です。

解説　慶長二〇年(一六一五)五月の大坂落城直後に、利隆が江戸の下方覚兵衛へ宛てた書状。秀頼切腹の様子など伝える内容からは、戦後の高揚した気分が伝わってくる。覚兵衛は尾張の出身で小早川秀秋に仕えたが、後に土肥周防の推薦で利隆に仕えることとなり、慶長一六年からは嫡男光政の傅役を務めていた。利隆と家族との窓口のような位置にいた。下方に宛てたこの手紙も、子供とともに江戸に居る妻の鶴子(福照院)に披露されることを考えたものだろう。番大膳は利隆の信任篤い近臣。冬の陣のとき、片桐且元に利隆軍が加勢しなかったことを咎められた事件では、大膳が命を賭して利隆に二心のないことを弁

明した。夏の陣のときには、「質」として江戸に送られる福照院らを護衛した。この書状で利隆は、大坂城攻めて大きな戦功をあげたこと、家康には二度も御目見して、褒められたことなど、大坂での様子を江戸の家族に知らせて安心させようとしている。榊原遠江守、名は康勝。福照院の弟で、父康政の家督を継ぐ。大坂冬の陣・夏の陣では先鋒を務めた。伊藤忠兵衛は康勝の先陣として突入、討ち死にした。家中の者だけでなく、妻の実家の榊原家にも気を遣っており、利隆の真面目な性格がうかがえる。板倉勝重、酒井忠世、土井利勝といった徳川家の重臣の動向も伝えているが、これは江戸での付き合いに必要な情報だからであろう。また追伸には、息子の新太郎(光政)と三五郎(恒元)の様子を気遣う記述も見られる。輝政の跡を継ぎ姫路藩主として徳川家に仕える一方、利隆の父親としての一面もうかがわせる史料である。

　もとは折紙であったものを半分に切り、向きを揃えて横長に表装している。『調度記』三七(書画之部　懸物三)「利隆公御筆」に記載があり、「故月見櫓」と朱書されている。箱蓋裏書に「寛延二己巳年九月四日御表具出来」とあり、表装された時期がわかる。継政の指示によるものだろう。

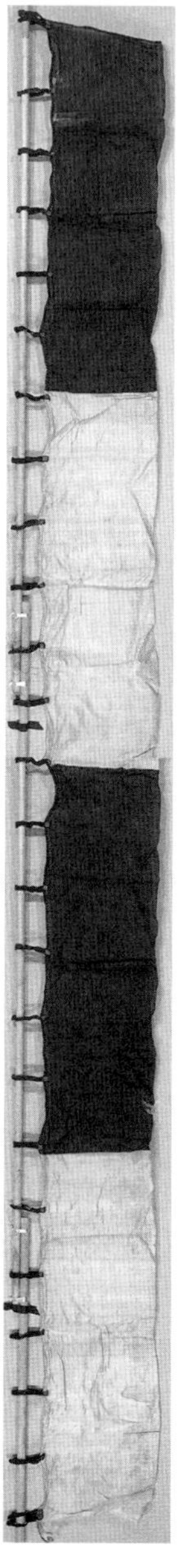

池田家旗指物(林原美術館)　池田利隆が大坂の陣の時に使用した旗指物。二重箱に納められており，外箱の旧蓋表には「大坂御陣之節御持之御旗絹四十三」とある。蓋裏には文政９年(1826) ５月９日付けで旗奉行荒尾清左衛門・伊藤佐左衛門連名の墨書があり，手違いで43年来武具方の牛櫓で保管されていたが，このたび貝太鼓奉行瀧川万五郎の伺いにより，本段櫓三階へ移動となり，櫃も新調したと記されている。

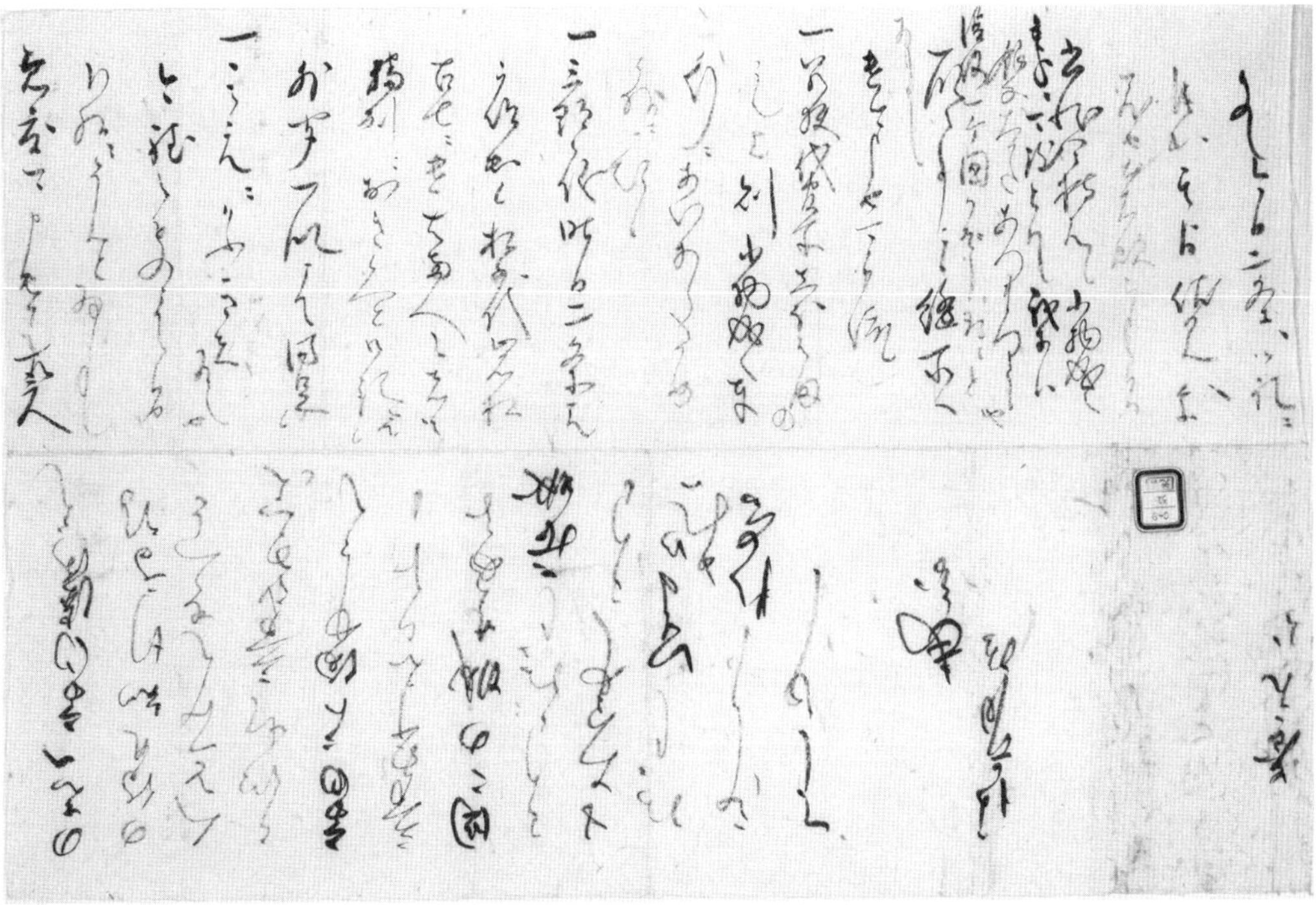

史料64　横井養元宛池田利隆書状〔池33〕〔慶長二〇年（一六一五）〕閏六月九日

尚々、今日二条へ御礼ニ罷出、其ゟ伏見へ参可然由、御所様被申候
間、其分ニ可致と存候、我等ハ淡路一ヶ国かぞう取ニと存事候
書状令披見候、小物成之銀子、大かたあつまり候由、一段之事ニ候、
縫所へ遣可申由、可被申渡候
一若狭代官所しほはまのうん上、則小物成へ奉行ニあいあらため候様ニ
仰候
一三郡之儀、昨日二条ニて被仰出候、松千代・岩松・古七ニ遣、右両人
之者も播州ニおき候へと御諚ニて候、外聞一段ニて満足候
一其元ニかふき者有之由、今程之ものニて候間、同様ニ候ハんと存事候、
急度可申遣候、右三人の者へ、宮内淡路ニての侍共、知行高ほと人を
つけ候て遣候へと被仰出候、三万弐千石ニて候、宮内ニハ備中にて三
万五千石被下候、国々の城共、多分わり候様ニ申候、居城も大りやく
わり候様ニ申候、いまた御ふれハ無之候、猶追而可申候、謹言

後六月九日　　武蔵

養元

まいる

【現代語訳】

書状を拝見しました。小物成の銀子が大方集まったとのこと、とりわけて結構なことです。その銀子を香西縫殿の所へ送られるとのこと、そのように申し渡されるのがよいでしょう。

一若狭代官所の塩浜運上については、すぐに小物成として改めるように奉行に命じなさい。

一（忠継が領していた播磨国の）三郡のことについては、昨日二条城で仰せ出されました。松千代（輝澄）・岩松（政綱）・古七（輝興）の三人の弟に遣わし、右両人の者（岩松・古七）も播磨に置くようにという決定でした。これで外聞も一段とよく、満足しています。

一国元にかぶき者が居るとのこと。一時的に流行っているものなので、同じようなものだと思います。必ず止めるように申し遣わすべきです。

三人の弟には、宮内（池田忠雄）が淡路に居たときの家臣から、知行高ほどの人数を付けて遣わすようにと仰せ出されました。あわせて三万二〇〇〇石ほどになるでしょう。宮内（忠雄）には（備前一国に加えて）備中国で三万五〇〇〇石が下されました。国内の城については、多い分は破却するようにとの仰せです。居城としているものも大概は破却するようにとのことです。まだ正式のお触れはありません。なお、追って知らせます。以上謹んで申します。

なおなお申します。本日二条城へお礼に出掛けました。続けて伏見の将軍（秀忠）にお礼に参るのがよいと御所（家康）様が申されましたので、そのようにしようと思います。自分には（忠雄が領していた）淡路一国が加増になるものと思っています。

解説　内容と閏月から慶長二〇年（一六一五）と推定される。同年二月、良正院と忠継とが相次いで亡くなった。その遺領の配分は大坂落城後に行われた。その様子を利隆が播磨の国元に居る横井養元に知らせた書状。養元は医者で、利隆の側近くに仕えた。「太平記読み」で御伽衆のような存在であったろう。書状の冒頭では播磨の領地での小物成や塩浜運上について指示している。「若狭」は赤穂郡若狭野（現兵庫県相生市）か。とすれば忠継旧領である。香西縫殿は譜代の家臣、「侍帳」では備前衆に名前があり、一〇〇〇石の物頭。忠継旧領の塩運上を含め小物成銀を備前に送るよう指示したとすれば、辻褄は合う。輝政死後の池田家の領地支配が流動的であった状況を反映しているだろう。

さて、遺領配分であるが、まず備前一国は忠雄に与えられ、忠雄はそれに備中にあった良正院の化粧料三万五〇〇〇石を加えて三一万五二〇〇石を領有することになった。残りの播磨三郡については、宍粟郡三万八〇〇〇石が輝澄に、赤穂郡三万五〇〇〇石が政綱に、佐用郡二万五〇〇〇石が輝興にそれぞれ与えられた。このとき、二条城には家康が、伏見城には秀忠が居た。忠継の遺領配分が家康の決定したものであることがわかる。利隆は幼い政綱・輝興の後見を勤めており、この両人は引き続き姫路の利隆のもとに置かれることになった。三人には忠雄に付けられていた淡路衆から家臣を付けるよう家康の指示があった。忠雄は忠継の備前衆を継ぐ。なお、利隆は忠雄の領地であった淡路国が自分に与えられると思っていたが、この望みは裏切られ、阿波徳島藩の蜂須賀至鎮に与えられる。至鎮の妻は家康の養女（外曾孫、小笠原秀政の女）であった。

この書状の最後のほうで、いわゆる「一国一城令」について触れているのも興味深い。利隆は「いまた御ふれハ無之候」と述べているが、結局統一的な法令は出されなかったようだ。

史料59・史料66と一緒に三通まとめて包紙に包まれている。その包紙に「御廟」と書き込まれており、貼紙朱筆で「十三ノ六」とある。

史料65　池田利隆宛徳川秀忠黒印状〔池34〕〔元和元年(一六一五)〕九月朔日

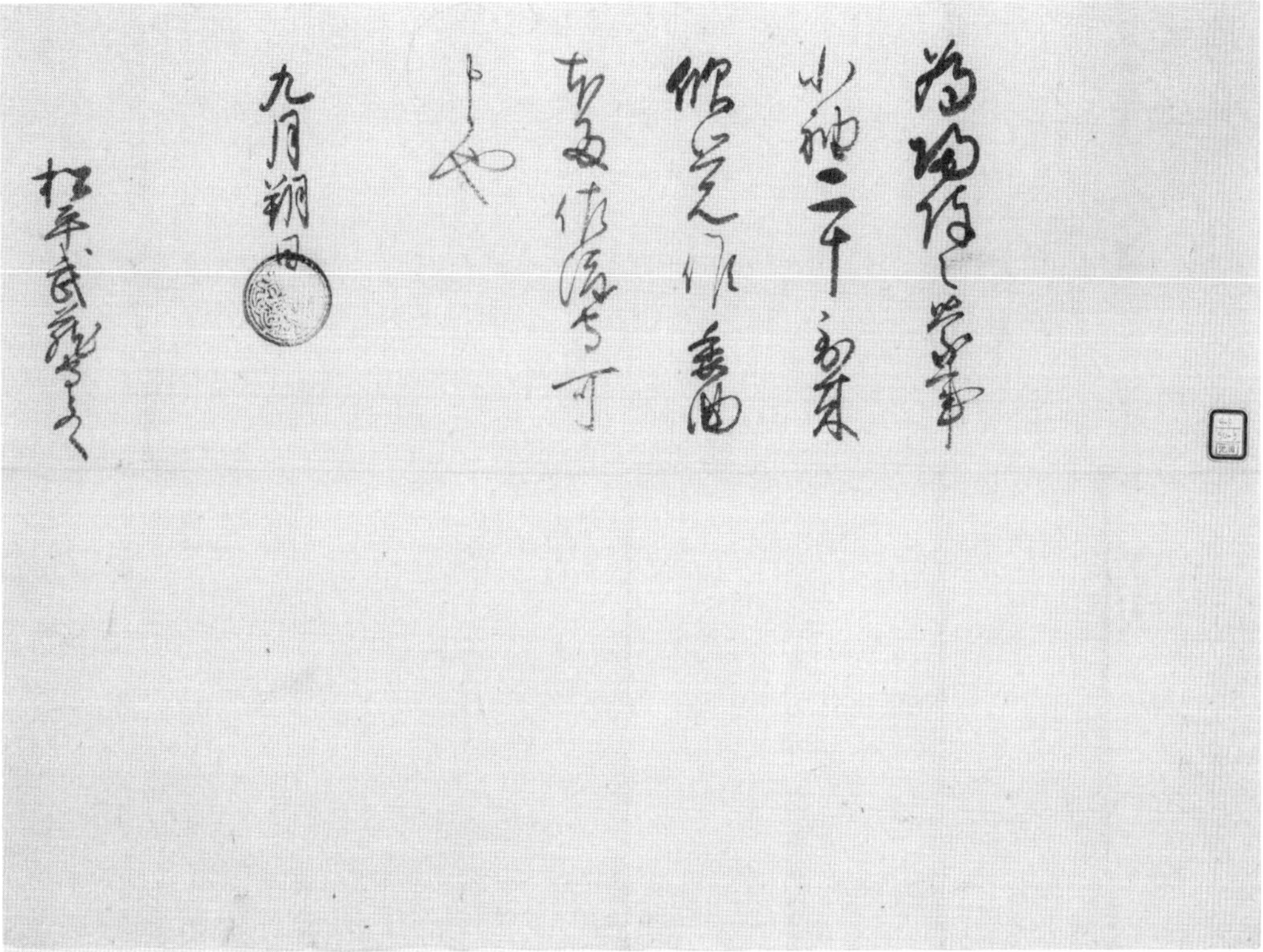

為帰陣之慶事、小袖二十到来、欣覚候、委曲本多佐渡守可申候也

九月朔日　(徳川秀忠)(黒印)

松平武蔵守とのへ

【現代語訳】

帰陣のお祝いとしてあなたが贈られた小袖二〇領が到来しました。喜ばしく思います。詳しくは本多佐渡守(正信)が申すでしょう。

解説　元和元年(一六一五)七月、「元和偃武」後の一連の政治課題を果たした秀忠は、一九日伏見を発ち、八月四日江戸に着いた。九月朔日には諸大名が例の如く江戸城に出仕した。これを祝って利隆が贈り物をしたのに対する秀忠の礼状と思われる。本多正信は元和二年六月七日に亡くなる。

包紙あり。史料39・史料40と一緒に包紙に包まれており、その外包紙に貼紙朱筆で「十三ノ五」とある。

史料66　横井養元宛池田利隆書状〔池35〕〔元和元年（一六一五）〕極月二八日

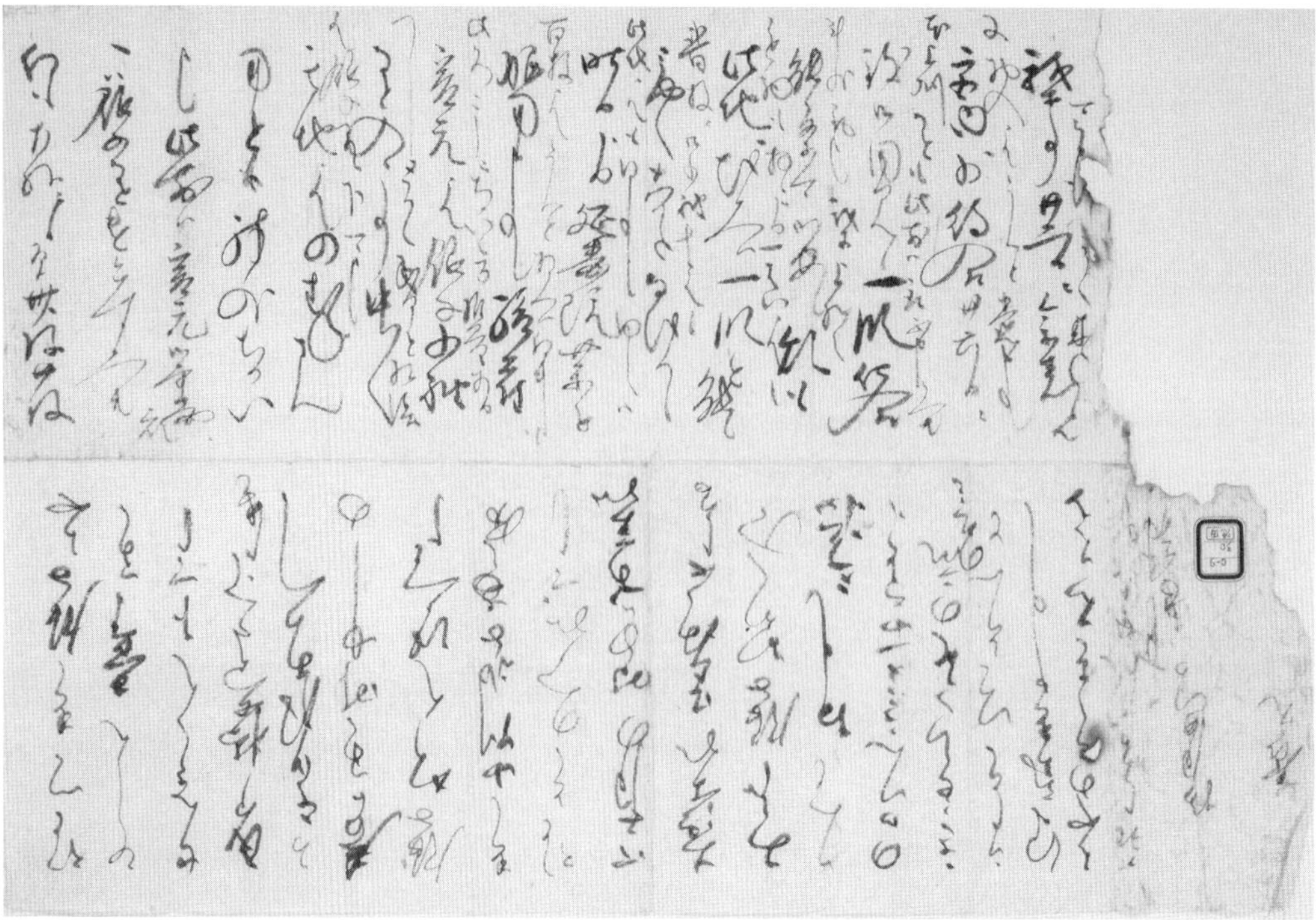

□可被申渡候まゝ成申候、又物入ニて候ハんと迷惑申事候、本上州なとも、此前ハ取不申候へ共、計外取申候、我等上様之進物も、存候ゟ一はいニて候、弐百枚ニ御小袖十ニて候、此地ニても同事候、内々ハ百枚ニて候ハんと存候へハ、何事も此かつこうニちかい候間、推量あるへく候、とかく民部と相談候て、銀子早々下可申候

我等事、廿二日ニ参着候て、宮内少待合、廿六日ニ致御目見候、一段仕合能候条、可心安候、煩も此地へ越候へハ、一段と能候、ミやく大かたなをり候、昨日ゟ延寿院薬を服用申事候、駿府爰元ニて銀子・小袖なと入候事、中〳〵其地ニてのむねさん用とハ殊外ちかい申候、此前ハ爰元御年寄衆へハ銀子なと遣候はす候へ共、何も左様ニ候条、卅枚廿枚ほとつゝ遣候、銀子はや無之候て、迷惑ニ候、早々せんさく候て下可申候、民部・播右衛門かたへも申遣候間、其心得あるへく候、春ハ早々町中の銀子かり候て越候へと申遣候、小判弐千両之分ほと、とゝのへ候様ニ可申候、四、五月の時分ハ、若君様・大御所様御上洛之由申候間、又候哉、銀子おほく入候ハんと存事候、上洛の御いんきよ所なとも、きもちたての衆のそミ被申候ハヽ、いかゝ候ハんと、何も気遣申事候、はやのこらす石はな取申候間、□

極月廿八日　　　　　　武蔵

養元

【現代語訳】

我等はこの二二日に江戸に到着し、宮内少(忠雄)が来るのと待ち合わ

せて、二六日に将軍に御目見しました。大変うまくいきましたので、ご安心ください。自分の病気のほうも、こちらに来て一段とよくなりました。脈のほうもおおかた直りました。昨日からは延寿院の薬を服用しています。駿府でも江戸でも銀子や小袖が必要なことは、なんともはや、その地で胸算用していたのとは大いに違っていました。前回の時には、江戸の年寄衆に銀子を遣わすことなどはありませんでしたが、誰に対しても遣わすことになっていて、それぞれに三〇枚も二〇枚も遣わしました。銀子がもうなくなってしまい、大いに迷惑しています。早々に取り調べて送ってください。民部と番右衛門の所へも申し伝えてありますので、承知しておいてください。来春早々に町人から銀子を借りて送るようにと伝えています。小判を二〇〇〇両ほども調達するように申してください。四月か五月には、若君様(家光)と大御所様(家康)がご上洛なさるといううわさです。またまたでしょうか、銀子が多く要るだろうと思います。上洛中の隠居所などについても、進んで助力する大名を募られるようなことがあれば、どうしたものだろうかと、なんとも思案に暮れております。もう今年の年貢は残らず取り上げていますので、(以下不明)

(尚々書、以上不明)申し渡されるだろうままになるでしょう。また物入りなことだと迷惑しております。本多上野(正純)なども以前は受け取りませんでしたが、意外にも今回は取られました。我等が上様(秀忠)にする進物も、考えていたものの倍も必要です。銀二〇〇枚に小袖一〇にもなります。この地でも同様です。内々では一〇〇枚くらいだろうと思っていましたが、何事もこのように違っています。推し量ってください。とにかく民部と相談して、銀子を早々に送ってください。

解説　豊臣氏を滅ぼしたことによって、幕府の権力と権威は並びなきものとなった。元和元年(一六一五)末、多くの大名が江戸で越年するために上府した。利隆も忠雄とともに江戸に来ていた。忠雄は慶長七年(一六〇二)生まれ、慶長一三年に従五位下宮内少輔に叙任されている。元和元年当時は一四歳。利隆が後見を務めていた。江戸に着いた利隆は、将軍や幕閣への贈答が急増していることに驚いている。そのため、用意していた銀子も底をついてしまった。町人から借りてでも至急に調達するよう国元に指示している。「元和偃武」によって幕府と大名との関係が一変したことを示す内容である。翌年に「大御所」と上洛が予定されていた「若君」は後に三代将軍となる家光のこと。この頃家康は家光を世継ぎ(秀忠の後継将軍)とすることを決めており、翌年の上洛はそのことを広く知らしめるためであったという(藤井讓治『徳川家光』)。こうしたことは利隆はじめ諸大名も承知していたと思われる。しかし、翌年家康は病気となり結局四月一七日に亡くなるので、二人の上洛は実現しなかった。本多正純は正信の子。上野介。秀忠に仕えて年寄衆の一人であった。

「延寿院」は曲直瀬玄朔のこと。父曲直瀬正盛は朱子学流の医学説(李朱医学)を広めた医者で、日本医学中興の祖と言われる。子の玄朔は父を継いで道三と称し、名医として名高い。初め延命院、後に延寿院と称した。慶長一三年将軍秀忠の治療のため江戸に招かれ、常盤橋に屋敷を賜って、京都との間を隔年で往復した。この年は在江戸であったのだろう。翌年利隆が京都に向かうのは、延寿院の跡を追ったのかもしれない。芳賀民部は一〇〇〇石の物頭、水野番右衛門は三〇〇石の無組の近習で、「侍帳」ではいずれも「備前衆」に名前がある。

料紙の袖の部分は焼けて破損しているため、文末は表面が摩耗しているため、それぞれ判読できない。

史料59・史料64と一緒に三通まとめて包紙に包まれている。その包紙に「御廟」と書き込まれており、貼紙朱筆で「十三ノ六」とある。

史料67　池田光政宛江戸幕府年寄連署奉書〔池36〕〔元和五年(一六一九)〕九月一六日

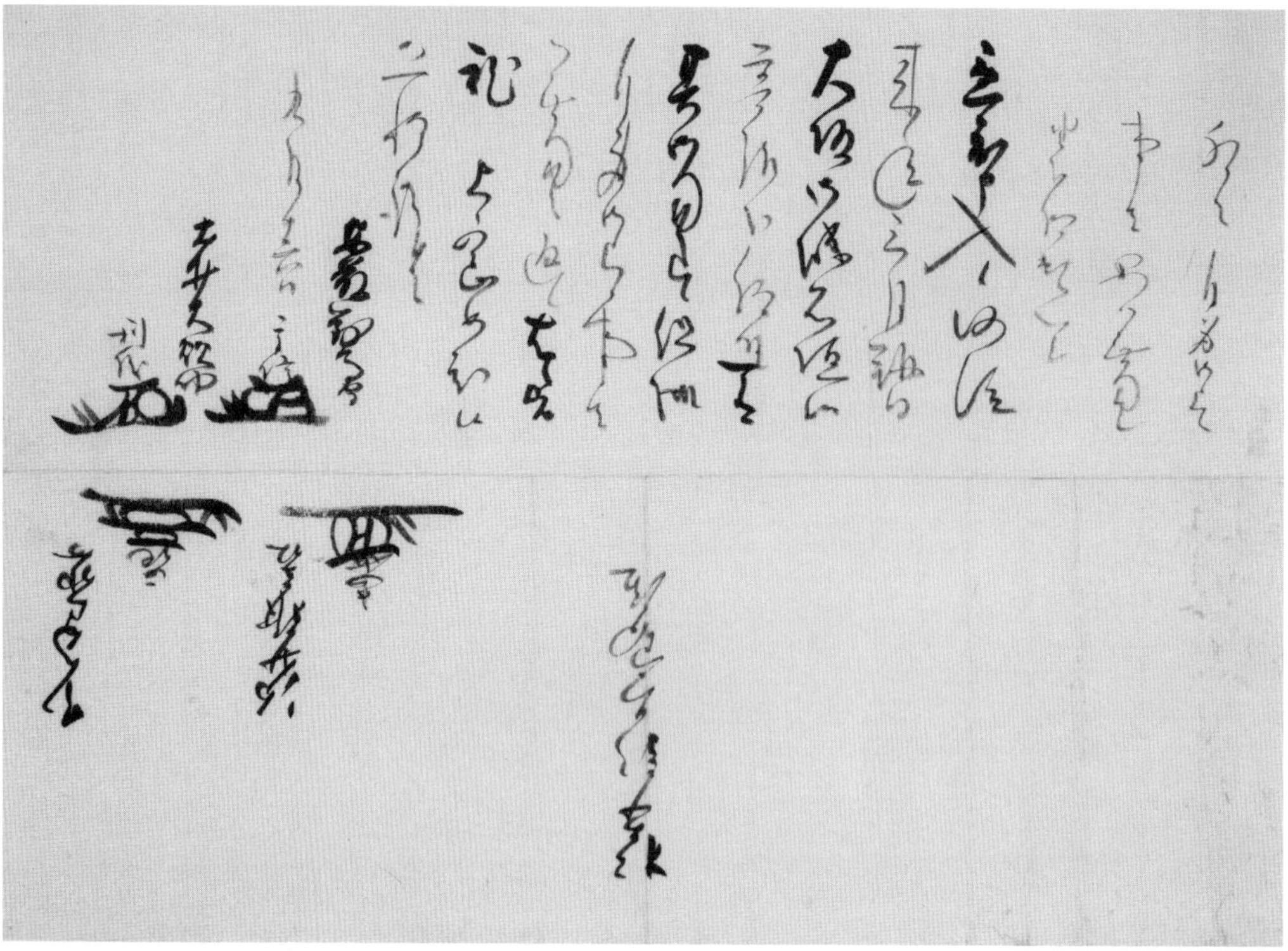

猶々、自身御上候事者必御無用候由被仰出候、以上

急度申入候、仍従来年三月朔日、大坂御城石垣御普請被仰付候、可有其御用意候、但、御自身御上候事者御無用候、返々、右之旨就上意如斯候、恐惶謹言

九月十六日

安藤対馬守
重信(花押)

土井大炊助
利勝(花押)

本多上野介
正純(花押)

酒井雅楽頭
忠世(花押)

松平新太郎殿

【現代語訳】

きっと申し入れます。来年の三月朔日より大坂城の石垣普請が仰せ付けられます。その用意をしておいてください。ただし、ご自身がお上りになる必要はありません。これは将軍の上意でありますので、くれぐれもこのように申し述べます。以上恐れながら謹んで申します。

なおなお、ご自身でお上りなることは必ずご無用だと仰せ出されています。以上。

解説　幕府による大坂城建設は元和六年(一六二〇)に始められるので、その前年のものと推定した。光政に大坂城の石垣普請の御手伝いを命じる年寄衆の奉書。当時光政は鳥取藩主。岡山藩の叔父忠雄とともに瀬戸内海の島々から大石を切り出して奉仕した。藩主自身が大坂に上る必要はないと強調されている。

史料69・史料70とともに三通が一緒に包紙に包まれている。その包紙上書に「大納戸　ハね蓋」と書き込まれており、貼紙朱筆で「十三ノ八」とある。

史料68―池田光政宛徳川秀忠黒印状〔池37〕〔元和六年(一六二〇)ヵ〕四月七日

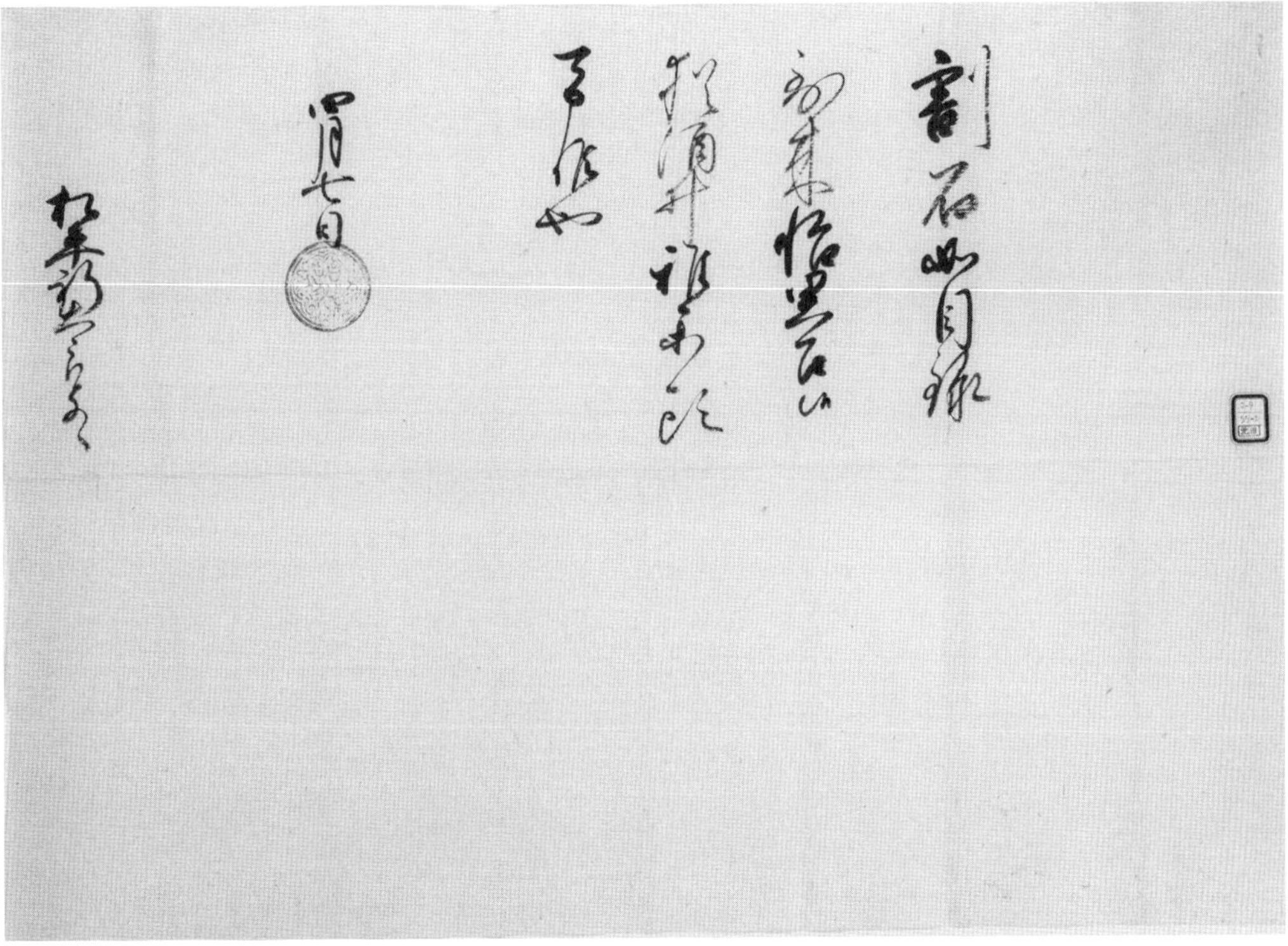

割石如目録到来、怡思召候、猶酒井雅楽頭可申候也

四月七日　(徳川秀忠)(黒印)

松平新太郎とのへ

【現代語訳】

割石が目録の通りに到着しました。嬉しく思います。なお、詳しくは酒井雅楽頭(忠世)が申すでしょう。

解説　割石が目録通り送られたことに対する秀忠の礼状。大坂城普請のときのものか。なお、大坂城の普請は、元和六年から九年(一六二〇～二三)、寛永元年から三年(一六二四～二六)、寛永五年から六年(一六二八～二九)にわたって行われている。酒井忠世が老中を勤めたのは、慶長一五年(一六一〇)から寛永一一年(一六三四)閏七月まで。光政の母鶴子(福照院)の姉が室となっており、将軍と光政とを取り次ぐ役割を果たした。

包紙あり。史料71とともに二通が一緒に包紙に包まれている。その外包紙に「大納戸ハね蓋　御廟」と書込があり、貼紙朱筆で「十三ノ六」とある。

史料69　池田光政宛徳川秀忠黒印状〔池38〕〔元和六年（一六二〇）〕一一月二一日

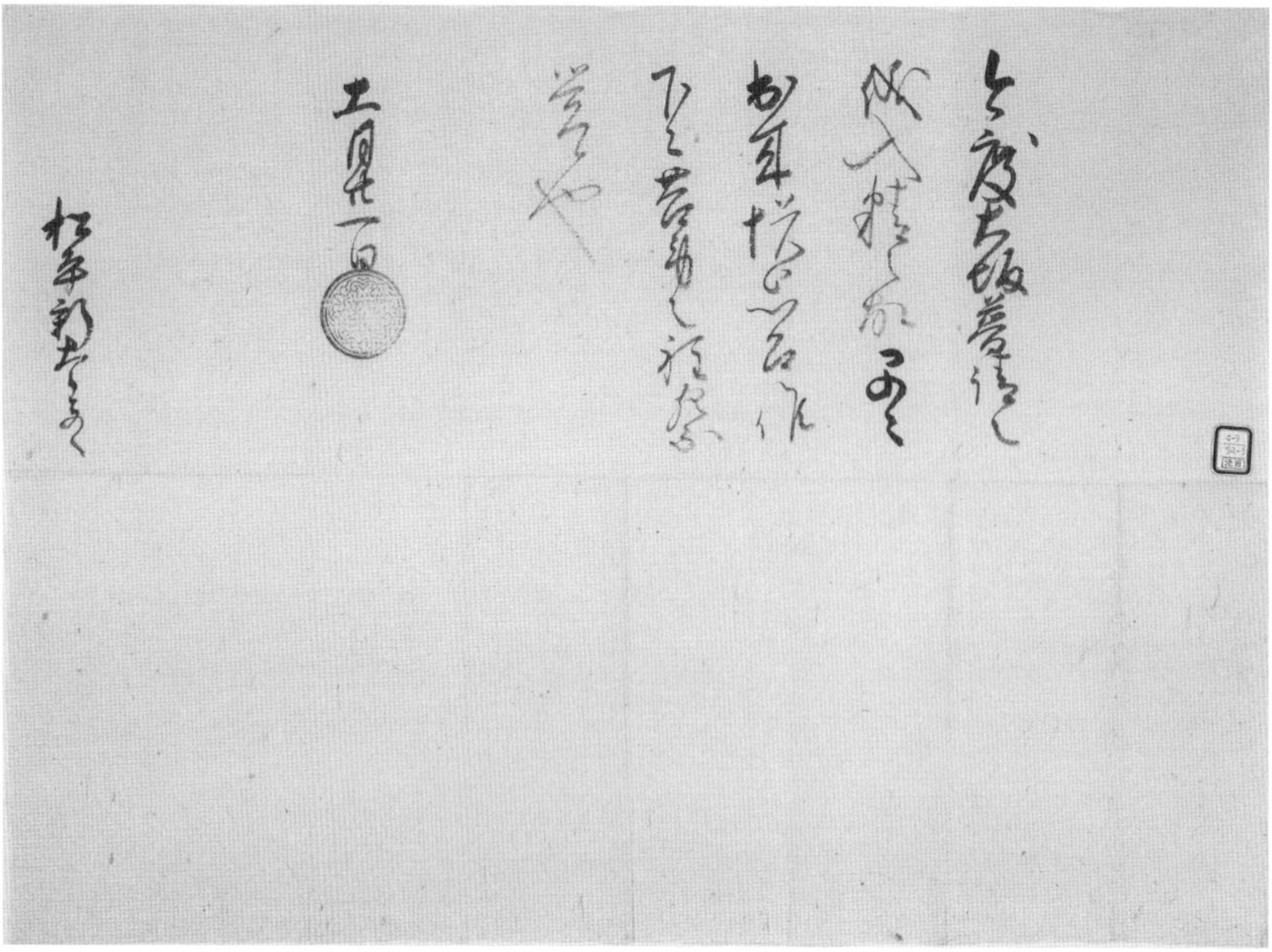

今度大坂普請之儀、入精之故、早々出来、悦思召候、下々苦労之程察覚
候也

十一月廿一日　（徳川秀忠）（黒印）

松平新大郎とのへ

【現代語訳】

このたびは大坂城の普請について精を入れられたので、早々と出来上がりました。喜ばしく思います。下々の者の苦労もさぞやと察します。

解説　大坂城の普請が早々と完成したことについての秀忠の礼状。年次は不明だが、とりあえず「元和六年」とする。

史料67・史料70とともに三通が一緒に包紙に包まれている。包紙上書に「大納戸　ハね蓋」と書き込まれており、貼紙朱筆で「十三ノ八」とある。

史料70　池田光政宛江戸幕府年寄連署奉書〔池39〕〔元和六年（一六二〇）〕十一月二十一日

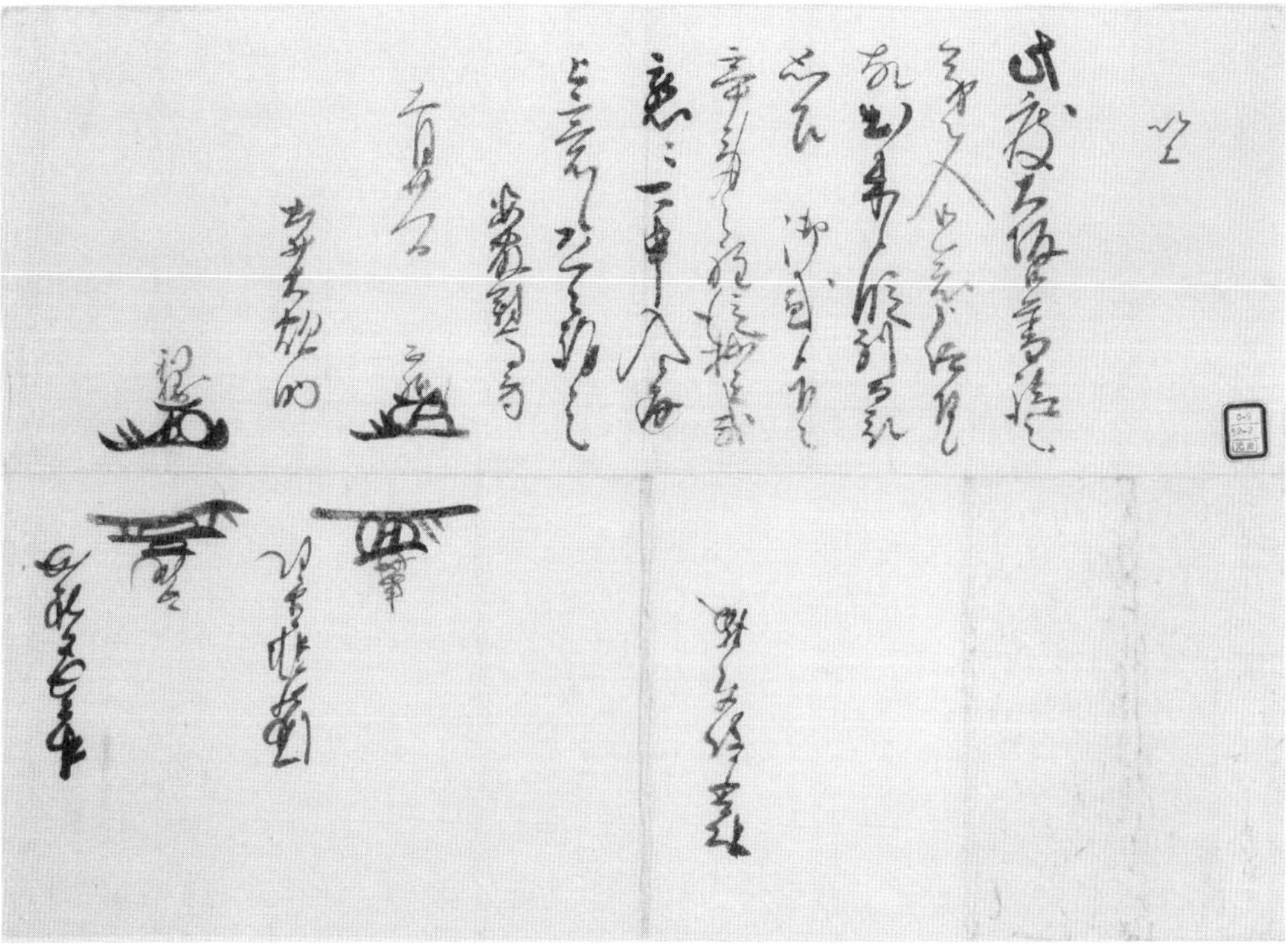

以上

此度大坂御普請之義、被入御念被仰付候故、出来候段、別而被思召御感候、下々辛労之程、従拙者式、懇ニ可申入候通上意候、恐々謹言

十一月廿一日

安藤対馬守
正純（ママ）（花押）
土井大炊助
利勝（花押）
本多上野介
正純（花押）
酒井雅楽頭
忠世（花押）

松平新大郎殿

【現代語訳】

このたび大坂城の普請については念を入れて仰せ付けられたので、早速に出来上がり、将軍もとりわけ感謝しておられます。下々の苦労について、拙者どもからも念入りに申し入れるようにとの上意です。恐れ謹んで申します。

解説　同日付の将軍黒印状（史料69）とセットの年寄奉書。安藤重信の名が誤記されている。

史料67・史料69とともに三通が一緒に包紙に包まれている。その包紙上書に「大納戸　ハね蓋」と書き込まれており、貼紙朱筆で「十三ノ八」とある。

史料71—池田光政宛徳川秀忠黒印状〔池40〕〔年未詳〕五月八日

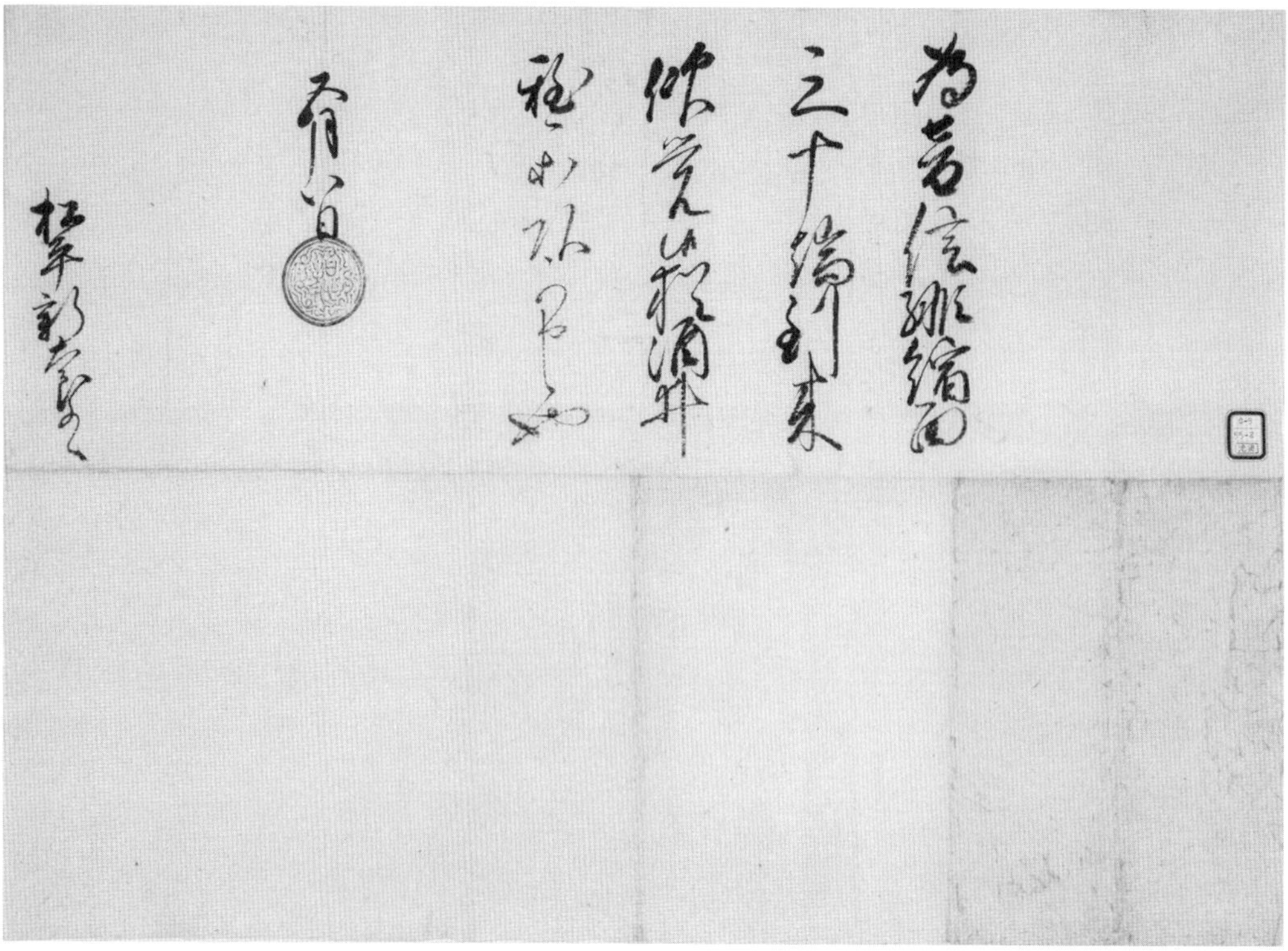

為音信、緋縮面三十端到来、欣覚候、猶酒井雅楽頭可申候也

五月八日　(徳川秀忠)(黒印)

松平新太郎とのへ

【現代語訳】

音信として贈られた緋縮緬三〇端が到来しました。嬉しく思います。なお、詳しくは酒井雅楽頭(忠世)が申すでしょう。

解説　光政が贈り物したのに対する秀忠の礼状。時期からすれば端午の祝儀か。年次はわからない。

包紙あり、「御廟」と記した貼紙がある。史料68とともに二通が一緒に包紙に包まれている。その外包紙に「大納戸ハね蓋　御廟」と書込があり、貼紙朱筆で「十三ノ六」とある。

史料72　池田光政宛徳川家光御内書〔池41〕〔年未詳〕五月晦日

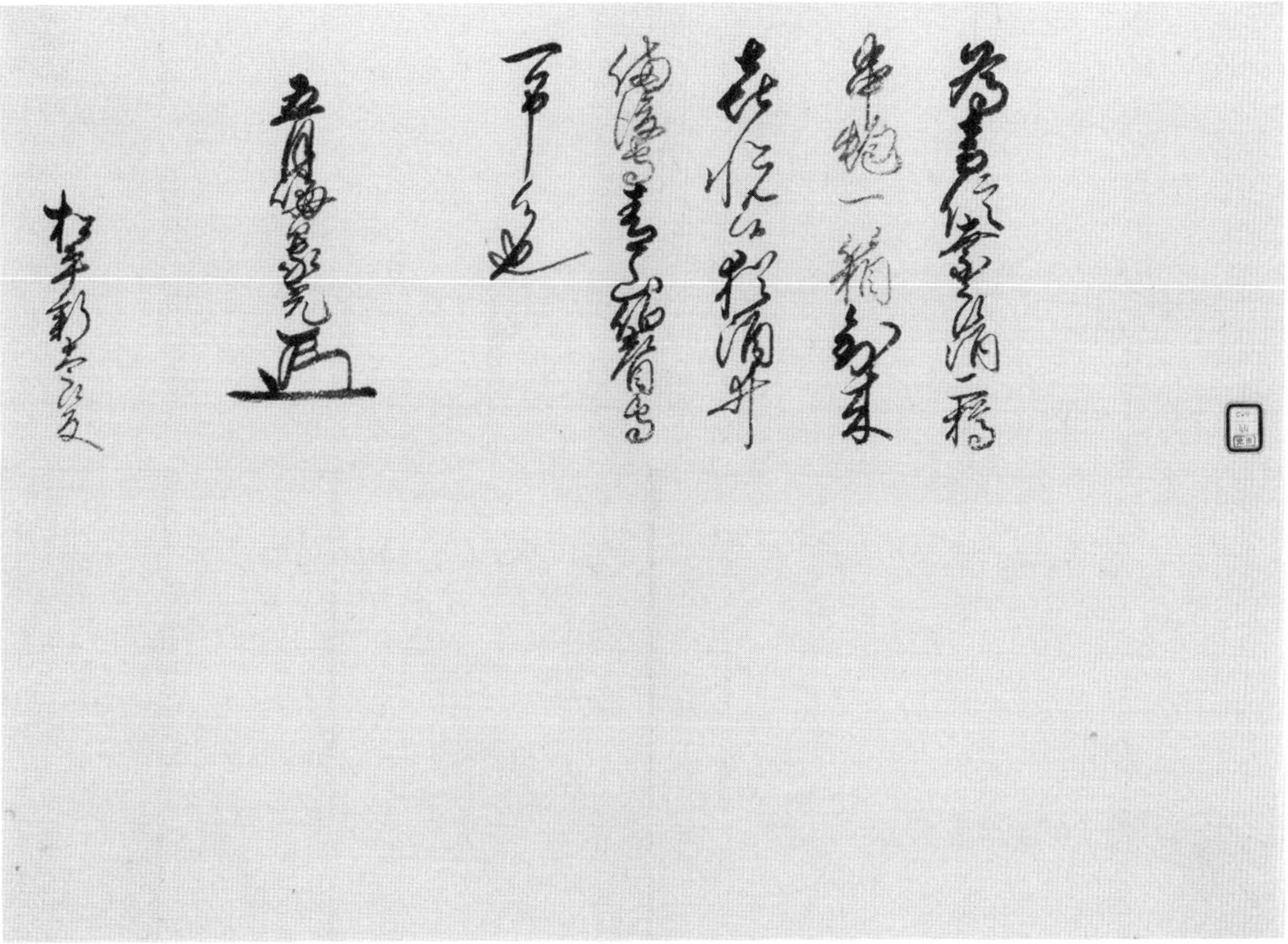

為音信、奈良酒二樽・串蚫一箱到来、喜悦候、猶酒井備後守・青山伯耆守可申候也

五月晦日　　　家光（花押）

松平新太郎殿

【現代語訳】

音信として贈られた奈良酒二樽・串鮑一箱が到来しました。大変嬉しく思います。なお、酒井備後守（忠利）と青山伯耆守（忠俊）が申すでしょう。

解説　光政の贈り物に対する家光の礼状。年次は不明だが、家光が「竹千代」を改めて「家光」と名乗るのは、元和六年（一六二〇）九月六日以降のことであり、将軍宣下を受けるのは元和九年七月二七日。青山忠俊は元和元年九月に家光に付けられ、翌年に年寄となり、同九年一〇月一九日まで務めた。よって、元和七年から同九年までのものである。酒井忠利は川越藩主。元和二年に家光に付けられ、寛永四年（一六二七）に亡くなっている。

二重に包紙で包まれている。外包紙に「大納戸　ハね蓋」と書込があり、貼紙朱筆で「十三ノ十一」とある。

史料73　池田光政宛徳川家光一字書出状〔池42〕　元和九年(一六二三)八月三日

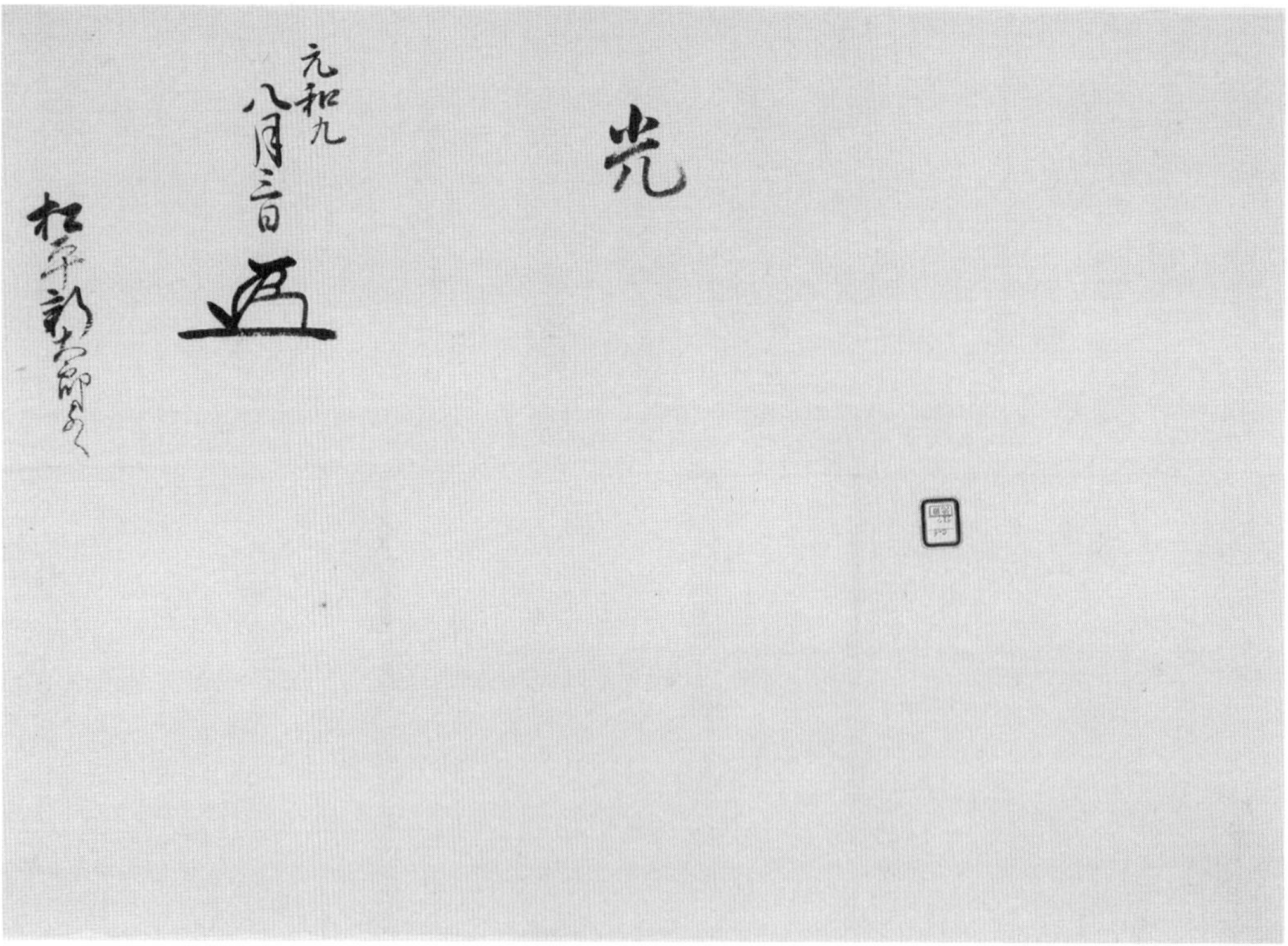

光

元和九
八月三日　(花押)(徳川家光)

松平新太郎とのへ

解説　将軍家光から偏諱として「光」の字を賜ったもの。これにより幸隆を光政と改めた。次いで八月六日には家光の参内に供奉し、従四位下侍従に叙任されている。

二重に包紙で包まれている。「御拝領御一字」と上書された桐箱に、光政から慶政までの一一人に将軍から与えられた一字書出状が入れられている。箱蓋に「故御廟宝庫　大納戸」と記した貼紙がある。

史料74　池田光政自筆池田忠雄追悼歌〔林32〕　寛永九年（一六三二）七月二五日

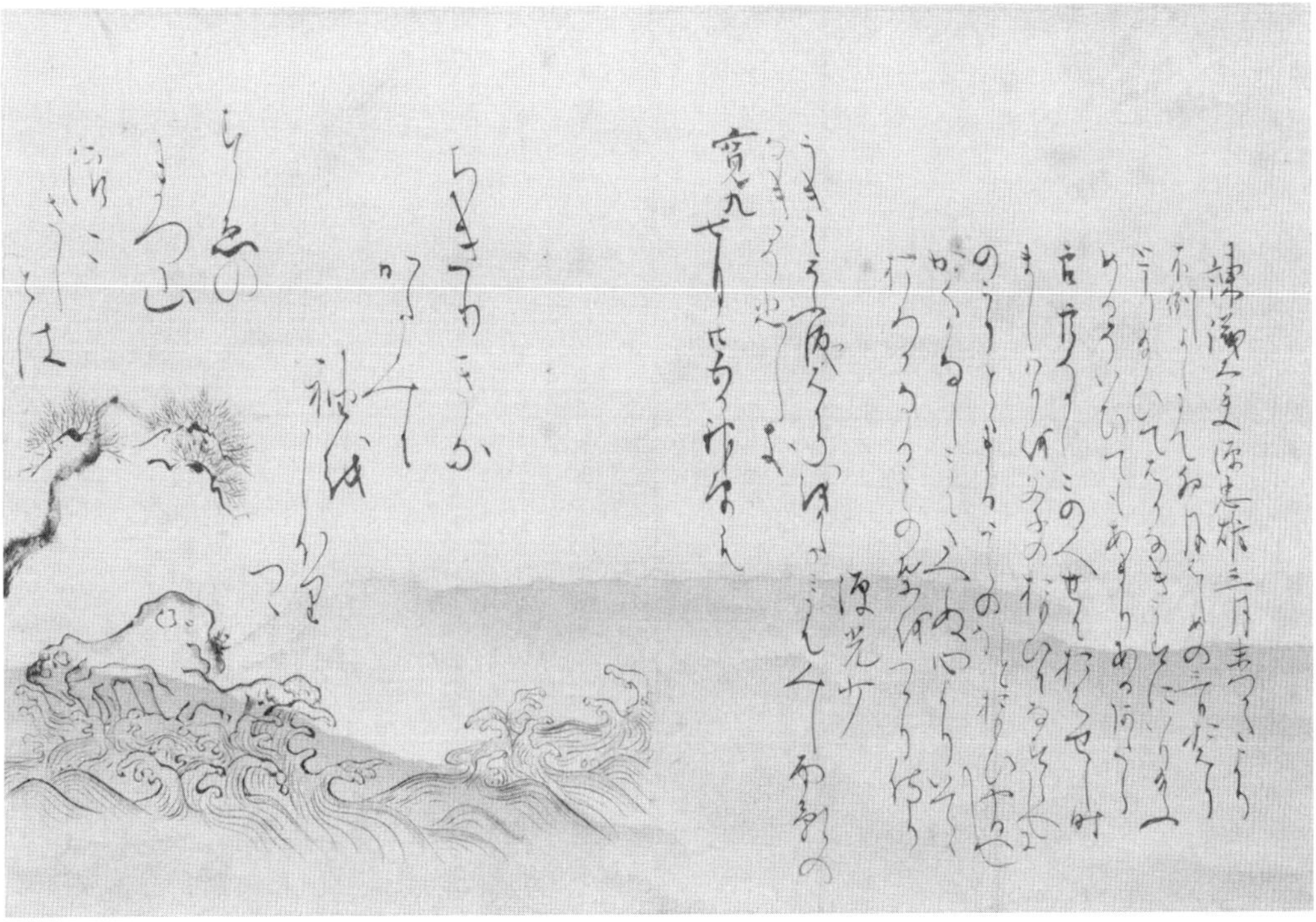

諫議大夫源忠雄、三月末つかたより不例よしにて、卯月はしめの三日おはりとり給ひて、はかなきかすにいり給ふめるそ、いひてもあまりある、あたら良臣そかし、この人世におはせし時、ましハりを父子のおもひになすらへしに、のこりとゝまるうらのほとおもひやるへし、かくかなしミてたへぬ心よりいてゝ、おろかなることの葉をつゝり侍り

源光少

うきにそふ　涙はかりを　かたミにて
みし面影の　なきそ悲しき

寛九　七月廿五日、神原ニて

ちきりきな　かたみに袖を　しほりつゝ
すゑのまつ山　浪こさしとは

【現代語訳】

参議の源(池田)忠雄卿が、三月末頃より体調を崩されているとのことでしたが、四月初めの三日にお亡くなりになり、はかない数にはいられてしまいました。言葉に出しても余りある良臣でありました。この人の在世中、交わりを父子の思いになずらえていたのに、一人取り残されてしまった寂しい心のうちを思いやってください。このような悲しみに堪えない心から出てくる、おろかな言の葉をつづってみました。

泥沼のような深い悲しみのなかで、涙だけを亡くなったあなたのよすがとして見る面影も、本当はないのだと思うと悲しみも深まるばかりです。

解説　寛永九年(一六三二)四月三日に岡山藩主池田忠雄が三一歳の若さで没した。そのあとに光政は鳥取から岡山へ転封になり、江戸から岡山に向かう途中の摂津国神原で忠雄を追悼する歌を詠んだ。存生中は父子のように支えてくれた忠雄をしのんでいる。諫議大夫は参議の唐名。もう一首は『後拾遺和歌集』におさめられた清原元輔の古歌で、「末の松山」(現宮城県多賀城市八幡の丘陵地ともいう)の墨画を添えている。

　包紙に明治二五年(一八九二)六月に購入したとの朱書があり、近世以来池田家が所蔵していたものではないことがわかる。本史料を保管している外箱も、材質(桐材)および形状(印籠蓋造り)は池田家の他の史料と共通するが、史料に比して寸法が長く、後にあてがわれたものである。ただし、光政の追悼歌と詞書は『池田家履歴略記』にも引かれており、江戸時代から池田家では知られているものであった。

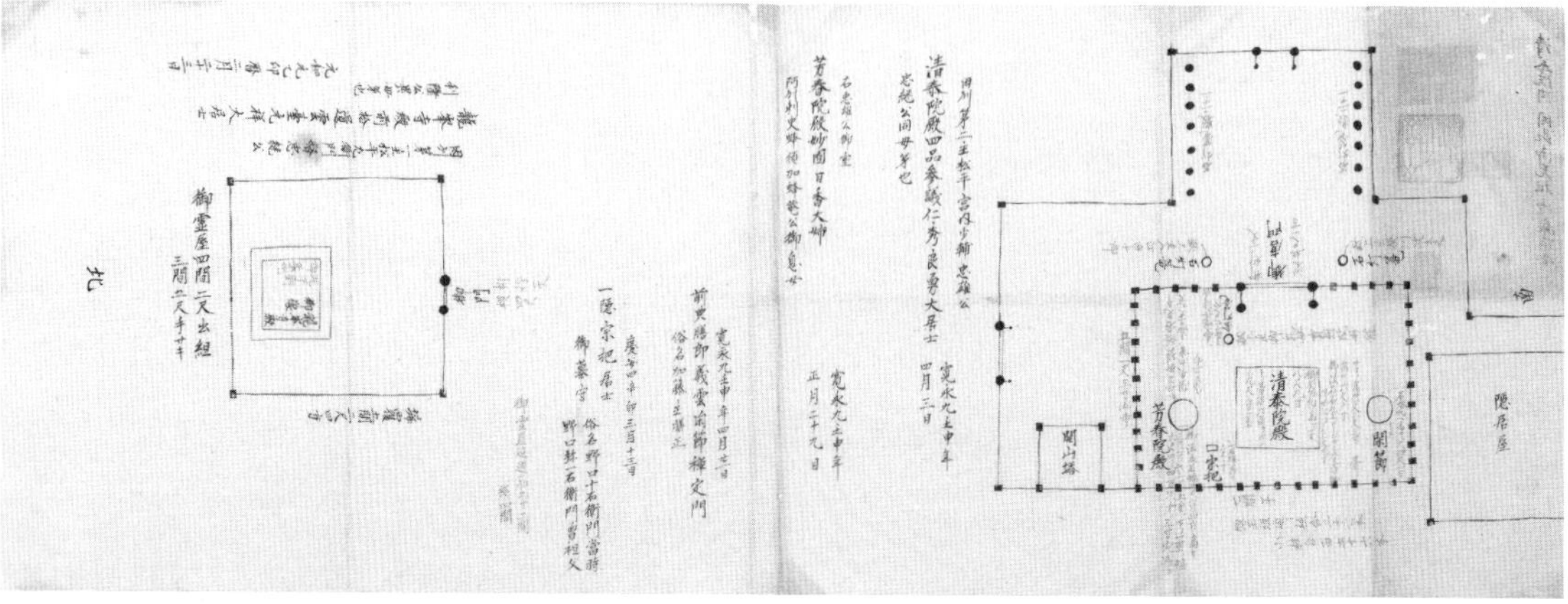

清泰院内因州御先祖御廟所図(池田家文庫　T 13-27)　清泰院は岡山城下にあった国清寺の塔中の一つ。図中左方に龍峯寺殿(忠継)御霊屋，右方に石柵に囲われた清泰院(忠雄)の石塔が描かれている。旭川の改修と新京橋の架設にともない，清泰院は昭和39年(1964)に岡山市南部に移転した。

史料75　池田光政宛池田忠雄書状〔池43〕〔年未詳〕四月九日

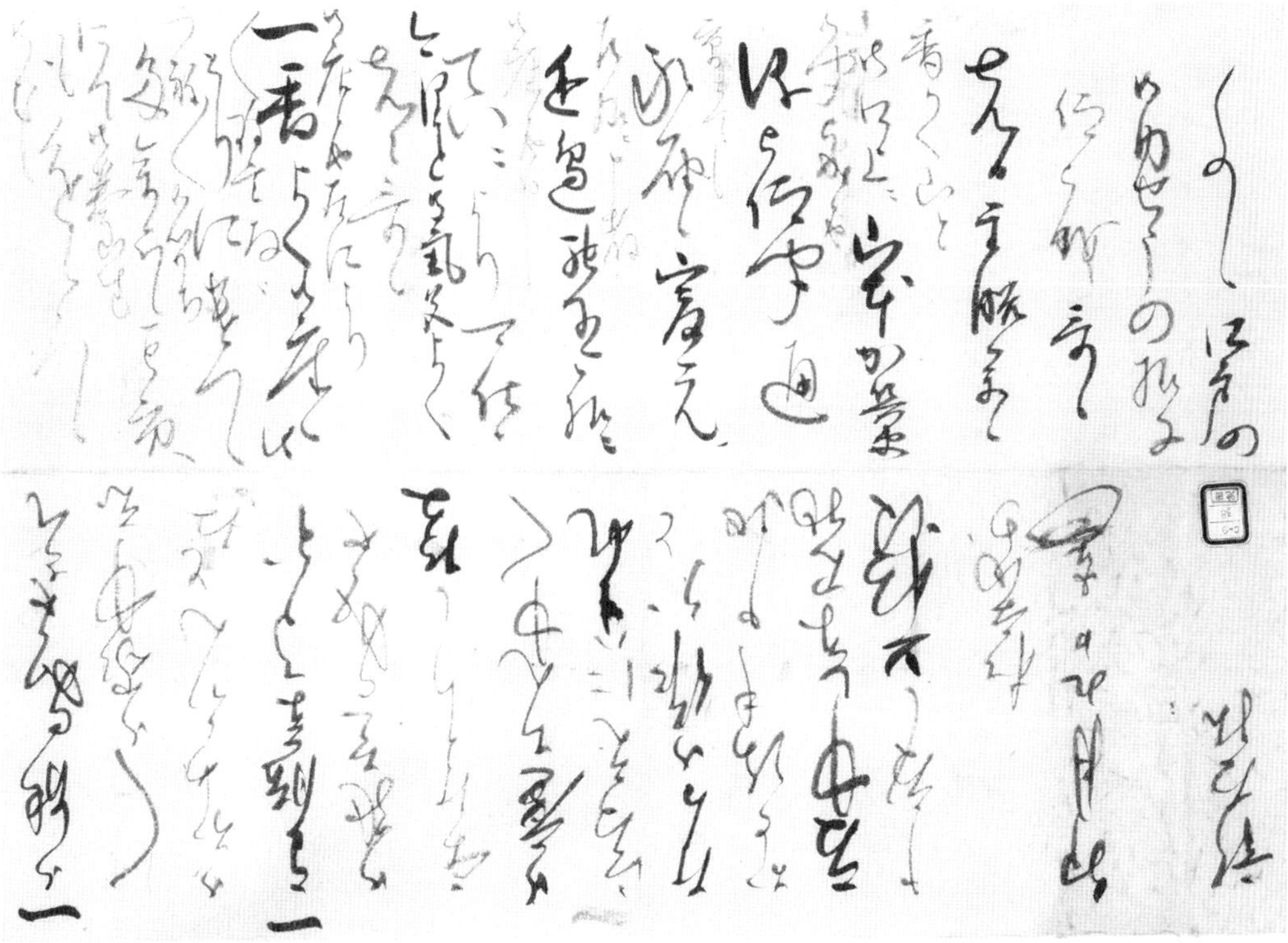

尚々、江戸の御内せうの様子仰被越、忝候、香かく山と御聞被成候由、京ニても左様ニ申者御座候由申候、今ほと御気色よく御座候由、なにより〳〵珍重存候、つね〳〵御心もちにて御養生御尤候

先日主膳参候御口上ニ、山本加兵衛儀被仰聞通承届候、爰元近辺罷有候様ニ、ていニより可仕候、先々忝候

一香よく御座候由、とりに遣へく候、多参候ハヽ、其方へも進之候へく候

一御能被成候由、さて〳〵御家中衆御ほめ候ハんと存候

一主膳参、事外御馳走被成候由、忝なかり候、将又、御庭ちん中〳〵爰元にハまれなる御作分と、おとろき申由候、夏中参、見物申度候、恐惶謹言

松宮内少

卯月九日　忠雄(花押)

新太様

【現代語訳】

先日伊木主膳が参りました際のあなたの口上で、山本加兵衛のことを仰せ聞かされましたが、その通り承知いたしました。こちら(岡山)の近くに居ることができるよう、様子次第でよいように致します。まずはありがとうございました。

一香がよかったとのこと。取りに人を遣わしましょう。多く参りましたならば、あなたにも進上致しましょう。

一あなたが能をよくなさっているとのこと。さぞかし家中の者どもも褒めていることと思います。

一主膳が参って、殊の外御馳走になったとのこと。しきりにありがたがっておりました。また、お庭の亭がこちらではなかなか稀な造作だと驚いたとのことでした。夏には自分も参って見物したいものだと思っています。畏まり謹んで申します。

なお申します。江戸の内証の様子を仰せ越しくださり、ありがとうございました。香の名前は「かく山」とお聞きになったとのこと。京都でもそのように申す者が居るということです。このごろは上様のご機嫌もよろしいとのこと。あなたも常日頃心持ちをしっかりしてご養生なさるのがよいでしょう。

解説 江戸での細々とした様子を光政が知らせたのに対する忠雄の返書。忠雄は領地の岡山に帰っているようだ。二人の親密な様子をうかがうことができる。「内証の様子」とか「御気色」という文言からは、大御所秀忠か将軍家光の御不例が読み取れるか。光政は寛永八年(一六三一)に疱瘡に罹って江戸に滞在しており、秀忠も春から病に臥していた。とすれば、この書状はこの年のものかもしれない。香や能、庭の亭などが話題になっており、若い頃の光政が広く芸能を嗜んでいたこともうかがうことができる。

二重の包紙で包まれており、外包紙に貼紙朱筆で「十一ノ九」とある。

池田忠雄墓　岡山市南区浦安本町の清泰院境内にある。5 mをこえる巨大な無縫塔で，その形状から通称「芋墓」と呼ばれている。岡山市教育委員会提供。

史料76 ―天樹院書状〔林33〕〔年月日未詳〕

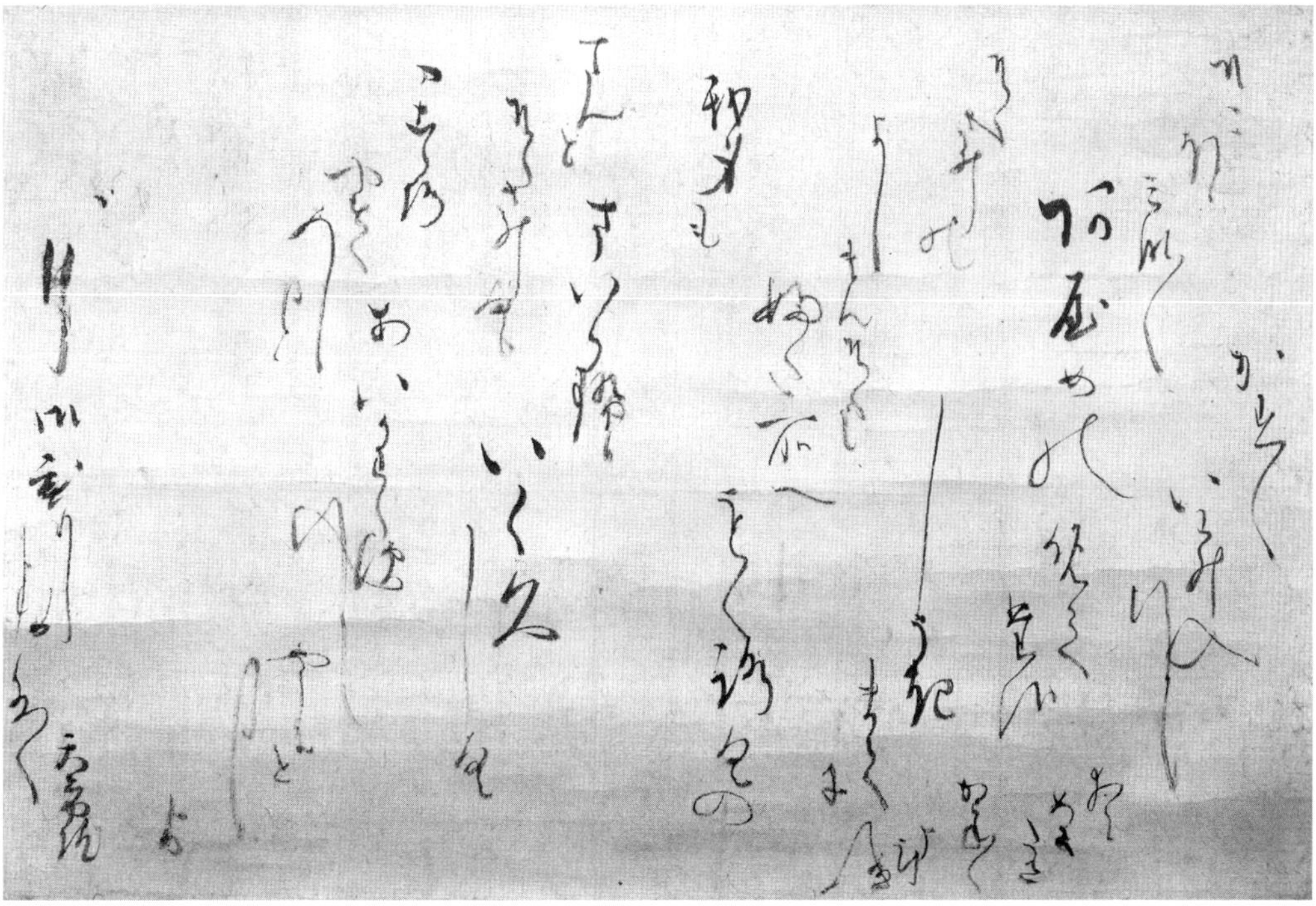

猶々めてたさかさね〳〵申うけ給へく候、かす〳〵いわい入まいらせ候、そこほとみな〳〵そくさいのよし、まんそく申候、我身も一たんとそくさい候まゝ、御こゝろやすく候へく候、かしく

あやめのめてたさ、しうきまてに、ふた所へもくろくのまいらせ候、いく久しくあいかわらすまいらせ候やうにと、かしく

「(切封上書)(切封墨引)

御ひもし
まいる
申給へ
天しゅ院
」

【現代語訳】

端午の節句のお祝いとして二ヵ所へ目録のとおり贈ります。末永く変わることなく元気でありますよう願います。以上畏まって申します。

なおなお、目出度い便りを重ねて申し受けたいものです。何度もくりかえしお祝いいたします。そちらの家内はみな息災とのこと、満足に思います。わたしもますます元気なので、ご安心ください。畏まって申します。

解説　天樹院の書状。「ひもじ」の「ひ」を「備前」と考えれば、宛先は光政か。「ふた所」は江戸と岡山だろう。端午の節供のめでたさを書き送ったものである。光政嫡男の綱政の誕生や初節句を祝ったとすれば、寛永一五年(一六三八)のものか。この年一月五日に綱政誕生。光政は島原天草一揆への出陣に備えて、二月二日に江戸を経ち、同月一九日に岡山着。翌年三月まで岡山に在城する。五月には光政は岡山に居た。光政の妻勝子は天樹院の娘だから、二人の間の子供は天樹院の孫ということになる。勝子母子は在江戸。光政と勝子の間には一男四女が生まれる。この孫たちの成長や婚姻について天樹院はいつも気を配っていた。

綱政は、幼名太郎、三歳の時三左衛門と改めた。承応二年(一六五三)元服し、将軍家綱より偏諱を賜わり、「綱政」と名乗った。寛文一二年(一六七二)光政が致仕すると家督を相続して二代藩主となる。その後四二年間にわたって藩主の座にあり、藩政の発展に努めた。正徳四年(一七一四)没、享年七七歳。池田家文庫には本紙を包んでいた包紙が残されており、それと史料60・参考17とが一緒に包紙に包まれている。その外包紙には「御廟」と書込があり、また貼紙朱筆で「十一ノ七」とある。これにより、江戸期までは「御廟」で「記録」として管理されていたことが知られる。明治以降に池田家において、本紙のみを取り出して掛幅に表装することで、記録を什器に仕立て替えていたことがわかる史料である。箱蓋裏書から表装が行われたのは昭和一七年(一九四二)である。

池田綱政画像(林原美術館) 享保11年(1726)10月29日付けの賛があり，父綱政の13回忌に子の継政が描いたものであることがわかる。綱政が亡くなったとき継政は13歳であった。綱政が還暦を迎えた際に，狩野常信に描かせた寿像(曹源寺所蔵)を写したもの。箱書きに「厚心像」とある。

2 参考史料編

参考1 池田恒興宛羽柴秀吉書状写

〔天正一二年（一五八四）〕三月二〇日

竹中源介口上之儀、一々承届候

一其方御子息先度者御女子有之、只今者御息男被上候、於茶湯ハたきりたる御茶湯を者□□（惟越カ）も被申候事

一勢州ニ者、松賀嶋一城滝川三郎兵衛尉相籠居候を、市場儀者不及申、惣城乗破、天守計江追上、弐万余ニてとりまかせ置申候事

一神戸城ニ者、滝川左近父子弐三千ニて入城被申候事

一峯城相拵、浅野弥太夫・岡本太郎右衛門尉両人、千六七百為留守居残置申候事

一其外五畿内・江州・越刕・西国之人数共、江州ニて相揃、早天気次第、明日廿一日ニ筑前も濃州池尻へ着陣可申候事

一池尻へ罷越候者、其城へ留守居堅被仰付、森武被成御同道、馬乗五騎十騎ニて可有御越候、懸御目談合申、可及行申候事

一水出候者、かちわたり御座有間敷候条、船成次第ニ犬山渡りへ上下之船を可有御寄候、森武へも被仰候て、金山より犬山之間舟悉御よせ尤候事

一佐藤主計ニ以一書如申入、諸人之為候条、如置目城々江留守居者、筑前かたゟ可申付候かと、其方与州へ申渡候へとも、申付候ハヽ、定可申入候事

一人数備陣捕以下之為にて候ハヽ、池尻ニて書付を雖可進之候、為御分別又ハきの御くわゝりにて候ハんと存、先々只今進候事

一犬山を以手柄被取候条、動之儀者其上ニ早候哉と存、満足仕候儀非一候、御礼儀不及申候、其子細者、犬山之儀も尾州儀も、過半筑前折骨、其方御一類ニ可進候と存候条、得其方願儀を、秀吉方へ取可申候、尚源介可申候、恐々謹言

三月廿日　秀吉（花押）

池勝入

御返報

【現代語訳】

竹中源介が口上で述べた内容は、一々承知しました。

一その方の御子息には先には女子があり、今度は男子が生まれたとのことです。茶の湯では煮えたぎったお湯を注ぐのがよいと□□（惟住越前守ヵ）も申されています。

一伊勢国では、織田信雄勢は松賀嶋城一つに滝川三郎兵衛尉（雄利）が籠もっていましたものを、城下の市場は申すに及ばず、全城を乗っ取り破壊し、天守だけに敵を追い上げて、二万余の兵で取り巻いて置かせています。

一神戸城には滝川左近（一益）父子が二、三千の兵で入城しています。

一峯城を修築して、浅野弥太夫と岡本太郎右衛門尉（宗憲）の両人に、千六百から七百ほどの兵を付けて留守居として残し置いています。

一そのほか五畿内・近江・越前・西国の兵力を近江に揃え、天皇の意向次第で、早ければ明日二一日にも自分も美濃国の池尻に着陣するつも

りです。

一池尻にお越しになるときには、犬山の城に留守居を堅く仰せ付けられ、森武蔵守(長可)を同道されて、騎馬の者五騎・一〇騎ほどでお越しください。お目に懸かって談合し、今後の行動に及びたいと思います。

一川が増水しているときには、徒歩で川を渡るべきではありません。船が出来次第に犬山の渡りに上下の船をお寄せになるべきです。森武蔵守(長可)にもそのように仰されて、金山から犬山までの間にある船はすべてお寄せになるのがよいでしょう。

一佐藤主計(直清)に手紙で申し入れられたように、諸人のためであるから、置目のように、城にはそれぞれ留守居を勤める者を秀吉のほうから申し付けるだろうかと、あなたが与州(稲葉良通)に申し渡されたとのことですが、こちらから申し付けるときには、はっきり定めて申し入れるでしょう。

一人数の備え、陣取り以下のためということであれば、池尻に着いてから書付でお伝えするべきでありますが、あらかじめ覚悟しておくためにも、または気配りもできるだろうと思い、先に只今このように返答いたしました。

一犬山を落とされたのはお手柄でした。今後の行動もその結果として早くなるだろうかと思い、この上なく満足しています。お礼の儀は申すまでもないことです。子細を申せば、犬山も尾張国も過半は自分が骨折ってあなたの一類に進上すべきだと考えています。あなたのほうで願い事をまとめて、秀吉のほうへ取り次いでください。なお、詳しくは竹中源介が申し上げるでしょう。恐れ謹んで申します。

解説　池田家文庫に影写史料として所蔵するが、影写の事情はわからない。白抜き型どりのものと、墨書きのものと二種類がある。内容から小牧長久手の戦いのときのものと推定される。

天正一二年(一五八四)三月六日、織田信雄は秀吉と断絶する。しかし味方を期待した大垣の池田勝入(恒興)と金山の森武蔵守長可が秀吉方に付き、一三日には勝入によって犬山城が落とされた。他方、信雄を支援する徳川家康は前日の一二日に清洲城に入り、小牧山に本陣を構えた。当時信雄は尾張と伊勢を領しており、有力家臣の滝川三郎兵衛尉雄利が松賀嶋城に籠もっていた。神戸城には、秀吉に通じた滝川左近一益・一時父子が入っていたようだ。峯城は信雄家臣の佐久間正勝が住していたが、秀吉方の蒲生氏郷に落とされた。そうした状況のなかで二一日に秀吉は大坂を出発して美濃国池尻に向かう。この手紙は、その前日に勝入にあてたものである。池尻は、当時勝入次男の輝政が住していた。その後秀吉は二七日犬山城に入り、楽田に陣を構え、小牧山に対峙する。秀吉は勝入に対して、自分に味方して犬山城を落としたことを賞し、戦勝した暁には犬山とともに尾張国を池田一族に与えると約束している。

竹中源介は秀吉の家臣で、名は隆重。□□の二文字は難読で、『愛知県史』資料編12・織豊3は「惟越」と読み、一時惟住越前守と称した丹羽長秀のこととする。「森武」は森武蔵守長可のこと。美濃出身で、勝入の女を妻としている。この時期舅の勝入と行動をともにしており、長久手の戦いで討ち死にする。遺領を継いだ森忠政が後に美作津山藩主となる。浅野弥太夫は、浅野弥兵衛長政のことか。岡本太郎右衛門尉は、もと織田信孝の老臣で、名は良勝、宗憲など。当時は秀吉方に属していた。佐藤主計頭直清は秀吉の馬廻組頭。「予州」は稲葉伊予守良通のこと。美濃国清水城主で、秀吉に組していた。手紙の冒頭にある「其方子息」は勝入嫡男元助のこと。茶の湯のたぎる湯の比喩は、元助に男子由之が生まれたことを祝したか。由之は父の死後に輝政の家臣となる。こより付札に「記三十九　十三ノ十五」とある。

参考2　伊木忠次宛羽柴秀吉書状写

〔天正一二年(一五八四)四月一二日〕

御状令披見候、仍昨日孫七郎被同道、大柿へ被越候由尤候
一洲俣城普請丈夫被申付候由、可然候、留守居事慥成者尤候、其方儀者
用所申付、万可事繁候条、不断ハ在城有間敷候間、其心得肝要候、自
然無人ニも候ハヽ、加勢をも可遣候哉、先書にも委細申候間、其方次
第候事
一いもうには森寺在之由候、即折紙遣候、此刻別而入精候様ニ、尚々可
被申届候事
一其方質物、大柿遣候由、得其得候、其元大形被申付候ハヽ、早々可被
相越候、諸事可申談候、恐々謹言

卯月十二日　　筑前守
　　　　　　　秀吉(花押)

伊木長兵衛殿
　　進之候

【現代語訳】

お手紙拝見しました。昨日孫七郎と同道せられ、大垣に行かれたとのこと、結構なことでした。

一墨俣城の普請を丈夫に申し付けられたとのこと、適切な処置であります。留守居には確かな者を置かれるのがよいでしょう。そなたには、いろいろと所用を申し付け、何かと多忙なことで、いつも在城することもかなわないでしょうから、そのための心得をしておくことが肝要です。もし人数が足りないということであれば、こちらから加勢を遣わしましょうか。先の手紙にも詳しいことは述べていますので、そなたの考え次第で結構です。

一今尾には森寺忠勝が居るとのこと。早速こちらから折紙を遣わしました。こうした状況ですから、とりわけ精を入れるように、なおもってそちらからも申し届けてください。

一そなたの質物を大垣に遣わされるとのこと、了解しました。そちらでの処置を大方申し付けられたならば、早々こちらにお越しください。諸事につき相談致しましょう。恐れ謹んで申します。

解説　内容から、天正一二年(一五八四)四月九日の長久手の戦いで、池田勝入・元助が戦死した直後の秀吉の手紙と推定される。伊木長兵衛は勝入の家老であった伊木忠次のこと。後に清兵衛と改める。墨俣城に住していた。勝入なき後も家老として輝政を支える。この書状も伊木忠次宛であるが、実質は輝政に秀吉の意を伝えようとしたもの。伊木忠次宛の文書はすべて伊木家に伝来したもので、影写したものが池田家文庫に収められている。巻紙に一二点が写されており、端裏題箋部分に「伊木忠愛家蔵　秀吉公書簡写」とある。以下「伊木家文書影写本」と呼ぶ。

さて、長久手の戦いのとき輝政は、父と離れて伊木忠次とともに後方に居た。「孫七郎」は長久手の戦いで秀吉方の総大将であった三好信吉(後の豊臣秀次)のこと。輝政は、戦場から撤退した信吉と同道して、父恒興の居城であった大垣に帰る途次であった。秀吉は、犬山城近くの楽田の本陣にいた。

墨俣は美濃と尾張の国境にあり、岐阜や大垣の攻防の重要拠点。忠次の居城であった。忠次はここを固めて、大垣に退いた。今尾城は揖斐川左岸の拠点。在番中の森寺忠勝は池田家の重臣(後に岡山池田家家老)である。こうして大垣城の守備を固めた後に、秀吉の本陣に来るよう忠次を通じて輝政に指示したのであった。

参考3 伊木忠次宛羽柴秀吉書状写

〔天正一二年(一五八四)〕四月二三日

書状令披見候、仍人質ハ何茂入念被請取由尤候、下々質物をも取候て可然をハ可被申付候、万事気遣肝用候、尚追々可申候、恐々謹言

筑前守

卯月廿三日　秀吉(花押)

伊木長兵衛尉殿

進之候

【現代語訳】

書状を拝見しました。人質を念を入れて請け取られたとのこと、結構なことでした。下々からは質物を取るのがよいと申し付けられるべきです。何事も注意深くすることが肝要です。詳しいことは追々申します。以上恐れ謹んで申します。

解説　内容から天正一二年(一五八四)長久手の戦い直後と推定され、伊木忠次宛であるが、やはり輝政に意を通じたもの。先の書状について、大垣での仕置について指示している。四月二一日頃、輝政は家老の森寺忠勝が在城する今尾(現岐阜県海部郡平田町)に出陣、「羽柴人数」の加勢を得て信雄方の脇田城(現同町)を攻撃した(『大日本史料』第十一編之七)。「弔い合戦」のつもりだったのだろうが、攻略できず失敗に終わった。二三日付けのこの書状で秀吉は、人質の請け取りや下々から質物を取ることを指示しており、支配地が動揺している様子がうかがえる。戦線では、秀吉方と家康方の膠着状態が続いていた。「伊木家文書影写本」にある。

参考4 養徳院宛羽柴秀吉書状写

〔天正一二年(一五八四)八月ヵ〕

かへす〳〵、はんか、あすわたり、参候て可申候、しるかいを御ふるまい候へく候

かきつけのことく、おりかミ進候、ゆくひさしく御ちきやうあるへく候、それより大せられす候へとも、いしきを進し候、人そくいけ、其方ようたひに御つかひ候へく候、かしく

ちくせん

ようとく院殿

【現代語訳】

書付のように折紙を進上いたします。行く末長くご知行下さい。そちらからははっきりと仰せられませんでしたが、一職(遺領)として進上するものです。人足以下、そちらで必要なことがあるたびにお使いください。畏まって申します。

繰り返し申します。今晩か明日あたりには、そちらに参って詳しく申すでしょう。お気遣いは無用です。汁と粥でもお振る舞いくだされば十分です。

解説　天正一二年(一五八四)八月一七日に秀吉が養徳院に知行を宛行っている(史料13「養徳院宛羽柴秀吉判物」)が、それに付けられた書状と思われる。尚々書きの接待への配慮などにも、秀吉の養徳院に対する気遣いがうかがえる。池田家文庫「養徳院宛書状写」(C9-93)に含まれているもので、唯一原本が確認できなかったものである。

参考5　伊木忠次宛羽柴秀吉朱印状写

〔天正一二年(一五八四)〕一一月一三日

如此申遣候処、家康儀、頻懇望候間、人質請取相済候、可被得其意候

態申遣候

一此表之儀、長島・桑名押詰、城々数か所相拵間、即縄生城ニ秀吉令越年、長島一着申付候ハん躰を、信雄被見及、就懇懇(衍)望令同心、相済候条之事

一人質覚、信雄御実子幷源五殿実子、滝川三郎兵衛尉・中川勘右衛門尉・佐久間甚九郎・土方彦三郎・松庵以下、何も実子又ハ母、出人質、何様ニも可為秀吉次第由、被出誓紙事

一北伊勢四郡相渡、今度拵候城々、敵味方破却之事

一於尾州者、犬山・甲田、秀吉人数入置、其外新儀ニ出来候城々、敵味方破却事

一家康儀、是又同前懇望候、雖然、今度信雄若人を引入、対秀吉重々不相届儀候条、即三州表押詰、存分ニ可申付覚悟候処、家康実子、石河伯耆以下出人質、何様ニも可為秀吉次第由候、併信雄御外聞候間、侘言由、種々信雄懇望候へ共、秀吉対家康存分深候間、思案未落着、就不免置者、日来可散無念雖心底候、兎角打任躰ニて候を聞候へハ、我〱慈悲成覚悟にて候条、過半可免候歟、心中難計候事

一右之義候へハ、悉隙明候条、五三日中可納馬候、猶追々可申也

十一月十三日　　秀吉(朱印)

伊木長兵衛尉殿

【現代語訳】

わざわざ申し遣わします。

一伊勢国の状況については、当方が長島・桑名へ押し詰め、数ヵ所の城を拵えたので、そのまま秀吉は縄生城に越年して、長島の攻略を申し付けるに違いないと織田信雄が考え、和睦を懇望してきたので、こちらもそれに同心し、戦闘は終了とすることになりました。

一人質は、信雄の実子と源五(織田長益)の実子、および、滝川三郎兵衛尉(雄利)・中川勘右衛門尉・佐久間甚九郎(正勝)・土方彦三郎(雄久)・松庵(新庄直忠)以下のいずれも実子か母親が出る予定です。人質を出すことについては、どのようであっても、秀吉の考え次第でよいとの誓紙を出させました。

一北伊勢の四郡は信雄方に渡し、このたび拵えた城については、敵味方とも破却することとしました。

一尾張国については、犬山城と甲田城に秀吉から軍勢を入れ置き、その他このたび新しく拵えた城は、敵味方とも破却することとしました。

一家康も信雄同様に和睦を懇望しています。しかしながら、今度信雄が若人を引き入れ、秀吉に対して重々不届きな所業があったことについては、すぐにも三河表へ押し詰め、自分の思い通りに申し付ける覚悟であったのですが、家康としては実子と石川伯耆(数正)以下も人質を出し、どのようであっても、秀吉の考え次第でよいとのことです。しかしながら、信雄は外聞もあるので、詫び言を入れたとのこと。種々信雄からも懇望いたしましたが、秀吉は家康に対して遺恨も深く、思案はまだ落着していません。許し置くことの出来ない者について、日頃無念を晴らすべき心づもりではありますが、とにかくこちらに任せ

る様子であると聞きましたので、自分としては慈悲におよぶ覚悟であり、過半は許すべきでありましょうか。心中決めかねているところです。

一右のようなことでありますので、すべてが決着して、一五日中には兵を納めることになるでしょう。また、おいおい申します。

以上のように申し遣わしましたところ、家康がしきりに懇望するので、人質を請け取って済ませることになりました。そのように了解しておいて下さい。

解説 やはり天正一二年(一五八四)長久手の戦い後の秀吉書状。

尾張では戦線も膠着していたが、伊勢方面では秀吉軍が有利に戦いを進めていた。一〇月以降には北伊勢の信雄方の諸城を落とし、信雄への圧力を強めた。一一月六日秀吉は桑名に出て、縄生城・桑部城の普請を命じている(『大日本史料』第十一編之十)。抗しきれないと判断した信雄は、一一月一二日単独で講和に応じた。

この書状は、その翌日に桑名に居た秀吉が講和交渉の様子を輝政に知らせたものである。信雄とは、ここに知らされた内容で講和が行われた。他方、家康からも講和の条件が提示されたが、秀吉は家康への恨みが深く、まだ最終的には決断していない。許し難い気持ちであることが文面ににじみ出ている。

結局家康からは次男の義尹(後の結城秀康)が秀吉の養子に遣わされることになり、家康は清洲城から撤兵した。秀吉は、初戦の小牧・長久手の戦いに敗北したものの、その後は有利に戦闘を展開した。「慈悲なる覚悟」という口振りには秀吉の負け惜しみの気持ちがうかがえるが、信雄が講和に応じた後では家康側に戦闘を継続する名分はなかったし、戦闘を継続する余力も乏しかった。

「伊木家文書影写本」にある。

参考6　伊木忠次宛羽柴秀吉朱印状写

〔天正一三年(一五八五)〕正月一二日

態申遣候、仍木村隼人此方へ呼越候、然者城事請取候て、不断三左衛門尉在城肝要候、女房衆をも城ニ可被置候、自然他国へ之出陣なとニハ、其方儀を留守ニ置之候歟、又此方ゟ人を置之候歟、可随時宜候、何も普請已下申付、無由断可被申付由、可申聞候、謹言

正月十二日　　秀吉(朱印)

伊木長兵衛尉殿

【現代語訳】

わざわざ申し遣わします。木村隼人をこちらに呼び来させました。ついては、城を請け取って絶えず三左衛門(輝政)が在城することが肝要です。女房衆も城に置いておくべきです。もしも三左衛門が他国へ出陣するようなときには、伊木が留守を守るか、それともこちらから適当な者を置くか、いずれか状況に従って対処すべきです。普請以下諸事を申し付けられるについては、何でも油断無く申し付けられるべきです。輝政に申し伝えてください。謹んで申します。

解説 「三左衛門尉」は池田輝政のこと。長久手の戦いの翌年、輝政は岐阜城を与えられ、大垣から移る。この秀吉書状は、それに関わるものか。年次は天正一三年(一五八五)と推定される。本文にある「城」は岐阜城を指すだろう。その留守居として伊木を指名しており、秀吉が輝政の側近として伊木を信頼している様子がうかがえる。「木村隼人」は、秀吉に従う武将。名は重茲など。

小田原攻めや朝鮮出兵などにも活躍するが、秀次事件に連座して自殺する。
「伊木家文書影写本」にある。

参考7　伊木忠次宛羽柴秀吉判物写

天正一三年(一五八五)一一月三日

不破源六分、竹鼻近遍所々、都合六千八拾三貫文但此内五百貫、土手ニ引之、相添目録
別紙、令扶助畢、全可領知者也

天正十三
十一月三日　(羽柴秀吉)(花押)

伊木長兵衛尉殿

【現代語訳】

不破源六の領知であった竹鼻近辺の所々、合わせて六〇八三貫文の土地について、ただし五〇〇貫文は土手分として除く、別紙の目録を添えて、扶助します。すべてあなたの方で領知してください。

解説　岐阜城に移った輝政は、周辺に一〇万石の領地を秀吉から与えられた。それとは別に、秀吉が伊木忠次に対して、これまでの忠勤を賞して六〇八三貫文の領地を与えたもの。

竹鼻(現羽島市)は長良川の桑原輪中の在郷町。織田信雄方の武将である不破源六(広綱)が居城していたが、小牧・長久手の戦いで秀吉方に攻められ、六月一〇日に落去した。秀吉は初めその跡地へ一柳市介(末安)・伊木長兵衛を入れたが、翌年その跡地を改めて伊木に与えたものである。

「伊木家文書影写本」にある。

参考8　石田三成・浅野長政連署伊木忠次知行目録写

天正一七年(一五八九)一一月一四日

一五千石　伊木清兵衛ニ直ニ被下候御朱印面
一六百四拾石七斗　北およひ
一参百四拾三石六斗三升　北舟はら
一参百参拾壱石八升　南舟はら
一弐百四拾七石四斗四升　あさひら
一四百九拾四石九斗九升　本郷村
一八百四拾八石三斗弐升　竹かはな
一弐百弐拾弐石六升　ましま
一五百九拾石　小熊村三分一方　ゑかしら共
一参百拾九石壱斗七升　なかいけ
一弐百拾弐石弐斗五升　北しゆく
一七百五拾石三斗六升　南しゆく　いしき共

合五千石

天正拾七年十一月十四日　石田治部少輔(花押)
浅野弾正少弼(花押)

右無役ニ被下候也

【現代語訳】

一五〇〇〇石

伊木清兵衛に直接にくだされた朱印状に書かれた領地の目録

一六四〇石七斗　北及村
一三四三石六斗三升　北舟原村
一三三一石八升　南舟原村
一二四七石四斗四升　浅平村
一四九四石九斗九升　本郷村
一八四八石三斗二升　竹鼻村
一二二二石六升　間島村
一五九〇石　小熊村三分一方
　江頭共
一三一九石一斗七升　長池村
一二一二石二斗五升　北宿村
一七五〇石三斗六升　南宿村
　一色共

合計五〇〇〇〇石

右については課役のない領地として与えます。

解説　美濃国では、天正一七年(一五八九)から一八年にかけて秀吉の命により総検地が行われた。これにより貫高制は廃止され、石高制となる。それにともなって領知宛行が行われ、朱印状および目録が発給された。

伊木に与えられた領地は、竹鼻を含む木曾川・長良川周辺の村々である。四年前(「伊木忠次宛羽柴秀吉判物写」参考7)と領地に移動があったかどうかはよくわからないが、大きな違いはなかったのではないか。

石田三成と浅野長政が秀吉の奉行として検地を実施し、各領主への知行割りを行い、目録を発給した。

「伊木家文書影写本」にある。

参考9　伊木忠次宛豊臣秀吉朱印状写

天正一七年(一五八九)一一月二一日

於濃州領知方五千石目録別紙有之事、被宛行訖、全可知行者也

天正十七

十一月廿一日　(豊臣秀吉)(朱印)

伊木清兵衛尉殿

【現代語訳】

美濃国における領地として、五〇〇〇〇石(目録は別紙にあります)を宛行います。すべてにつき知行してください。

解説　伊木忠次に美濃国で五〇〇〇〇石の知行を与えるとの秀吉の朱印状。領地目録(「石田三成・浅野長政連署伊木忠次知行目録写」参考8)よりやや遅れて発給されている。

「伊木家文書影写本」にある。

参考10　一柳直末他宛豊臣秀吉朱印状写

〔年未詳〕正月二八日

濃州関迄、従木曾・飛騨、材木共川並在之分、御蔵入人足申付、柏原迄急度可相着旨可申候、此所切てミへす其代官ニ奉行相付、可相届候、於油断者可為曲事候、猶浅野弾正少弼・増田右衛門尉可申候也

正月廿八日　　　　　　　御朱印

一柳伊豆守(直末)とのへ
小野木縫殿正(重次)とのへ
稲葉兵庫頭(重通)とのへ
牧村兵部太輔(利貞)とのへ
寺西筑後守(正勝)とのへ
徳永石見守(寿昌)とのへ
古田兵部少輔(重勝)とのへ
竹中源介(隆重)とのへ
伊木清兵衛(忠次)とのへ
市橋下総守(長勝)とのへ
道茂
木村弥一右衛門(秀望)とのへ
藤懸三河守(永勝)とのへ

【現代語訳】

美濃の関まで木曾や飛騨から伐り出した材木で川に置かれているものについて、蔵入れ人足を申し付けて、柏原まで必ず着くように申すべきであります。(この箇所は切れていてわかりません)その代官に奉行する者を付けて、材木を届けること。油断があれば不法なこととして処罰されるでしょう。なお、詳しいことは浅野弾正少弼(長政)と増田右衛門尉(長盛)が申します。

解説　木曾・飛騨から伐り出された材木を輸送するために、一柳直末をはじめ美濃国に所領を持つ武将に柏原まで人足を出すように命じた秀吉の朱印状。宛名に、美濃国に所領を与えられていた伊木忠次の名が見える。正確な年次は不明だが、浅野長政が弾正少弼に叙任したのが天正一六年(一五八八)、一柳直末は小田原攻めの際、天正一八年三月二九日に討ち死にしているから、その間のことである。当時秀吉は方広寺大仏殿の建立を行っていたから、そのための用材かもしれない。

「伊木家文書影写本」にある。

参考11　伊木忠次宛豊臣秀吉朱印状写　〔年未詳〕七月朔日

鼻紙百帖・真桑瓜二籠到来候也、毎々入念儀、御感悦不斜候也

七月朔日　　　　　(豊臣秀吉)(朱印)

伊木清兵衛尉とのへ

【現代語訳】

鼻紙一〇〇帖と真桑瓜二籠が届きました。いつも懇切にしていただき、喜ばしい限りです。

解説　伊木忠次の贈り物に対する秀吉の礼状。年次は不明である。

「伊木家文書影写本」にある。

参考12　伊木忠次宛豊臣秀吉朱印状写〔池29〕

文禄三年(一五九四)八月一〇日

八木四百五拾弐石壱斗九升、伏見作事方入用として、羽柴三左衛門尉ニ
たしかに可計渡候也

文禄三年八月十日　(豊臣秀吉)(朱印)

いきせいひやうへ

【現代語訳】

米四五二石一斗九升を伏見での作事の費用として、羽柴三左衛門尉(輝政)に確かに計り渡します。

解説　秀吉は文禄三年(一五九四)後半から、伏見での城下町建設を本格化させ、大名・家臣に屋敷地を割り渡した。この朱印状は、輝政に対して屋敷建設の費用として米四五二石余を与えたもの。

「伊木家文書影写本」にある。

参考13　池田輝政他宛徳川家康書状写

〔慶長五年(一六〇〇)〕八月四日

急度申候、仍今度為先勢井伊兵部少輔差遣候条、行等之儀我々出馬以前者、何様ニも彼差図次第被仰談候者、可為本望候、猶兵部少輔可申候、
恐々謹言

八月四日　家康　御判

吉田侍従殿
池田備中守殿
九鬼長門守殿

【現代語訳】

きっと申します。このたび先勢として井伊兵部少輔(直政)を差し遣わしました。今後の行動については、我々がそちらに出馬する以前は、どんなことでも井伊の指図に従って談合されるならば、本望であります。なお、詳しいことは井伊が申すでしょう。以上恐れ謹んで申します。

解説　下野小山から先発した東軍の諸将に対して指示した家康の書状。「吉田侍従」は池田輝政、「池田備中守」は弟の長吉、「九鬼長門守」は九鬼守隆。九鬼守隆は父嘉隆が西軍に属したにもかかわらず家康に従い、上野出陣以来輝政に属していた。同文のものが浅野幸長、福島正則、細川忠興などにも出されている。井伊直政を軍目付として派遣し、そのもとで軍議を行い、勝手な行動を取らないよう指示している。

端書などから貞享元年(一六八四)三月に九鬼和泉守より借り受け写したものであることがわかる。包紙に「御廟」と書き込まれている。

参考14　伊木忠次宛小早川秀秋書状写

〔慶長六年(一六〇一)〕二月一七日

態令申候、今度於大坂申談本望候、委細稲葉内匠かたゟ可申入候、恐々謹言

岡中
秀秋

二月十七日

伊木清兵衛殿

【現代語訳】

わざわざ申し上げます。このたびは大坂において話し合いができ、満足いたしました。詳しいことは稲葉内匠（通政）から申し入れます。以上恐れ謹んで申します。

解説　小早川秀秋は秀吉の正室高台院の兄杉原家定の子。秀吉の命により小早川隆景の養嗣子となった。関ヶ原の戦いの功により、備前・美作両国を与えられ、岡山に住した。「岡中」は「岡山中納言」の略であり、その時期のもの。他方、「稲葉内匠」は秀吉によって秀秋に付けられた家老の稲葉通政（後に正成）のこと。たびたび秀秋の悪行を諫めたが聞き入れられず、慶長六年（一六〇一）一一月二一日に退去した。よってこの書状は、慶長六年のものと思われる。

同年正月一五日に諸大名が大坂城で家康に新年の祝賀を行っており、そのときに秀秋と輝政の間で何か談じ事がなされたか。その件について家老同士の相談を指示したのであろう。

「伊木家文書影写本」にある。

参考15　伊木忠次宛徳川家康黒印状写

〔年未詳〕五月三日

為端午之祝儀、帷子三、内生絹一到来、祝着候、猶村越茂助可申候、謹言

五月三日　家康（黒印）

伊木清兵衛殿

【現代語訳】

端午の祝儀として帷子三領、内一領分は生絹を贈られ、到着しました。嬉しく思います。なお、詳しくは村越茂助（直吉）が申すでしょう。以上謹んで申します。

解説　伊木忠次が端午の祝儀を贈ったのに対する家康の礼状。忠次は慶長八年（一六〇三）一一月に亡くなるから、それ以前のものである。

「伊木家文書影写本」にある。

参考16　戸川達安宛池田利隆書状案

〔慶長一九年（一六一四）〕一〇月一七日

御懇書拝見申候、仍上様去十一日被成御出馬由被仰聞候、拙者儀、左衛

十月十七日　(下濃)下将監

(戸川達安)戸肥後殿

門督申合、明十八日当地罷立、摂州境目迄相詰、御一左右可奉待覚悟候、先手之者共ハ一両日以前ゟ差遣申候、将亦、今度片市正家来衆、堺へ被相越候ニ付而、尼崎近辺被罷通候刻、大坂ゟ人数多出、相たゝかひ申候節、尼崎ゟ当手之者不罷出儀、彼地之儀ハ、大坂之者案内者と申、町人以下迄も内通も可在之候歟、其上尼崎へも手あて仕置候付而、見合ためらひ申候内ニ、事済申由申来候、一々被入御念、御書中令満足候、次ニ貴殿御陣取之儀、拙者と左衛門督間ニ、何方にても可然存候、何事も至兵庫表、相談可仕候、恐惶

【現代語訳】

丁寧なお手紙いただき、拝見いたしました。将軍様も一一日にはご出馬なされるとのこと、仰せ聞かされています。拙者も左衛門督（池田忠継）と申し合わせて、明日の一八日には当地を出発、摂津国との境目まで軍勢を詰め、戦闘の指示を待つ覚悟です。先手の者はすでに一日二日前から差し遣わしています。また、このたびは片桐市正（且元）の家来衆が大坂城を出て堺に越されるということで、尼崎の近辺をお通りになったとき、大坂城から軍勢が多数出て、戦闘になりました。そのとき、尼崎城に詰めていた当方の手の者が、加勢に出ないということがありました。

彼の地は、大坂衆の案内者と申して、町人やそれ以外の者でも内通することもあるのでしょうか。そのうえ、尼崎の城の手当も行わなければならず、それやこれや見合わせて躊躇しているうちに、戦闘は終わったと報告がありました。いちいちご念入りの書中の内容で、満足致しております。次に、貴殿の陣取りのこと、拙者方と左衛門督（忠継）との間であれば、どこでもよろしいと思います。何事も兵庫表に着いてから、相談致しましょう。恐れながら謹んで申します。

解説 前日の戸川達安の書状（史料61）に対する返書の案文。利隆の意を受けて側近の下濃将監が書いている。下書は二通あり、簡略な内容の方は墨線で抹消されているので、もう一通のほうを取り上げた。二重の包紙に包まれていて、外包紙に「御廟」と書き込みがあり、貼紙朱書で「十二ノ八」とある。内包紙には「利隆公江差上シ草稿ナルヘシ、弐通、明治九年十月改」とある。他の輝政・利隆関係の資料とともに御手許に保管されていた。

書中の中頃にある尼崎の一件は利隆の失態であった。当時尼崎に居た建部三十郎は池田の姻戚であったので、利隆が播磨勢を加勢に遣わしていた。一〇月朔日になって片桐且元は大坂城を退去し、家康に庇護されることになった。これに動揺した大坂方は兵を出して、片桐勢の掃討を行った。追われた片桐勢が尼崎城に救助を求めたのに、城方は門を閉ざして加勢を拒んだのである。これに怒った片桐は、池田氏の行為を京都の板倉勝重に訴えた。それについて、利隆が弁明しているのである。戸川は、家康とも親しかった。結局、この後の天満口の戦闘で利隆は奮戦し、家康から銀三〇〇〇枚を賜っている。

参考17 ― 栄寿尼宛福照院書状写

〔寛永五年（一六二八）二月〕

たより御うれしく、こなたゟハ一ふて申まいらせ候、はなのめてたさいつにもすくれ、いわい入まいらせ候、しうけんもさきの月廿六日のひる御こし入申候、一ゐ殿ゑいせうゐん殿おかつ殿きやうふきや殿、御をくりニ御つき候て給候、しうけんする〳〵とすミ申候、かす〳〵めてたさ候て給候、新大郎一たんときけんよく給候、をくゑもさい〳〵まいり、よるもおくにいね申候、御ひめ様もわさ〳〵とあそはし、はや〳〵とありつきの事給候、こゝもとのにき〳〵しさ、よろつくわいふんらしく給

候、まんそく申候、われ〳〵も廿七日にあなたへまいり、御ひめ様もそのはんニ御いての事存候、又しん大郎三か日とりやうう へ様へあかり給候、御ねん頃の御ゐ共、御こしの物なとはいりやう申候、御ふしんもはんやくニ成申候、よろつ〳〵しあわせの事そのかん給候も無御座候、三五郎もしよ大夫なさせられ候、両上様ゟ御こしの物下され候、はや〳〵せい人いたし申まゝ、しよ大夫ニと仰られ候、わかき物ハなもこのミある物給候まゝ、かなたしたいと御ゐ給候、ゑちこのかミと新大郎つけ給候、しうけんゟ五六日にハよそゟのしんもつ給候、もんハつかへ給候、無間、大なこん様中なこん様よりも、われらかたまて色〳〵御いわい下され候、ミな〳〵御ひめ様の御一もんかたゟも御つほねたち御こし、此はうへも御いて給候、こんとハいつれもはしめての人にあい申候、又御ひめ様の御きけんの事、新大郎おくゑまいり事、よるいね候事、たかいに物を御申候事、何かの事、一日にハいくたひか天しゆゐん様へ中しん給候よし申候、天しゆゐん様よりも御所様ゟも、よろつ〳〵御ねん入させられ、かたしけなき事まて給候、おもひのほかなる事まて給候、御うれしく思給候、新大郎へミな〳〵のちそう、そのかんニてもなく候、うはも四日めニ天しゆゐん様あけ給申候へハ、御めミへニて御さかつきなとも下され申候、はう〳〵ゟおとこハにしの丸様へまいり、おつほねかたとかく女はうしゆのふんハ、いつかたゟも御はつと存候、おあかり御座候わかさゑちこの御せん様かたゟほかハ、女はうしゆハあかり申さす候、しうけんのまへニも、御意とうはをあけ申候、こんとハ御まへいて御免にかゝり申給候、かたしけなきと給候、天しゆゐん様よりも御こ五と申候人、御つかいニ御こし候、御たい様ゟハ、こかう殿と申人給候、此はうもいまニいそかわしく候へとも、さためてきゝたく御おもひ候ハんと申給候、まいらせ候、くわしき事ハふみニてハかたれ申さす候、申たき事山〳〵候へとも、あら〳〵申候、この頃ハことのほかくたふれまいらせ候事御すもし給候、よろつ〳〵くわしき事ハのほり候せつ、物かたり給候へく候、めてたく〳〵かしく

そてかたゟ

かしく

かめ

ゑいしゆさま

参るすく

【現代語訳】

お便りいただいたことを嬉しく思い、こちらからも一筆お便りいたします。花の目出度さもいつになく素晴らしく、お祝いいたします。新太郎の祝言も先月二六日のお昼に輿入れが行われました。「一ゐ殿・ゑいせうゐん殿・おかつ殿・きやうふきや殿」が輿を送るのに付いてこられました。祝言は滞りなく済みました。何とも目出度い限りであります。新太郎も格別に機嫌がよかったです。奥へもたびたび参り、夜も奥で休みました。御姫様も明るく晴れやかにされていて、早々と落ち着かれています。こちらは本当に賑々しくて、何事も名誉なことでありました。大変満足です。わたしたちも二七日にはあちらに参りました。お姫様がその晩はお出でになることを知っていました。新太郎は三日間続けて両上様(秀忠と家光)のところにあがりました。懇ろな御意をいただき、脇指なども拝領いたしました。ご普請も半役になりました。何から何まで幸せなことで、これまでにもないようなことでした。三五郎(恒元)も諸大夫になされ、両上様より脇指を頂きました。はやばやと元服して諸大夫に仰せ付けられ、若い者は名にも好みがあるだろうから、そちら次第にと御意を頂きました。越後守と新太郎が三五郎に付けられました。祝

言が終わって五、六日もすると他所からも進物が寄せられ、門もつかえるほどでした。間もなく大納言様(徳川頼宣ヵ)・中納言様(徳川頼房ヵ)からもわたくしにまで色々とお祝いをくださいました。お姫様のご一門の皆さまからもお局たちがお越しになり、こちらにもお越しになりました。どなたもこのたび初めてお会いする方がたでした。お姫様の御機嫌の事、新太郎が奥へ参る事、夜寝る事、二人が話している事、そのほかどんな事も、一日に何度か天樹院さまに注進しておられるとのことです。天樹院様からも大御所様(秀忠)からも、すべてに念入りにしてくださり、ありがたい限りであります。思っても居ないことまでご配慮くださり、本当に嬉しい限りです。新太郎へ皆さまからの馳走は、これまでにもないようなことでした。乳母も四日目に天樹院様のお召しをうけ、御目見得の上で盃などもいただきました。あちこちから男衆は西丸の大御所様のところへ参り、お局衆はともかく女房衆については、どちからもお初のことと思います。お上がりになった若狭や越後の御前様の他よりは、女房衆はお上がりになりませんでした。祝言の前にも、御意だと乳母をお上げになりました。このたびはご前も許されることとなりました。ありがたいことだと思います。天樹院様からはこまごまとご意見される方がお使いにお越しになります。御台様(秀忠室お江ヵ)からは「こかう殿」という方がお越しです。こちらのほうも今は忙しくしていますが、きっとこちらの様子をお聞きになりたいことと思い、このようにお知らせいたします。しかし、手紙では詳しいことをお話しすることができません。申したいこともたくさんありますが、大まかにだけお話しいたしました。この頃は特別に疲れています。ご推察下さい。すべて詳しいことはそちらに上ったときに、お話ししたいと思います。目出度く畏まって申します。

解説 二重に包紙に包まれており、内包紙に「故少将様御婚礼以後従福正院様古田斎母ゑいしゆへ被遣候御文写シ、ゑいしゆハ武蔵様乳母」と記されている。故少将は光政のこと。手紙の中では「新大郎」。福照院は利隆の妻で、光政にとっては母。「ゑいしゆ」は先にも出た栄寿尼のこと。利隆の奥向きの世話をしており、光政の成長にもあれこれと気を配っていた。三五郎は光政の弟の恒元。天樹院(徳川秀忠女・本多忠刻妻)の子である勝子と光政との婚儀は寛永五年(一六二八)正月二六日に江戸で行われており、文中に「さきの月廿六日」とあるから、この書状は寛永五年二月のものである。勝子は天樹院とともに江戸城内に住んでいて、秀忠の養女となって光政に嫁いだ。天樹院をはじめ大御所秀忠や将軍家光から光政が懇意にされている様子に、福照院は大満足の様子である。差出の「かめ」は鶴亀にちなんで鶴子(福照院)のことか。

外包紙から福照院の孫に当たる池田綱政が写したものであることがわかる。史料60「京極高広室茶々子宛池田利隆書状」および史料76「天樹院書状」の包紙(本紙は林原美術館所蔵)と一緒に包紙に包まれており、その外包紙に「御廟」の書込がある。また、貼紙朱筆で「十一ノ七」とある。

3 肖像画編

肖像画1　池田恒利画像　池田継政画賛　絹本著色　一幅
享保一五年（一七三〇）五月七日
タテ九五・一cm×ヨコ四〇・三cm

【賛】
養源院殿従五位下紀伊守源恒利公心光宗伝居士／天文七戊戌年三月廿九日／多年之厚願ニ此尊像ヲ求出シテ自謹書画之／永々子孫奉拝之為ニ国清寺ニ納乎／享保十五庚戌年五月七日源継政謹書画（印）（印）
【箱書表】尊影
【同　裏】国清寺ニ納之自画自筆（花押）

解説　衣冠すがたで上畳に坐した、池田恒利画像。画像、画像上部の賛ともに、岡山藩第三代藩主の池田継政によるものである。箱書きも継政。

恒利は戦国武将として織田信長に仕えた恒興（勝入）の父で、妻は信長乳母となった養徳院である。後に制作された「寛永諸家系図伝」でも、池田家は恒利から筆が起こされているが、具体的な人物像は明らかではなく、恒利自身の生前もしくは没後まもない肖像画も残されていない。本画像に描かれた恒利の面貌は、肖像画3として掲げる「池田輝政画像」に描かれた輝政のそれと近似している。賛に継政が「多年にわたる厚い願いにより、この尊像を求め出だして自ら謹しんで書画する」と記していることから、本画像に先行する恒利の画像が存在したとは考えにくく、輝政の画像を参考に描かれたのであろう。

なお、林原美術館にはもう一枚、法体の「池田恒利画像」が残されている（六四頁）。これは江戸木挽町狩野家五代狩野古信の画。継政の賛があり、箱書の日付は享保一一年（一七二六）一〇月二九日となっている。こちらの恒利の面貌は、継政自らの出家後の面貌と近似しており、継政が自らに似せて描かせたものと思われる。

賛には「永く子孫が拝し奉ることができるよう国清寺に納める」とあるが、箱貼紙によれば、いつからか岡山城内の御廟宝庫で管理されていたようで、池田家の『調度記』三六（書画之部　懸物二）にも記載されている。

肖像画2　池田恒興画像　池田継政賛　絹本著色　一幅
享保一七年（一七三二）四月九日
タテ一〇〇・三cm×ヨコ四四・二cm

【賛】
清和源氏／源頼光十八代之後胤池田紀伊守信輝／入道勝入公／護国院殿雄岳宗英大居士／天正十二年四月九日戦死ス／寿四十九／家の風吹おこし給るゝ祖の君のいさおしをハ世人あまねく／称し奉ることにしていへは更なりよの常禅旨を極め給て／戦の中にしても猶不去不来のことはりをさとし給へる／大活の尊像を写し奉りて／ふたつなきことハりしるゝ仰そよ／代々にあまねき君かいさをし／享保十七壬子歳四月九日源継政謹書（印）（印）
【箱書表】御影
【同　裏】護国院殿池田紀伊守源信輝公／勝入之尊影享保十七壬子歳六月十三日表具出来／代々家ニ可指置（花押）

解説　甲冑を着して右手に軍扇をもち、腰に太刀を佩き床几に坐した池田恒興の画像。腰には合口拵の小刀を差し、大袖や佩楯の下部には横を向いた泊蝶紋があらわされている。賛、箱書きは池田継政の筆だが、画像自体の作者は狩野派系の絵師と推定される。ただし、詳細は不明。

継政が賛に「家の風を吹きおこされた祖の君の勇ましい様子を、世の中の人が広く褒め称えるのは当然のことである」と記すように、池田家興隆の基を築き、武勇で知られた。信長に深い恩義を持ち、その死後には剃髪して弔い合戦に臨み、「勝入」と号した。恒興の通称「勝三郎」にちなんだものである。そうした恒興の心馳せを継政は「世の中の常として、出家して禅の教えを極められ、戦の中でもなお不去不来(法は元来空なるもので、来ることもなく去ることもない)に基づく仏法の教えをさとされておられた」と讃えている。

本画像の原図は鳥取県立博物館所蔵の「池田恒興画像」(雲居希膺賛、狩野尚信画)である。甲冑の細部に施された彩色などは原図と同じだが、向きを正面から左向きに改めたり、原図では羽を広げた蝶を上下に表していた家紋を泊蝶紋に変更したりするなど、継政の指示によると思われる改変が行われている。

岡山城内の御廟宝庫で管理されていたものであり、『調度記』三六(書画之部懸物二)に記載されている。

肖像画3　池田輝政・利隆画像　雲居希膺賛　狩野尚信画　絹本著色　二幅

〔一六四〇年前後ヵ〕

それぞれタテ八〇・七cm×ヨコ三七・八cm

【賛】

〈輝政画像〉

国清院殿正三位参議泰叟玄高大居士輝政公者即／勝入老之仲子也長久手合戦之時年甫十有五雖然当時／智謀勇略猶勝老将之機変吾将感之敵軍驚之武／雷轟于東関威電耀于西海後来両雄和睦四海平均／豊国大明神以羽柴氏之東照大権現以受子妻之豈非／是古今之名誉家門之眉目乎慶長五年夏之季天下／大変大権現創業之安危在此一挙集諸将商議／公出衆云野戦必先赴攻城必先登是某甲素志也吾将／有誰争其先敵軍何物当其鋒大権現大喜曰汝従来／有良平之智謀信越之勇略這回軍勢総任汝々能自弁／取公一々受機密畢而率精兵一軍既出清洲城往越北／方渡即日攻落岐阜城生擒織田中納言従此吾軍乗勝於／青野関原獲首級恰如探嚢中取物撥凶徒猶似把掃帚／除塵当朝天下太平全因一人之功勲以故国領三州位到／三品内親外戚悉得爵禄遺風餘烈鎮伝子孫矣嗚呼／盛哉盛哉賛云／周室乱臣有十人漢家傑将用三人／今論日域太平事開闢洪基在一人／松島岸畔抱不住軒主

〈利隆画像〉

興国院殿前拾遺補闕兼武州刺史俊岳宗傑大居士利隆公者／勝入老之真孫輝政公之元子也性行淑均寛仁大慶昂々然具転旋／宇宙之乎段惺々然知匡扶天下之機変七通八達千英万傑之良将也／大権現将謂能継父業因従備前岡山移播磨姫路慶長年中寅／卯之両陣飛檄伝符冬先屯精兵於尼崎把断大坂之要津夏先進／闘艦於難波撃破入江之堅寨大権現賞其武功賜松平之氏任拾遺／之位以為五畿七道之領袖九州四国之保障既得其将矣嗟乎死生／有命老少不定年籌三十三俄然逝去主将失股肱士民喪考妣／雖然幸有両令子惟賢惟肖為父為子是実積功累忠之／餘慶也能興国保家也必然矣／備後守恒元公遠寄語於陸奥之太守被求賛於松島之沙門／太守之命遠方之求不獲固辞漫贅賤言於貴像之上云爾／槐門敷栄　葉々飛英於宇宙／松樹垂蔭枝々騰茂於乾坤／仁而義者福伝後裔勇而忠者位極至尊／有此父有此子有乃祖有乃孫／生周召於桑域移魯燕於葦原／祥鳳瑞龍兄与弟保家興国在公門／太平八百歳鳴業天子姓姫侯伯源／希膺(花押)(印)

【箱書表】国清院殿参議源輝政公像　慶長十八癸丑 正月廿五日

興国院殿侍従源利隆公像　元和二丙辰 六月十三日

【同　裏】両君之御像を礼し奉りて／したハるゝ心ゆかしき古しへを／おもひこそやれ君か面影／享保九甲辰年七月十三日　従四位継政

解説　束帯姿の池田輝政が右幅、利隆が左幅の二幅であり、表具裂も同じものである。賛は臨済宗妙心寺派の高僧である雲居希膺が記し、絵は木挽町狩野家の狩野尚信が描いたものであり、二幅を納める箱には、享保九年（一七二四）に池田継政によって記された墨書がある。

「利隆画像」に記された賛によれば、池田光政の弟の備後守恒元が、仙台藩主伊達忠宗に雲居希膺への賛を依頼したことが知られる。忠宗の正室は恒元の叔母（輝政女）にあたる池田振子であり、雲居は松島瑞巌寺の住持であった。また本画像は二幅一対として池田家に伝えられてきたが、もともとは中央に配される池田恒興画像（雲居希膺賛、狩野尚信画、鳥取県立博物館所蔵。鳥取池田家に伝えられたもの）とともに、三幅対として制作されたものと考えられる（斎藤夏来「近世大名池田家の始祖認識と画像」）。

また、「輝政画像」の賛では、関ヶ原合戦での活躍が詳しく触れられ、輝政の「智謀勇略」が讃えられるのに対して、「利隆画像」では大坂の陣での「武功」を取り上げるとともに、その性格が「淑均」（素直で偏らない）・「寛仁」（心が広くて憐れみ深い）と賞され、「宇宙」や「天下」の動きを察して応ずることのできる「英傑」と讃えられているのが印象的である。父利隆に対する恒元の思いがよくくみ取られているのではないだろうか。

岡山城内の御廟宝庫で管理されていたものであり、『調度記』三六（書画之部懸物二）に記載されている。

岡山大学附属図書館所蔵の池田家文庫について

池田家文庫とは

池田家に伝来していた資料・美術品などは、アジア・太平洋戦争以前は池田家事務所で管理されていた。そのころには、「記録」と「調度」とが大まかに区別され、それぞれに台帳が作られて別々の蔵に保管されていた。昭和二〇年(一九四五)六月二九日に岡山市街は米軍による空襲を受け、多くの文化財や資料が失われた。幸運なことに、岡山城内にあった池田家事務所の三棟の蔵は焼け残り、そこに収められていた「記録」と「調度」は焼失を免れた。

戦後の昭和二四年に岡山大学が創立されるにあたり、地元の「岡山総合大学設立期成会」のご努力と池田家のご厚意により、大学での教育研究に資するという目的で、池田家の「記録」類が大学に寄贈された。その内容は、岡山藩政文書六万三〇〇〇点余、絵図類約三〇〇〇点、古典籍三万点余であった。後に故林原一郎氏のご厚志で明治以降の家政資料数千点も大学に寄贈された。これらが岡山大学附属図書館に所蔵され、池田家文庫と総称されている。

『総目録』の分類記号

池田家事務所では明治一八年から二一年(一八八五～八八)にかけて記録類の整理を行い、その結果がそれぞれの資料に朱書されている。このとき作成されたのが「国史目録」六冊(A6-7～10、A6-11・12)である。この整理は記録が収蔵されていた「旧棚」ごとになっており、その棚への収蔵は藩政時代の各部署ごとに行われている。よって、この旧棚記号によりその資料がどの部署で作成され管理されたかがおおよそわかるようになっている。他方、旧棚記号のない資料は、その時期以降に「記録」に編入されたか、収集されたものだということになる。その経緯をうかがわせる貼紙や書込のある資料もある。岡山大学移管後に作られた『池田家文庫仮目録』は「国史目録」に依拠して作成された。

その後附属図書館では、資料の全面的な調査を行い、それに基づいて昭和四五年(一九七〇)に『池田家文庫総目録』が作成された。この『総目録』は、藩政文書・絵図類・古典籍類・池田家家政資料をはじめ、すべての関係資料を含む総合的なものであり、現在池田家文庫の出納管理はこの目録の分類記号によって行われている。『総目録』では、典籍を除く資料がA総記からY雑まで一七項目に分類され、各項目のなかもさらに細かな小項目に分類されている。本書で取り上げる資料は、C藩侯の9歴代書状の項に分類されるものがほとんどなので、C9-＊という分類記号を持っている。

なお、池田家事務所が管理していた記録のなかには、支藩である鴨方《かもがた》藩・生坂《いくさか》藩の史料、家老の家筋である伊木家・森寺家、および岡山神社(酒折宮)の史料も含まれており、『総目録』ではこれらを含めて池田家文庫と総称しているが、目録上は岡山藩政史料とは区別して「附録」としている。

マイクロフィルムによる利用

池田家文庫のうち岡山藩政資料は、平成二年から五年（一九九〇〜九三）にかけてマイクロフィルム化され、これにあわせて『改訂増補　池田家文庫マイクロ版史料目録』が作成された。この目録では、史料名・年次・作成者などについて必要な改訂増補が行われるとともに、「旧棚分類記号」をはじめとした書誌情報も追加されている。現在『改訂増補』版目録に基づくデータベースが岡山大学附属図書館のホームページ（http://www.lib.okayama-u.ac.jp/）に公開されており、それを通じて必要な資料についてコピーによる提供を受けることができる。また、来館してマイクロフィルムを閲覧しコピーすることもできる。なお、『改訂増補　池田家文庫マイクロ版史料目録』はA総記、D藩士、E法制、S国事維新の各部が、丸善から刊行されている。

池田家文庫の武将書簡

池田家文庫の武将書簡は「記録」として管理されていたものなので、基本的に包紙に包まれて一点一点が独立している。ただし、池田家事務所で管理のために改めて包紙で包んだものもあり、その場合は包紙が二重になっている。また、数点がまとめて改めて包まれたものもあり、同じ分類番号で枝番号を持つものは、そうしたものである。ほとんどが藩主御《お》手《て》許《もと》文書《もんじょ》として大納戸《おおなんど》や御廟《ごびょう》にあって、そのまま伝来したが、なかに明治期になって収集されたものがあり、それらには表装されていたと思われるものや、折紙を切ったと思われるものもある。

数点から三十数点がまとめて桐箱に入れられているが、内容もまちまちで、明治以降の整理の過程で収納されるようになったと思われる。そのうち、朱筆で「三十九ノ十一」と記された付箋《ふせん》が蓋《ふた》に貼られている桐箱には、「古領知判物・将軍親書及古書類」と記した題箋《だいせん》が貼られていて、なかに二四通が入れられている。朱筆で「十一ノ＊」と記した貼紙があるものは、この桐箱に収められていたものである。「三十九」は旧棚記号の「記第三十九号」のことであり、「御廟」もしくは「大納戸」に納められていた御手許文書であったことを示している。

また、朱筆で「三十九ノ十二」と記された付箋が貼られた桐箱には、「勝入様・輝政様・武蔵様御手役御判」と上書され、一〇通が入れられている。「十二ノ＊」と朱筆で記された貼紙のあるものは、この桐箱に収められていたものである。

朱筆で「三十九ノ十三」と記された付箋が貼られた漆塗桐箱には、「家康公ゟ岐阜攻ノ際輝政公之直書及将軍之奉書類」と記した題箋が貼られ、なかに三〇通が入れられている。やはり、朱筆で「十三ノ＊」と記された貼紙のあるものは、この漆塗桐箱に収められていたものである。なお、各箱には朱筆貼紙のないものも入れられている。このほか個別の桐箱に入っていたり、単独で包紙に包まれたままのものもある。

参考史料としたもの

参考史料は写本・案文を一七点掲載した。うち一二点は伊木忠次《いぎただつぐ》宛のもので、家老の伊木家に伝来したものを明治以降に影写したもの（C9-8）。巻紙に一二点が写されており、端裏題箋部分に「伊木忠愛家蔵　秀吉公書簡写」とある。ほかに池田家文庫には、「伊木家文書」として八〇〇点余の資料が収められている。「池田恒興宛羽柴秀吉書状写」（C9-34）も明治以降の影写本だが、作成の事情は不明。これらの影写本のうちには『大日本史料』に収録されているものもあるから、その編纂過程で制作されたものかもしれない。

包紙上書に「養徳院《ようとくいん》様へ信長公・秀吉公・家康公・輝政公ヨリ御書ノ写」とある資料（C９‐93）は、三通の切継紙に一五点の文書が写されていて、「十一」の桐箱に収められている。この資料は、東京の池田家大崎邸に保管されていた養徳院関係資料を二巻の巻子に仕立てる際に控として作成されたと思われる。巻子本二巻は現在林原美術館に所蔵されているが、「写」にあるのになぜか巻子本の方に含まれていないものが一点ある。それのみを参考史料の部で取り上げた。

「池田輝政他宛徳川家康書状写」（C９‐56）は貞享元年（一六八四）三月に九鬼《くき》家所蔵文書を写したもの、「戸川達安宛池田利隆書状案」（C９‐17‐1）は下濃将監が利隆の内意を伺った案文で、いずれも御手許文書として他の武将書簡と一括されて伝来した。「栄寿尼《えいじゅに》宛福照院《ふくしょういん》書状写」（C９‐89）は池田綱政によって筆写されたものだが、その経緯は不明。「十一」の桐箱に収められている。『池田光政公伝』には「古田氏所蔵文書」として栄寿尼宛利隆書状が二八通、栄寿尼宛光政書状が一五通あると記し、うち五通ずつが掲載されている。福照院の書状も、同じく栄寿尼の子である古田斎《ふるたいつき》家に伝来していたものだろう。

『岡山県古文書集』のこと

今回収録した池田家文庫の武将書簡の多くは、すでに藤井駿・水野恭一郎編『岡山県古文書集』第四輯（思文閣出版、一九八一年）に「池田家文書」として収録されている。ただし、読みや表記を改めたところも少なくない。解説に記した書誌情報なども近年の調査・研究によって明らかになったものである。これまで池田家文庫資料の保存と活用のために先輩諸氏が払われてきたご努力に改めて敬意と感謝の意を表したい。

（倉地克直）

岡山大学附属図書館所蔵池田家文庫掲載参考史料一覧

番号	年次	西暦	月日	文書名	法量（縦×横）	形態	目録番号
参考１	（天正12年）	1584	3月20日	池田恒興宛羽柴秀吉書状写	27.2×172.3	切継紙	C9−34
参考２	（天正12年）	1584	4月12日	伊木忠次宛羽柴秀吉書状写	（27.2×862.4）	巻紙	C9−8
参考３	（天正12年）	1584	4月23日	伊木忠次宛羽柴秀吉書状写			C9−8
参考４	（天正12年）	1584	（8月ヵ）	養徳院宛羽柴秀吉書状写	（13.9×436.0）	切継紙	C9−93−2
参考５	（天正12年）	1584	11月13日	伊木忠次宛羽柴秀吉朱印状写			C9−8
参考６	（天正13年）	1585	正月12日	伊木忠次宛羽柴秀吉朱印状写			C9−8
参考７	天正13年	1585	11月3日	伊木忠次宛羽柴秀吉判物写			C9−8
参考８	天正17年	1589	11月14日	石田三成・浅野長政連署伊木忠次知行目録写			C9−8
参考９	天正17年	1589	11月21日	伊木忠次宛豊臣秀吉朱印状写			C9−8
参考10	未詳		正月28日	一柳直末他宛豊臣秀吉朱印状写			C9−8
参考11	未詳		7月朔日	伊木忠次宛豊臣秀吉朱印状写			C9−8
参考12	文禄３年	1594	8月10日	伊木忠次宛豊臣秀吉朱印状写			C9−8
参考13	（慶長５年）	1600	8月4日	池田輝政他宛徳川家康書状写	19.3×54.6	切紙	C9−56
参考14	（慶長６年）	1601	2月17日	伊木忠次宛小早川秀秋書状写			C9−8
参考15	未詳		5月3日	伊木忠次宛徳川家康黒印状写			C9−8
参考16	（慶長19年）	1614	10月17日	戸川達安宛池田利隆書状案	23.8×30.0	切紙	C9−27−1
参考17	（寛永５年）	1628	（2月）	栄寿尼宛福照院書状写	15.2×225.6	切継紙	C9−89

註）法量の数字の単位はcm。

岡山大学附属図書館所蔵池田家文庫掲載史料一覧

	番号	年次	西暦	月日	文書名	法量(縦×横)	形態	目録番号
池1	史料4	天正元年	1573	9月7日	池田恒興宛織田信長朱印状	29.0×44.9	折紙	C9−57
池2	史料14	未詳		9月14日	池田輝政宛豊臣秀吉朱印状	26.0×61.7	切紙	C9−94
池3	史料15	天正17年	1589	11月21日	養徳院宛豊臣秀吉朱印状	45.2×64.4	折紙	C9−51
池4	史料16	(天正18年)	1590	3月23日	池田輝政宛豊臣秀吉朱印状	45.6×63.2	折紙	C9−62
池5	史料18	天正19年	1591	8月20日	池田輝政宛豊臣秀次黒印状	32.8×47.2	竪紙	C9−45
池6	史料19	天正20年	1592	正月11日	豊臣秀吉朱印池田輝政知行目録	45.4×67.2	竪紙	C9−59
池7	史料21	(文禄2年)	1593	7月26日	池田輝政宛豊臣秀吉朱印状	46.0×65.8	折紙	C9−61
池8	史料22	未詳		9月8日	池田輝政宛豊臣秀吉朱印状	46.6×67.5	折紙	C9−60
池9	史料25	(慶長5年)	1600	8月13日	池田輝政他宛徳川家康書状	37.0×54.1	折紙	C9−77−4
池10	史料26	(慶長5年)	1600	8月26日	池田輝政宛徳川家康書状	37.0×54.2	折紙	C9−77−1
池11	史料27	(慶長5年)	1600	8月27日	池田輝政宛徳川家康書状	36.8×54.2	折紙	C9−77−2
池12	史料29	(慶長5年)	1600	9月朔日	池田輝政他宛徳川家康書状	37.0×54.1	折紙	C9−77−3
池13	史料31	(慶長5年)	1600	9月11日	正木時茂宛徳川秀忠書状	36.4×52.3	折紙	C9−80
池14	史料38	未詳		正月4日	池田利隆宛徳川秀忠御内書	36.8×53.4	折紙	C9−54
池15	史料39	未詳		5月4日	池田利隆宛徳川秀忠黒印状	44.8×62.3	折紙	C9−50−2
池16	史料40	未詳		極月27日	池田利隆宛徳川秀忠黒印状	46.5×66.2	折紙	C9−50−1
池17	史料41	未詳		12月10日	池田長吉宛徳川秀忠御内書	36.2×52.0	折紙	C9−83
池18	史料44	(慶長12年)	1607	10月4日	池田利隆宛徳川家康黒印状	41.7×62.4	折紙	C9−53−2
池19	史料45	(慶長13年)	1608	8月10日	池田利隆宛徳川家康黒印状	42.3×62.8	折紙	C9−53−1
池20	史料47	(慶長14年)	1609	3月13日	小堀政一宛本多正純等連署書状	33.4×49.4	折紙	B1−36
池21	史料48	未詳		9月5日	池田利隆宛豊臣秀頼黒印状	45.8×62.2	折紙	C9−49−2
池22	史料49	未詳		12月17日	池田利隆宛豊臣秀頼黒印状	45.4×62.2	折紙	C9−49−1
池23	史料50	未詳		3月21日	池田利隆宛徳川秀忠黒印状	45.7×62.7	折紙	C9−58
池24	史料53	(慶長16年)	1611	5月15日	池田利隆室鶴子宛池田輝政書状	36.1×53.4	折紙	C9−26
池25	史料54	(慶長17年)	1612	3月4日	池田利隆宛徳川秀忠黒印状	45.6×62.6	折紙	C9−48−4
池26	史料55	(慶長17年)	1612	3月5日	池田利隆宛徳川秀忠黒印状	45.6×62.4	折紙	C9−48−1
池27	史料56	(慶長17年)	1612	3月6日	池田利隆宛徳川秀忠黒印状	45.0×62.0	折紙	C9−48−3
池28	史料57	(慶長17年)	1612	3月8日	池田利隆宛徳川秀忠黒印状	21.5×60.4	切紙	C9−48−2
池29	史料58	(慶長17年)	1612	6月26日	池田輝政宛徳川秀忠書状	43.2×63.8	折紙	C9−47
池30	史料59	(慶長19年)	1614	6月7日	薄田七兵衛宛池田利隆書状	41.4×57.6	折紙	C9−32
池31	史料60	(慶長19年)	1614	9月8日	京極高広室茶々子宛池田利隆書状	32.2×46.6	折紙	C9−90
池32	史料61	(慶長19年)	1614	10月16日	池田利隆宛戸川達安書状	35.2×51.1	折紙	C9−23
池33	史料64	(慶長20年)	1615	閏6月9日	横井養元宛池田利隆書状	36.0×54.0	折紙	C9−31
池34	史料65	(元和元年)	1615	9月朔日	池田利隆宛徳川秀忠黒印状	45.6×62.6	折紙	C9−50−3
池35	史料66	(元和元年)	1615	極月28日	横井養元宛池田利隆書状	36.2×53.6	折紙	C9−30
池36	史料67	(元和5年)	1619	9月16日	池田光政宛江戸幕府年寄連署奉書	40.4×57.6	折紙	C9−52−1
池37	史料68	(元和6年ヵ)	1620	4月7日	池田光政宛徳川秀忠黒印状	46.0×65.8	折紙	C9−55−1
池38	史料69	(元和6年)	1620	11月21日	池田光政宛徳川秀忠黒印状	46.3×65.0	折紙	C9−52−3
池39	史料70	(元和6年)	1620	11月21日	池田光政宛江戸幕府年寄連署奉書	40.4×57.4	折紙	C9−52−2
池40	史料71	未詳		5月8日	池田光政宛徳川秀忠黒印状	46.2×65.6	折紙	C9−55
池41	史料72	未詳		5月晦日	池田光政宛徳川家光御内書	46.8×65.4	折紙	C9−44
池42	史料73	元和9年	1623	8月3日	池田光政宛徳川家光一字書出状	46.5×66.4	折紙	C6−317
池43	史料75	未詳		4月9日	池田光政宛池田忠雄書状	37.0×52.8	折紙	C9−38

註)法量の数字の単位は㎝。

林原美術館所蔵の池田家文書について

近代における池田家の文化財管理

　近世を通じて池田家旧蔵資料の多くは、岡山城内の収納施設（各納戸や宝蔵など）、あるいは閑谷学校《しずたにがっこう》や御後園《ごこうえん》（現在の岡山後楽園）など各施設に設置された蔵ごとに管理されていたことがわかっている。明治維新以後、これらの資料群は池田家の邸宅に運び込まれ、明治五年（一八七二）頃から池田家の家政機関の調度掛《ちょうどがかり》によって整理が行われた。明治一四年には池田家岡山事務所内（現林原美術館敷地）に所在する「御土蔵」三棟を建設しており、岡山県内に複数所有していた邸宅や東京の大崎本邸（現東京都品川区）などから、この蔵に随時資料を運び込んで整理作業を行っていたと考えられる。

　この頃の池田家が資料を分類した目録として、岡山大学附属図書館池田家文庫には、什器《じゅうき》（調度品）を整理した『調度記』（和書二一〇・〇八―二九）と、記録（藩政資料）をまとめた「国史目録」（A6―7〜10、A6―11・12）が現存している。これらの目録には、江戸時代までその資料を管理していた部署名が「故〇〇」と朱書され、資料の出所伝来が明確に記されていたことが大きな特徴である。また明治三〇年の池田家の規則によれば、什器を池田家内の調度方（調度掛の後身）が、記録を記録方が管理していたことが明記されている。調度方の業務は、「伝来ノ重器宝物其他ノ器具ヲ点検整頓シ、保存ノ事ヲ管掌ス」ることであり、具体的には「什器保存・什器品目等差・什器購求修繕・箱櫃製造修繕」の四つの業務を行っていた。対する記録方の業務は、「文書ノ往復家務ニ関スル要件ヲ稿録シ、旧藩ノ制度政治ノ記録ヲ調査シ、歴史ヲ編纂シ、兼テ地図ヲ調整ス」ることであり、「内外ノ要件摘録・地図調整・藩史編輯・旧藩記録取調」などがその具体的な内容であった。このように、池田家内部で伝来の資料を管理していた二つの部署の業務内容や扱う対象は、明確に異なっていた。

大正時代の売立と戦後の分割

池田家所蔵の記録類は明治頃にはほぼ整理作業も終わり、昭和二〇年（一九四五）六月の岡山市街における空襲で一部焼失したものはあるが、昭和二五年三月に岡山大学へ移譲され、現在は国内有数の藩政資料コレクションである池田家文庫として広く知られている。

　一方什器は、まず明治二〇年代から三〇年代にかけて、第八代岡山藩主池田慶政《よしまさ》、同九代茂政《もちまさ》、そして最後の藩主だった一〇代章政《あきまさ》が相次いで没した時期を契機とし、池田家では『調度記』の改定作業に取りかかっている。このとき改定された調度記は『本調度記』と呼称され、資料を連続した番号で管理することに特徴があったが、現在その存在は確認できておらず、後に破棄されたか失われてしまったものと思われる。さらに明治末から大正時代にかけて、新たに「貴重」と「準備」という価値基準を組み込み、連続する番号で資料を管理する道具帳が作成された。この道具帳の最大の特徴は、『調度記』には記載されていたかつての管理部署である「故〇〇」という朱書が削除されている点である。このことは、明治前期の『調度記』では記されていた資料の出所伝来に関する情報が、大正時代の目録では必要とされなくなったことを意味し、池田家内部の価値観に大きな変化があったことを表している。現在林原美術館で所蔵している池田家伝来品と推定される資料の外箱の大半には、大正時代に整理された管理番号と同じ番号が記された紙札が付されているため、このときに行われた整理活動が、池田家によって最後に行われたものであると考えられる。

また池田家は、大正七年(一九一八)と八年に、所蔵する什器について計三回の大規模な売立《うりたて》(美術品の競売)を行っており、その後も何度か売立を行った形跡が見られる。その際に家政機関が記した資料によれば、池田家では売却してはいけない資料として、①由緒ある物品、②家主が東京から岡山へ来た際に使用する調度品、③将来的に値段が高騰すると考えられるものと、安価であるが歴史的に重要で参考として保存するべきものを選別していた。

そして戦後の昭和二五年、まず池田家から岡山大学へ、主に記録方の管理していた資料群が移譲された。その後昭和二六年に岡山の実業家の林原一郎へ、調度方が管理していた什器類と一部の記録方資料が移譲され、現在は林原美術館の所蔵となっている。このように池田家旧蔵品は、明治時代前半には、近世以来の出所伝来を維持したまま什器と記録とに分類され、大正時代になると目録の記述方法には変更が加えられ、一部の什器は売立されたが、昭和二〇年代にはその大枠を維持したまま、主な什器は林原美術館の、記録は池田家文庫の所蔵となり現在に至っている資料群であるといえる。

武将書簡における什器と記録の違い

什器(調度品)にはさまざまな種類がある。一般的に什器といえば蒔絵《まきえ》や彫漆《ちょうしつ》の調度品などを思い浮かべるが、『調度記』には「兵器之部」、「書画之部」をはじめ、「書籍之部」、「能装束之部」など多岐に渡り、約八〇〇〇点の資料が記載されている。

これらのなかで、記録と同種の史料が多いのが、戦国期から江戸初期にかけての武将の書簡類であり、本紙だけを見ると什器も記録も違わない。什器と記録の違いは、什器は史料が誕生してからある時期に、岡山藩の誰か(主に歴代藩主であることが多い)の意思によって、鑑賞することを目的として掛幅《かけふく》や巻子本《かんすぼん》などに表装され、外箱(桐材を用いた印籠蓋造りの場合が多い)に収められて管理されてきたという歴史を経ていることである。つまり岡山藩に伝来した膨大な記録類のなかから、明確な意思を持って選び出され、表装されたものが什器として管理されてきた文書類であり、本書でとりあげる武将書簡にこのようなものが少なからず含まれているのは、自家の由緒に関する史料が多いことが関係しているためと考えられる。なかには箱に「*年*月*日、表具出来」と墨書されているものがあるが、これは命じられて表具を仕立てた人物がいることをあらわしており、裏を返せば表具を命じた人物の明確な意思を見出すことができる。林原美術館所蔵の武将書簡とは、池田家の歴史上でも特にその意義を重要視され、表装されて什器として管理されてきた資料群であるといえよう。

(浅利尚民)

林原美術館所蔵池田家文書掲載史料一覧

	番号	年次	西暦	月日	文書名	法量(縦× 横)	形態	分類番号	備考
林1	史料1	永禄6年	1563	11月　日	池田恒興宛織田信長判物	25.5× 40.7	掛幅	書跡396	
林2	史料2	永禄6年	1563	12月　日	池田恒興宛織田信長判物	13.0× 46.0	掛幅	書跡418	
林3	史料3	元亀4年	1573	6月18日	養徳院宛織田信長朱印状	29.3× 44.4	巻子	書跡401－1	写・池C9－93
林4	史料5	天正11年	1583	8月19日	養徳院宛織田信雄書状	29.2× 45.8	巻子	書跡401－2	写・池C9－93
林5	史料6	(天正12年)	1584	4月11日	養徳院宛羽柴秀吉書状	31.2×120.2	巻子	書跡401－5	写・池C9－93
林6	史料7	(天正12年)	1584	4月11日	池田輝政宛羽柴秀吉書状	14.9× 44.4	掛幅	書跡397	
林7	史料8	(天正12年)	1584	(5月)	養徳院宛羽柴秀吉書状	29.2× 49.0	掛幅	書跡405	写・池C9－93
林8	史料9	(天正12年)	1584	8月4日	池田輝政宛羽柴秀吉書状	29.6× 49.1	掛幅	書跡417	
林9	史料10	(天正12年)	1584	(8月ヵ)17日	養徳院宛羽柴秀吉書状	29.5× 53.0	巻子	書跡401－3	写・池C9－93
林10	史料11	(天正12年)	1584		養徳院宛羽柴秀吉書状	30.4× 53.4	巻子	書跡412	写・池C9－93
林11	史料12	(天正12年)	1584		養徳院宛羽柴秀吉書状	29.5× 53.7	巻子	書跡401－4	写・池C9－93
林12	史料13	天正12年	1584	8月17日	養徳院宛羽柴秀吉判物	30.7× 49.2	巻子	書跡401－6	写・池C9－93
林13	史料17	天正18年	1590	10月18日	養徳院宛池田輝政書状	28.4× 44.7	巻子	書跡411－1	写・池C9－93
林14	史料20	(天正20年)	1592	5月13日	池田輝政宛豊臣秀吉朱印状	46.0× 65.7	折紙	書跡406	
林15	史料23	(文禄3年ヵ)	1594	4月10日	長束正家宛徳川家康書状	34.4× 52.0	掛幅	書跡393	
林16	史料24	慶長4年	1599	11月18日	池田輝政宛養徳院遺言状	28.4× 46.1	巻子	書跡411－4	写・池C9－93
林17	史料28	(慶長5年)	1600	8月27日	池田長吉宛徳川家康書状	33.3× 49.7	掛幅	書跡392	
林18	史料30	(慶長5年)	1600	9月2日	池田輝政宛徳川家康書状	18.2× 51.1	掛幅	書跡415	
林19	史料32	(慶長5年)	1600		養徳院宛徳川家康書状	27.2× 49.2	折紙	書跡497	写・池C9－93
林20	史料33	未詳		月未詳13日	池田輝政宛徳川秀忠書状	34.3× 44.8	掛幅	書跡381	
林21	史料34	未詳		7月23日	池田輝政宛徳川秀忠書状	17.8× 101.0	掛幅	邦画132	
林22	史料35	慶長7年	1602	4月2日	池田輝政宛養徳院遺言状	28.4× 45.8	巻子	書跡411－2	写・池C9－93
林23	史料36	慶長7年	1602	4月2日	池田輝政宛養徳院遺言状	28.4× 45.5	巻子	書跡411－3	写・池C9－93
林24	史料37	慶長8年	1603	3月21日	池田輝政宛養徳院遺言状	28.4× 46.6	巻子	書跡411－5	写・池C9－93
林25	史料42	未詳		5月3日	徳川家康御内書	27.2× 49.2	切紙	書跡395	
林26	史料43	未詳		7月25日	池田輝政宛徳川秀忠書状	22.3× 52.1	掛幅	書跡404	
林27	史料46	未詳		12月9日	宙外和尚宛中村主殿助奉書	28.3× 44.3	巻子	書跡411－6	写・池C9－93
林28	史料51	未詳		7月13日	池田利隆宛池田輝政書状	17.6× 48.5	巻紙	書跡410－2	
林29	史料52	未詳		5月21日	池田利隆宛池田輝政黒印状	20.7× 48.2	巻紙	書跡410－3	
林30	史料62	(慶長20年)	1615	4月22日	栄寿尼宛池田利隆書状	34.8× 47.3	掛幅	書跡721	
林31	史料63	(慶長20年)	1615	5月13日	下方覚兵衛宛池田利隆書状	16.5×101.5	掛幅	書跡313	
林32	史料74	寛永9年	1632	7月25日	池田光政自筆池田忠雄追悼歌	21.9× 31.6	掛幅	書跡741	
林33	史料76	未詳			天樹院書状	31.1× 46.5	掛幅	書跡391	

註1)法量の数字の単位はcm。
2)備考には池田家文庫に写があるものについて、その分類番号を記した。

林原美術館所蔵の池田家歴代肖像画について

「御廟宝庫」で管理されていた肖像画

岡山藩が近世を通して所蔵していた肖像画で、近代になってから池田家岡山事務所が引き継ぎ管理していたものは、『調度記』三六（書画之部懸物二）に「御肖像」としてまとめられており、三九点の記載が確認できる。これらは『調度記』が編纂されたと推定できる明治二〇年（一八八七）前後に、池田家内で什器の管理を担当していた部署である調度掛が管理していたと考えられ、一部所在不明のものもあるが、現在はほぼ林原美術館で所蔵している。また『調度記』に記載はないが、『調度記』作成以後に池田家が蒐集したと考えられる資料も同館で所蔵している。

『調度記』によれば、これらの肖像画は、江戸時代にはその大半を「御廟宝庫」で管理していた。「御廟」とは、実質的な初代岡山藩主の池田光政が、万治二年（一六五九）に岡山城に築いた「祖廟」のことであり、「宝庫」とは廟に備えられていた「宝物を収納する倉庫」を示しているものと考えられる。「御廟宝庫」には、肖像画以外にも、藩主・諸人の手になる「書画」、藩主の各種「免状」、さらには「系図」・「家譜」・「各公名称」・「祭儀」・「領地目録」・「誓詞《せいし》」・「判物《はんもつ》」など、藩主や藩にとって重要な資料が保管されていた。また大正時代以降に池田家が所蔵品の売立《うりたて》を行った際、歴代肖像画の類は、売立対象である「什器」に分類されていたにもかかわらず、当初から売却する候補にすら挙がっていない。このことからも、「御廟宝庫」で保管されていた資料は、池田家内で特別な扱いをうけていたことがうかがえる。

池田家歴代肖像画と池田継政

林原美術館で所蔵しているもの、また池田家ゆかりの寺院等で所蔵している肖像画には、第三代岡山藩主池田《いけだ》継政《つぐまさ》の積極的な関与によって制作されたものが多く、実に現存作品の約半数にものぼる。継政は二十代の初めころから歴代の肖像画に関心を示すようになり、その制作期間は生涯にわたっている。歴代の肖像画を描いたり賛を認《したた》めたりする以外にも、修理を施したり自筆で箱書きをするなど、それらの保存にも意を払っている。継政が存命中に制作した肖像画は三〇点余を数え、また藩祖である祖父の光政《みつまさ》の肖像画は、自らの存命中に少なくとも五点以上は描くなど、熱意をもってその制作にあたっている。継政の肖像画制作へ向けられた情熱は、どこからきていたのであろうか。以下に継政の略歴を振り返ってみたい。

池田継政は池田綱政《つなまさ》の一七男として元禄一五年（一七〇二）に岡山で生まれた。母は綱政側室の栄光院《えいこういん》（水原氏）である。宝永元年（一七〇四）に三歳で岡山藩家老で天城池田家第四代の池田由勝《よしかつ》の遺跡を継いだが、兄の政順《まさゆき》の死によって宝永七年に嫡子となった。正徳二年（一七一二）に一一歳で江戸に下り、同三年には将軍家継《いえつぐ》に拝謁した。正徳四年に父綱政の死によって岡山藩主となり、翌年元服した。正室の仙台伊達《だて》家の和子とは正徳三年に婚約し、享保七年（一七二二）に輿入れが行われている。二人の間には後に継政の跡を継ぐ茂十郎（宗政《むねまさ》）が生まれている。

元文二年(一七三七)にとつぜん伊達和子と離縁した継政は、強く隠居を願うようになった。しかし池田家の極官である左近衛権少将にまだ達していなかった継政は、八年間にわたって昇進運動を展開し、延享元年(一七四四)になり昇進を果たした。延享三年には実母栄光院が死去し、宝暦二年(一七五二)に嫡男の宗政に家督を譲った。隠居後は空山と号している。明和元年(一七六四)、跡を継いだ宗政が死去して孫の治政《はるまさ》が岡山藩主となる。継政が死去したのは、それから一〇年以上も経た安永五年(一七七六)であった。

継政は、生まれながらにしての跡取りではなかった。兄二人が夭折《ようせつ》したことにより池田宗家を継ぐことになった継政は、先祖や歴代藩主などの存在をかえって強く意識していたのではないだろうか。なかでも祖父光政に関しては以下のように強く意識していたことが知られる。

宝暦元年(一七五一)九月一六日、継政は閑谷学校《しずたにがっこう》で毎年八月に行われる芳烈祠《ほうれつし》の祭礼に祖父光政の画像を掲げることを命じている。宝暦七年には光政を慕う歌を刻んだ石碑を御野郡中原村の御涼所《おすずみしょ》故地に建立し、同一一年には光政の神号「武安霊命」を京都の吉田家へ所望し、城下の酒折宮《さかおりのみや》(現岡山神社)に合祀した。また隠居後の明和二年(一七六五)には、学校奉行の市浦直春《いちうらなおはる》に命じ、光政の「元旦試筆」を正月三が日の間、藩学校の学房の一つである松舎に掲げるよう指示している。このような祖父光政への強い憧憬が形となってあらわれたのが肖像画の制作であり、池田家歴代の肖像画もまた、継政の強い意思によって整えられたものである。

継政の肖像画が後世にあたえた影響

池田家では祖先や歴代藩主の肖像画を巻子本としてまとめた「縄武像《じょうぶぞう》」を所蔵していた。「縄武像」は『調度記』三六にも記載があり、他の資料同様に近世には「御廟宝庫」で保管されていた。源経基《みなもとのつねもと》からはじまり、源満仲《みつなか》、頼光《よりみつ》、頼国《よりくに》、頼政《よりまさ》、池田恒利《つねとし》、恒興《つねおき》、輝政《てるまさ》、利隆《としたか》、光政、綱政、継政、宗政、治政、斉政《なりまさ》、斉敏《なりとし》の計一六人が描かれている。継政より先には一一人が描かれているが、継政が制作に関与した肖像画をその原図としているのは、頼国・恒興・輝政・利隆を除く七名にのぼる。また最後に描かれた池田斉敏没後にまとめて制作されたものではなく、冒頭の源経基から継政までは詞書の筆致を同じくしているが、それ以後はそれぞれに異なっている。紙質もすべて同じではないため、当初は継政没後の頃を契機としてまとめられ、後に代々の藩主が没した際に制作された画像を写し、描き継がれてきたものと推定される。

このように「縄武像」は、主に継政の手になる祖先や歴代藩主の掛幅装の画像を写し巻子装に仕立て替えているため、池田家歴代の肖像画が順を追って描かれている様子は、まるで系図を絵画化したかのようである。この「縄武像」に納められた画像は、戦前には光政の事績を集大成した『池田光政公伝』(池田家が企画し永山卯三郎が著した。一九三二年)にも引かれるところとなり、池田家歴代の肖像画として広く流布していく。このように、継政の描いた肖像画は、池田家歴代肖像画に大きな足跡をのこしているのである。

(浅利尚民)

参考文献

『愛知県史・資料編』一一～一三・織豊一～三、愛知県、二〇〇三～二〇一一年
浅利尚民「池田家歴代肖像画と池田継政」、『林原美術館紀要・年報』四号、二〇一〇年
浅利尚民「池田光政の元旦試筆」、『閑谷学校研究』一四号、二〇一〇年
浅利尚民「池田光政筆『池田忠雄追悼歌』」『岡山地方史研究』一二三号、二〇一一年
在原昭子「江戸幕府証人制度の基礎的研究」『学習院大学史料館紀要』二号、一九八四年
『池田家履歴略記』上・下、日本文教出版、一九六三年
石田善人『信長記』福武書店、一九七五年
伊藤康晴「大名池田家の出自に関する覚書」、開館一周年記念夏季特別展『大名池田家のひろがり』鳥取市歴史博物館、二〇〇一年
伊藤康晴「近世大名池田氏の成立」、播磨学研究所編『姫路城主「名家のルーツ」を探る』神戸新聞総合出版センター、二〇一二年
内池英樹「女性宛書状にみる池田利隆と大坂の陣」『岡山地方史研究』一一九号、二〇〇九年
岡山県教育委員会編『曹源寺所蔵歴史資料目録―昭和六十一年度歴史資料調査報告書―』一九八七年
奥野高広『増訂　織田信長文書の研究』上巻・下巻、吉川弘文館、一九六九～一九七〇年
金子　拓『織田信長という歴史―『信長記』の彼方へ―』勉誠出版、二〇〇九年
川村博忠『国絵図』吉川弘文館、一九九〇年
『寛永諸家系図伝』第二、続群書類従刊行会、一九八〇年
神原邦男『大名庭園の利用の研究　岡山後楽園と藩主の利用』吉備人出版、二〇〇三年
北島万次『豊臣秀吉の朝鮮侵略』吉川弘文館、一九九五年
倉地克直『池田光政』ミネルヴァ書房、二〇一二年
黒田日出男「江戸幕府国絵図・郷帳管見(一)」『歴史地理』九三巻二号、一九七七年
斎藤夏来「近世大名池田家の始祖認識と画像」『歴史学研究』八九二号、二〇一二年
千田嘉博『信長の城』岩波書店、二〇一三年
『大日本史料』第十一編之四・五・六・七・八・十・十三・二十二、東京大学出版会、一九六五～九九年
高木昭作監修・谷口克広著『織田信長家臣人名辞典』吉川弘文館、一九九五年
高柳光寿・松平年一『戦国人名辞典』吉川弘文館、一九六二年
『鳥取藩三二万石』鳥取県立博物館、二〇〇四年
中野美智子「岡山藩政史料の存在形態と文書管理」『吉備地方文化研究』五号、一九九三年
中野美智子「池田家文庫岡山藩政史料の構造把握をめぐって」『吉備地方文化研究』一七号、二〇〇七年
中村孝也『徳川家康文書の研究』中巻、下巻之一、日本学術振興会、一九五九・六〇年
永山卯三郎『池田光政公伝』(復刻版)世界聖典刊行協会、一九八〇年(初版は一九三二年)
日本歴史地名大系二三『愛知県の地名』、同二一『岐阜県の地名』、同二四『三重県の地名』平凡社、一九八一～八九年
人見彰彦『備中国奉行小堀遠州』山陽新聞社、一九八六年
藤井駿・水野恭一郎編『岡山県古文書集』第四輯、思文閣出版、一九八三年
藤井譲治『徳川家光』吉川弘文館、一九九七年
藤田恒春『豊臣秀次の研究』文献出版、二〇〇三年
善積恵美子「江戸幕府の監察制度」『日本歴史』二三四号、一九六九年
山口和夫『将軍父子上洛と将軍宣下の政治社会史的研究』東京大学史料編纂所研究成果報告二〇一〇―二、二〇一一年

索引

あ行

か　行

さ　行

た　行

な行

は行

ま行

や行

ら・わ行

あとがき

岡山大学附属図書館所蔵の池田家文庫は代表的な藩政史料であり、林原美術館の所蔵する池田家ゆかりの美術調度品は大名文化の粋を伝えるもの。その価値はともに広く知られているところである。この岡山藩池田家の文化財が両館に伝来することになった経緯は、本書の各所で触れているので繰り返さない。ところが、平成二三年(二〇一一)に、そのうち美術品などを所蔵する林原美術館が存続の危機に陥った。幸い多くの方々の熱意とご理解により、林原美術館は当分の間そのまま存続されることになったが、その機会に改めて同館に所蔵される池田家の文化財の価値が再確認された。あわせて、これまで別々に扱われることの多かった両館の所蔵品を合わせて検討しようという機運も高まった。

なかでも織田信長・豊臣秀吉・徳川家康などの書簡類は、よく知られたものでありながら、両館に分かれて所蔵されているため一堂に会して検討されることはほとんどなかった。今回両館関係者のご理解により、それが実現できた。このことは今後両館の所蔵品が関連付けて鑑賞され、岡山藩や池田家の文化財の価値を一層高める契機になるに違いないと考えている。

本書での史料の紹介は、林原美術館は浅利尚民が、岡山大学池田家文庫については倉地克直がそれぞれ主に担当し、倉地が全体の統一を図った。出版は吉川弘文館が引き受けてくださることになり、担当の岡庭由佳さんと何度も構成の検討を重ね、漸くこの形でお手元に届けることができることになった。こんにちまでご理解・ご支援くださった皆さまに改めて感謝申し上げたい。

これからも池田家の文化財が岡山の地にあって広く世界の人びとに感動を与え続けることを願ってやまない。

平成二五年五月一五日

執筆者を代表して

倉地克直

編者・執筆者紹介

岡山大学附属図書館（おかやまだいがくふぞくとしょかん）

昭和二四年（一九四九）の岡山大学創立とともに設置。中央図書館・鹿田分館・資源植物科学研究所分館からなり、蔵書数約二一四万冊。平成九年（一九九七）中央図書館新館完成とともに貴重資料書庫を整備。池田家文庫（岡山藩政文書）・三浦家文書（美作勝山藩文書）のほか、岡山県下一八家の地方文書、黒正巌文庫など一〇氏の個人文庫などを収蔵している。貴重資料を活用した教育普及活動にも力を入れており、その実績から平成二一年国立大学図書館協会賞を受賞。ホームページ http://www.lib.okayama-u.ac.jp/

林原美術館（はやしばらびじゅつかん）

昭和三九年（一九六四）一〇月一日に開館。敷地面積六三八二平方メートル、建物は建築家の前川國男による。岡山の実業家林原一郎（一九〇八～六一）の審美眼から蒐集されたコレクションと、同氏が旧岡山藩主池田家から引き受けた大名道具類を収蔵品の柱とする。主な収蔵品は、刀剣、刀装具、陶磁器、能装束、絵画、書跡、漆工など多岐にわたり、国宝三点、重要文化財二六点を含む約一万点におよぶ。ホームページ http://www.hayashibara-museumofart.jp/

浅利尚民（あさり　なおみ）

昭和五一年（一九七六）青森県生まれ。同志社大学文学部、同大学院を経て平成一三年（二〇〇一）から林原美術館に勤務し、現在主任学芸員。平成二三年度社会教育功労者表彰奨励賞受賞。日本文化史・日本美術史専攻。論考に「池田家歴代肖像画と池田継政」（『林原美術館紀要・年報』四号）、「黄葉亭記の原本と写本―岡山藩主池田家旧蔵資料の構造分析を踏まえて―」（『MUSEUM』六四一号）など。

倉地克直（くらち　かつなお）

昭和二四年（一九四九）愛知県生まれ。京都大学文学部卒業。昭和五五年から岡山大学に勤務し、現在社会文化科学研究科教授。日本史専攻。著書に『江戸文化をよむ』（吉川弘文館）、『徳川社会のゆらぎ』（日本の歴史11、小学館）、『池田光政』（ミネルヴァ書房）など、共編著に『絵図で歩く岡山城下町』（吉備人出版）、『絵図で歩く倉敷のまち』（同）など。『池田家文庫資料叢書』（発行・岡山大学出版会）編集責任者。

天下人の書状をよむ　岡山藩池田家文書

二〇一三年(平成二十五)八月十日　第一刷発行

編　者　岡山大学附属図書館
　　　　林原美術館

発行者　前田求恭

発行所　株式会社 吉川弘文館
郵便番号一一三—〇〇三三
東京都文京区本郷七丁目二番八号
電話〇三—三八一三—九一五一〈代〉
振替口座〇〇一〇〇—五—二四四
http://www.yoshikawa-k.co.jp/

印刷＝株式会社 東京印書館
製本＝誠製本株式会社
装幀＝河村　誠

©Okayama University Libraries, Hayashibara Museum of Art 2013.
Printed in Japan　ISBN978-4-642-08090-3

JCOPY 〈(社)出版者著作権管理機構 委託出版物〉
本書の無断複写は著作権法上での例外を除き禁じられています．複写される場合は，そのつど事前に，(社)出版者著作権管理機構(電話 03-3513-6969，FAX 03-3513-6979，e-mail: info@jcopy.or.jp)の許諾を得てください．

織田信長（人物叢書）　池上裕子著　二四一五円
増訂 織田信長文書の研究 全3巻　奥野高広著　揃五二五〇〇円
秀吉の手紙を読む（読みなおす日本史）　染谷光廣著　二二〇五円
定本 徳川家康　本多隆成著　二九四〇円
新修 徳川家康文書の研究 全2冊　徳川義宣著　揃五二五〇〇円
天下人の時代（日本近世の歴史）　藤井讓治著　二九四〇円
岡山藩（日本歴史叢書）　谷口澄夫著　三一五〇円
武家に嫁いだ女性の手紙 貧乏旗本の江戸暮らし　妻鹿淳子著　二三一〇円
江戸文化をよむ　倉地克直著　二九四〇円

吉川弘文館
価格は５％税込